广东省哲学社会科学规划2023年度高质量发展主题委托项目

广东百千万高质量发展实践丛书



# 大趋势

## 新时代广东
## 农村三产融合实践10强

解码广东典型10镇融合发展之路

刘 伟 李 宏 周伯洲 李慧敏 著

SPM 南方传媒 | 广东经济出版社
·广州·

图书在版编目（CIP）数据

大趋势：新时代广东农村三产融合实践 10 强 / 刘伟等著 . —广州：广东经济出版社，2024. 5（2024. 6 重印）
（广东百千万高质量发展实践丛书）
ISBN 978-7-5454-9249-1

Ⅰ. ①大… Ⅱ. ①刘… Ⅲ. ①农业产业—产业发展—研究—广东 Ⅳ. ① F327. 65

中国国家版本馆 CIP 数据核字（2024）第 085653 号

策划编辑：王成刚　陈　晔
责任编辑：刘亚平　陈　晔　李泽琳
营销编辑：冯典全
责任校对：李玉娴　黄思健　陈运苗
责任技编：陆俊帆
封面设计：集力書裝 Design　彭　力

大趋势：新时代广东农村三产融合实践 10 强
DA QUSHI：XINSHIDAI GUANGDONG NONGCUN SANCHAN RONGHE SHIJIAN 10 QIANG

出 版 人：刘卫平
出版发行：广东经济出版社（广州市水荫路 11 号 11 ～ 12 楼）
印　　刷：广东鹏腾宇文化创新有限公司
（珠海市高新区唐家湾镇科技九路 88 号 10 栋）

开　　本：730 毫米 ×1020 毫米　1/16
印　　张：16.5
版　　次：2024 年 5 月第 1 版
印　　次：2024 年 6 月第 2 次
书　　号：ISBN 978-7-5454-9249-1
字　　数：228 千字
定　　价：78.00 元

发行电话：（020）87393830
广东经济出版社常年法律顾问：胡志海律师
如发现印装质量问题，请与本社联系，本社负责调换。

# 编 委 会

# 总　序

党的十八大以来，习近平总书记5次亲临广东考察，两次参加全国两会广东代表团审议，每到广东发展的重要关口，都及时为广东定向领航，指引广东在新时代伟大征程中乘风破浪、行稳致远。2018年10月，习近平总书记在广东考察时敏锐洞察、深刻指出，“城乡区域发展不平衡是广东高质量发展的最大短板”；2023年4月，习近平总书记在广东考察时再次强调，“推进中国式现代化，必须全面推进乡村振兴，解决好城乡区域发展不平衡问题”，要求广东在推进中国式现代化中走在前列。

正是岭南竞舟时，百舸争流鼓声震。广东深入学习贯彻党的二十大精神和习近平总书记视察广东重要讲话、重要指示精神，将总书记、党中央的谆谆嘱托、殷切期望春风化雨，明确“锚定一个目标，激活三大动力，奋力实现十大新突破”的“1310”具体部署，充分激发全社会创新创造活力，广泛凝聚起推进乡村振兴、实现共同富裕的强大力量。广东省委书记黄坤明提出了“再造一个新广东”的宏伟蓝图，激励全省人民以“再创让世界刮目相看的新奇迹”的闯劲干劲拼劲再出发！自2022年12月起，广东以头号工程的力度奋力实施“百县千镇万村高质量发展工程”（简称“百千万工程”），着力扬优势、补短板、挖潜力、增后劲，在练好内功中实现争先进位，努力闯出高质量发展新路，全省122个县（市、区）、1609个乡镇（街道）、2.65万个行政村（社区）催马扬鞭、击鼓催征。“百千万工程”标示着广东牢牢把握住新时代发展大机遇，掀开城乡区域协调发展的新篇章，全力做大做强县域经济、镇域经济，壮大新型农村集体经济。在新的战略举措的牵引下，广东迎来新一轮大发展，彰显了大趋势、展开了大探索，中国式现代化的广东实践呈现出勃勃新气象。

**“百千万工程”是广东抓住我国转向创新驱动、培育发展新质生产力、走向高质量发展的历史性机遇，全面建设现代化新广东的大战略。**广东是改革开放的排头兵、先行地、实验区，在先行一步地创优势，在久久为功地齐奋斗，40多年来取得举世瞩目的发展成就，完成了从经济相对落后的农业省到全国第一经济大省的惊人跨越，书写了让世界刮目相看的中国奇迹广东篇。但也要清醒地看到，在经济总量连续35年居全国首位的广东，城乡区域发展不平衡仍是高质量发展的最大短板，是必须面对和解决的重大问题，为此，必须出新招、出狠招、补短板、扬长板。奋力推进“百千万工程”正是把握新一轮科技革命和产业变革、催生新质生产力的大机遇。在工业化叠加数字化的生产力发展新阶段，57个欠发达县（市、区）需要更多的新质生产力来赋能，这是创新资源在广东空间上的一次全新布局，尤其“双百行动”（百校联百县助力“百县千镇万村高质量发展工程”行动）使得新质生产力在全省有了更贴近实践需要的布局，有助于促进这些地区实现大跨越、大发展。

**“百千万工程”以珠三角产业有序转移为关键路径，充分激发欠发达地区的潜能，使之更快速、更深入地联动粤港澳大湾区这一新质生产力策源地，闯出高质量发展的广东新路。**广东强调区域横向协作，畅通产业循环，促进空间集群联动。珠三角地区经济总量高，技术创新活跃，受生产要素约束，产业外溢趋势明显，“百千万工程”有条件顺势而为做好省内产业有序转移，深化“研发+制造”“总部+基地”等合作模式，深入开展“百校联百县兴千村”“千企帮千镇、万企兴万村”等特色行动，建立纵向支持、横向帮扶、内部协作相结合的新机制。空间联动更加注重产业升级和技术创新，坚持用新质生产力引领现代化产业体系建设。因此，“百千万工程”是广东进一步拓展发展空间、畅通经济循环的战略举措，是整体提升新型工业化、信息化、城镇化、农业现代化水平的迫切需要，是培育创新动能、重塑生产力格局、缩小城乡区域差距的大工程。新时代、新征程需要新思维、新方略。广东在改革开放中先行一步，在量的积累上打下了坚实基础；进入强国建设、民族复兴新征程，将在质的提升上把改革、开放、创新的精神贯穿“百千万工程”，先发地区拓展纵深，后发地区融湾向海，发挥粤港澳大湾区强大动力源作用，链接国内国际双循环。这是广东把握高质量发展根本要求，着力推动效率变革、质量变革、动力变革，构建城乡区域协调发展新格局、实现高质量发展的大战略。

**实施“百千万工程”将迎来新时代“再造一个新广东”进程中县域经济的大发展。**广东省委、省政府以强烈的历史责任感和勇于担当的奋斗精神，提出了“再造一个新广东”的宏伟目标，这是对广东保持改革开放排头兵角色、实现习近平总书记对粤港澳大湾区“一点两地”战略定位的积极响应，而“百千万工程”正是“再造一个新广东”的历史壮举、实践新篇，加速县域经济大发展又恰恰是其中的重中之重。广东县域经济总体发展水平较低，县域常住人口占全省的28%，但县域地区生产总值仅占全省的12.5%，其中，57个欠发达县（市、区）中有45个分布在粤东粤西粤北地区①。这三大区域面积占广东全省面积七成以上，但经济总量却不足全省三成。2018年10月，习近平总书记在广东清远调研时强调，要坚持辩证思维，转变观念，努力把短板变成“潜力板”，充分发挥粤东粤西粤北地区生态优势，不断拓展发展空间、增强发展后劲。广东高质量发展的突出短板在县，薄弱环节在镇，最艰巨最繁重的任务在农村②。广东不少县整体发展水平较低，需要正视县作为城市之末端、牵引乡村振兴之前端的重要功能，把县域作为解决城乡区域发展不平衡不充分的主阵地，抓好扩权强县（区）和强县（区）扩权改革，探索县城当龙头、乡镇作关键、农村撑基础的内生联动机制，形成县域经济发育壮大和乡村全面振兴同步推进的新

① 黄进，彭琳，宾红霞. 深入实施“百县千镇万村高质量发展工程”破解城乡区域发展不平衡难题[N]. 南方日报，2023-01-29（A04）.

② 张建军. 短板如何变成“潜力板”——广东省实施“百县千镇万村高质量发展工程”调查[N]. 经济日报，2024-02-29（9）.

局面。

**从历史逻辑看，“百千万工程”进一步推进了新时代广东的大发展。**从10年前的精准扶贫到3年前的驻镇帮镇扶村，广东把“三农”问题放到更宏大的空间来解决，而今这种大格局集中表现在谋划县域经济整体大发展方面。壮大县域经济意味着致力构建现代化产业体系，建设立体交通体系，完善多层次的市场体系，从区域增长走向区域协调发展，夯实强县富民的基础。应该看到，城乡区域发展不平衡不充分问题是相对的、辩证的，加速县域经济大发展，就能够把广东最突出的短板变成最大的“潜力板”，实现城乡区域相互促进、相互成就。“百千万工程”就是坚持辩证思维和系统思维，将城乡区域各个部分视为一个整体，以问题为导向推动最大短板变为最大“潜力板”，并将其确立为全省高质量发展的头号工程。以目标为牵引采取科学方法，有组织有体系有计划地将顶层设计落地为施工步骤，支持各地立足优势资源打造多个特色产业集群，加快建设现代农业产业体系，为欠发达地区的县域经济导入产业项目，完善交通，引进人才、技术等各种资源，推动当地产业发展，强化县域经济高质量发展的内生动力，奋力实现工农、城乡、区域协同迈向共同富裕的中国式现代化。

**实施“百千万工程”正彰显广东在中国式现代化新征程中镇域经济融合发展的大趋势。**广东“百千万工程”是对浙江“千村示范、万村整治”工程（简称“千万工程”）经验和做法的创造性学习与创新性发展。浙江城乡区域发展相对均衡，县域经济发达，非农就业较为充分，就地就近城镇化特征明显，镇村融合发展是其实现城市支持农村、缩小城乡差距、改善农村环境和基础设施、改变社会事业发展滞后状况的重要前提。广东高度重视强化乡镇联城带村的节点功能，着力建设服务农民的区域中心，促进乡村振兴、推动城乡融合，借此处理好集聚和均衡的关系——在发展中走向动态协调。现代市场经济发展具有强大的规模经济性及其带来的虹吸效应，制造业和人口向着少数发展条件好的优势地区集聚，地区之间经济总量差距扩大，不过就长远走势而言，不同地区终将逐步走向人均地区生产总值、人均收入或生活质量的大致均等。而从实践逻辑看，充分发挥乡镇联城带村的节点功能，把握镇域融合发展的大趋势，主动促进三产融合、三生融合、城乡融合，方能最大范围提升欠发达地区的人均收入，夯实宜业宜居宜游品质生活的物质基础。因此，广东把提振镇域经济作为产业结构调整工程和动力增长工程抓好抓实，建设中心镇、专业镇、特色镇，使镇镇有“绝活”。特别是发挥有效市场与有为政府的双向协同作用，为各镇域经济导入产业项目，完善交通，注入人才、技术等各项资源，撬动当地产业发展[①]。镇域高质量发展是广东新时代的特色，更是广东美好生活的新的展示窗口。

**实施“百千万工程”已开启广东迈向共同富裕新阶段、新型农村集体经济改革创新的大探索。**广东推进“百千万工程”强调要发展城乡经济、改善生态环境、保障民生、富民增收，注重因地制宜、遵循市场规律、积极培育发展新型农村集体经济，一步一个脚印推动各项工作落地落实，确保取得经得起历史和人民检验的成效。广大乡村深化农村集体产权制度改革，推动资源变资产、资金变股金、农民变股东，发展壮大新型农村集体经济，因地制宜开展业态、模式与机制大探索，重塑城乡关系的微观基础，夯实迈向共同富裕的微观支撑。通过城乡融合发展体制机制、农村金融、“三块地”[②]等农村综合改革以及农村职业经理人等人才体制机制改革，广东充分尊重基层首创精神，不断提升新型农村集体经济的产业创新能力，重视新质生产力的培育与发展；把农村产业高质量发展作为“百千万工程”的重要基础，把壮大新型农村集体经济的潮流与完善现代农业产业体系，推进现代农业产业园、农业现代化示范区建设，发展农产品精深加工，培育数字农业新业态等发展方向结合起来，进一步发挥其促

① 陈凯星，叶前，周颖. 千军万马战犹酣——广东代表团开放日关注“百千万工程”[N]. 新华每日电讯，2024-03-08（5）.

② “三块地”是指农村地区的农用地、农村集体经营性建设用地和宅基地。

进农村一二三产业融合的重要功能。

**“百千万工程”是广东把县的优势、镇的特点、村的资源更好地统筹起来，切实落实习近平总书记殷殷嘱托的创新壮举、实践抓手。**

2023年11月，广东全省推进“百县千镇万村高质量发展工程”促进城乡区域协调发展现场会在茂名市召开，会上公布了首批典型县镇村名单，这标志着“百千万工程”从动员、部署、展开进入重点突破阶段。广东“百千万工程”重视因地制宜、分类施策，从互促共进的角度系统谋划先发地区与后发地区的协同发展，将县镇村分为创先、进位、消薄三大类型，鼓励珠三角地区进一步提升城市化水平，粤东粤西粤北地区致力绿色发展，推进绿美广东生态建设，使得新型城镇化和乡村振兴交相辉映，从实践中闯出“广东模式”。作为推动高质量发展的头号工程、广东省委“1310”具体部署的十大新突破之一，“百千万工程”是广东的优势塑造工程、结构调整工程、动力增强工程、价值实现工程[①]，充分激发了改革、开放、创新动能，必将激励全省人民在推进中国式现代化广东实践中展现新作为，加速绘就城乡区域协调发展的岭南新画卷。

伟大时代必会绽放时代精彩！“百千万工程”注定会掀起一次文化大发展，迎来岭南文化传承创新的大时代。改革创新的时代精神与求真务实的岭南文化气质在全面推进“百千万工程”进程中迸发了岭南文化的新融合、新裂变，定会孕育出更富新时代属性的人文精神，推动广东开放的格局越来越大。为记录“再造一个新广东”的恢宏肇始及其珍贵历程，我们结合22个典型县、110个典型镇与1062个典型村走在前列、当好示范的最新实践，从县域经济、镇域经济与新型农村集体经济的视角出发撰写了本系列丛书，旨在记载这伟大时代的崭新篇章。丛书所重点关注的这10个县、10个镇以及100个村正是其中的代表者，它们正挺立潮头、求索不息，书写新时代的广东画卷，彰显广东干部群众奋发图强的崭新精气神，反映全省

① 梁桂婵. 发力“百千万工程”县域经济争先进位[N]. 南方日报，2023-09-21（XD01）.

上下始终牢记习近平总书记的殷殷嘱托，不忘初心，以强烈的责任感、使命感、紧迫感振作起来，全力以赴，真抓实干，奋发进取，推动习近平新时代中国特色社会主义思想在南粤大地落地生根，结出丰硕成果。

回望来路自慷慨，再赴征程气如虹。自2016年广东省出台《中共广东省委　广东省人民政府关于新时期精准扶贫精准脱贫三年攻坚的实施意见》，到2021年制定印发《广东省乡村振兴驻镇帮镇扶村工作方案》，再到2022年出台《中共广东省委关于实施“百县千镇万村高质量发展工程”促进城乡区域协调发展的决定》，广东在解决“三农”问题上连跨三个台阶，实现了农民脱贫、农村和美，进而农业振兴，迈向区域协调高质量发展的新境界，奋力推动广东在推进中国式现代化建设中走在前列。2024年5月，广东省委农村工作会议暨深入实施“百县千镇万村高质量发展工程”推进会在广州举行，会议通报了2023年度广东省实施“百千万工程”考核评价结果，东源县等7个县市被认定为进位类优秀等次，陆河县等4个县市被认定为消薄类优秀等次，并给予资金与新增建设用地指标奖励。会议还公布了广东省首批以县城为重要载体的新型城镇化试点名单，包括饶平、阳西等15个县（市）入选，坚持从生产生活生态的实际需求出发，以基础设施和公共服务为重点，全面提升县城综合承载能力。广东始终把“三农”工作放在心上、抓在手上，加力提速实施好“百千万工程”这一牵动全局、惠及长远、根深叶茂的“头号工程”，下一步将开展整县推进农文旅融合发展试点、推动乡村酒店高质量发展、开展“粤美乡村”规划设计、扎实推进全域土地综合整治、推进绿色低碳乡村建设。环顾南粤大地，“百千万工程”战鼓擂、旌旗扬，真可谓“千军万马战犹酣”。南粤大地乘着改革开放再出发的春风，正在发生新一轮翻天覆地的沧桑变化，必将再创让世界刮目相看的现代化新奇迹！

# 前　言

## 把握镇域融合发展大趋势，充分发挥乡镇“联城带村”枢纽功能

党的十八大以来，以习近平同志为核心的党中央明确提出以人民为中心的发展思想，坚持一切为了人民、一切依靠人民，始终把人民放在心中最高位置。习近平总书记强调：“推进城镇化是解决农业、农村、农民问题的重要途径，是推动区域协调发展的有力支撑，是扩大内需和促进产业升级的重要抓手，对全面建成小康社会、加快推进社会主义现代化具有重大现实意义和深远历史意义。”[①]新时代，广东牢记习近平总书记嘱托，深入实施新型城镇化战略和乡村振兴战略，促进镇域经济融合发展，稳步提高城镇化水平，不断释放经济社会发展活力，加快农业现代化、振兴乡村、保障农民权益，全面推进中国式现代化进程。

2023年4月，习近平总书记在广东视察时强调，广东在中国式现代化建设的大局中地位重要、作用突出，要在推进中国式现代化建设中走在前列。广东要下功夫解决区域发展不平衡问题，加强陆海统筹、山海互济，积极推进新型城镇化，加快构建现代乡村产业体系，壮大新型农村集体经济，深入实施乡村建设行动，促进共同富裕。广东省委省政府坚持以习近平新时代中国特色社会主义思想为指导，在新起点上沿着习近平总书记指引的方向踔厉奋发、勇毅前行，认真学习借鉴、创造性运用浙江“千万工

① 中央城镇化工作会议举行 习近平、李克强作重要讲话[EB/OL]. (2013-12-16)[2024-03-12]. http://politics.people.com.cn/n/2013/1216/c70731-23846756.html.

程”经验，以头号力度开启广东“百千万工程”新篇章。

乡镇是我国最基层的行政机构，一头连着城市，一头连着农村，是城乡区域协调发展的重要节点，可视为县域经济发展的基本单元之一。富县、兴村，离不开强镇，作为高质量发展的重要阵地，镇域经济发展水平事关全局。同时，作为县域经济发展与治理的基本单元，广东乡镇承载着推动和促进城乡融合、新型城镇化、乡村振兴和共同富裕的重大使命。在赛迪发布的2023镇域经济500强榜单中，广东有33个建制镇入围全国100强（位居全国第二，江苏以37个位居第一），81个建制镇跻身全国“镇域经济500强”，总数排名第三，但大多集中在珠三角地区，粤东西北地区仅有1镇入围。在赛迪发布的2024镇域经济500强榜单中，广东有38个建制镇入围全国100强，占总数的1/3（超过江苏，位居第一）；98个建制镇入围500强，占比近1/5，需要特别注意的是，粤东西北地区共有8个镇入围，相较于2023年的仅有1个镇入围有明显提升，这进一步反映了广东省镇域经济总体实力较强、数量较多、质量较高，同时，随着“百千万工程”的深入推进，广东省开启县镇村联动发展模式以破解城乡区域发展不平衡难题，镇域经济迎来千载难逢的高质量发展大机遇。广东实现城乡区域协调发展，需要不断推进镇域经济、社会、文化、生态等方面均衡发展，让城市繁荣和乡村振兴相得益彰。这既是城镇化建设新阶段的任务，也是践行新发展理念、全面建设社会主义现代化国家的需要。

广东是改革开放的排头兵、先行地、试验区，资源禀赋丰富，综合优势突出，但也面临着区域发展不平衡等突出挑战。尤其在城镇化进程中，一些大城市发展过快，与周边的小城镇发展不平衡、不协调，导致出现资源配置不合理、新质生产力培育发展滞后、产业结构相对单一等问题。广东在全面推进乡村振兴中，要求乡镇在产业转型升级、生态环境保护、公共服务供给等方面有所突破和创新，因此，需要更好地发挥乡镇作用，明晰乡镇在县域内城乡分工中的比较优势，对镇域发展进行科学定位，让发展势头好、后劲足的中心镇锚定小城市目标，积极发挥其对村域的辐射带动作用。随着县域城乡互动日渐深化，镇作为“县—镇—村”联动体系枢纽节点、市场效率提升关键发力点和城乡区域协调发展重要支撑点的定位更加突出。

本书致力深入剖析广东镇域经济融合发展趋势，通过总览与个案研究相结合的方法，探寻镇域融合发展的有效路径，阐释融合进程中面临的关键问题及其实践逻辑。本书所选的10个典型镇融合发展内涵丰富、路径清晰、成效显著，其三产融合、三生融合与城乡融合之实践，体现了当地经济高质量发展的水准。我们通过剖析这10个代表性强的城镇（见图1），展现了当下各典型镇鲜活生动的实践，揭示了它们的发展特色、成功秘诀和光明前景，旨在为中国式现代化进程中广东乃至全国的镇域发展提供有益借鉴和启示。

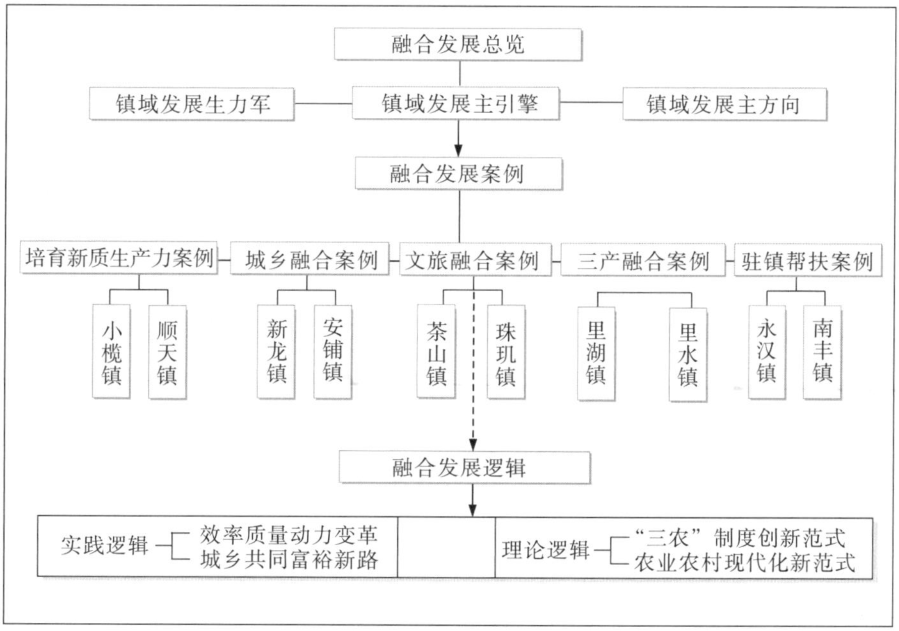


**图1　本书的分析逻辑与技术路线**

我们认为，促进县镇村联动是广东“百千万工程”的关键特征，是解决“三农”问题的有效路径。镇域经济融合发展具有深远的战略意义，不仅能从产业链、商业圈和价值实现等多个维度推动县域经济高质量发展，更能在发展中化解镇村产业用地瓶颈、推进乡村农文旅产业纳统工作、提高各类政策协调性等，激励镇村干部勇于担当作为，为乡村振兴注入强大动力，实现产业集聚和动能放大，而且，镇域经济也是县域实现城乡区域协调发展的重要基石。展望未来，随着跨区域（特别是跨县域）经济协同日益增强，镇域经济间的差异化互补与一体化融合将显得更为重要。在区域融合过程中，政府“有形之手”的调节作用不可或缺，但也需要更好地发挥市场这只“无形之手”的推动作用，才能实现更高效、更优化的资源配置。

东方风来满眼春，岭南大地春满园，“百千万工程”战鼓擂、旌旗扬。2024年5月9日，广东省委召开农村工作会议暨深入实施“百县千镇万村高质量发展工程”推进会，中共中央政治局委员、广东省委书记黄坤明在会上强调，要聚焦强化联县带村作用建好乡镇关键节点，持续推进美丽圩镇建设，拆建结合，开展“马路圩镇”整治，做大做强中心镇，做专做精专业镇，做优做美特色镇。广东正以坐不住、等不起、慢不得的紧迫感和使命感，乘着“百千万工程”的东风，为加快推进中国式现代化的广东实践奋力拼搏，以“再造一个新广东”的宏伟气魄创造南粤大地百县富强、千镇振兴、万村富裕的新奇迹，以新一轮翻天覆地的沧桑巨变让世界刮目相看。新时代浪潮中，广东镇域融合发展不仅关乎地方经济的腾飞，更承载着为全国提供发展借鉴的重任。镇域虽小，却像是广东发展的一面镜子，在理论层面凝聚破解城乡区域发展不平衡难题的广东智慧，在实践层面富含镇域融合发展政策和驻镇帮镇扶村工作机制的广东创新，折射出高质量发展走在前列、作出示范的广东力量。我们希望通过本书深入的理论思考与生动的案例分析，为广东深化镇域融合提供有力的理论支撑和实践借鉴，记载广东镇域高质量发展的新辉煌。

# 目　录

## 上篇

## 乡镇振兴新视角：广东镇域经济融合发展总览


**第一章　总览全貌：广东镇域经济成为高质量发展的生力军** ······ 004

第一节　广东经济大盘的“镇”海神针 ······ 004
第二节　广东产业升级“镇”当其时 ······ 021
第三节　城乡融合发展全面“镇”兴 ······ 025

**第二章　重要特征：广东镇域经济融合发展的大趋势** ······ 032

第一节　镇域经济融合发展内涵丰富 ······ 032
第二节　镇域融合提高综合服务能力 ······ 042
第三节　镇域融合全面提升发展品质 ······ 046

**第三章　未来展望：发挥乡镇“联城带村”枢纽功能** ······ 051

第一节　镇域融合发展促进产业兴旺 ······ 052
第二节　新型城镇化破解区域发展不平衡 ······ 058
第三节　提质赋能激活镇域高质量发展活力 ······ 064


## 下篇

## 乡镇振兴新篇章：广东镇域经济融合发展典型10例


**第四章　培育新质生产力，焕发高质量发展新动能** ······ 071

第一节　小榄镇：发展新质生产力，开启“二次腾飞” ······ 071
第二节　顺天镇：孕育新质生产力，创建国家农高区 ······ 086

**第五章　城乡融合拓展高质量发展新空间** ······ 100

第一节　新龙镇：新型城乡融合释放高质量发展“镇”能量 ······ 100

第二节　安铺镇：特色小镇做强城乡融合“大文章” ······ 117

**第六章　文旅融合探索高质量发展新模式** ······ 129

第一节　茶山镇：文旅融合焕发名镇新活力 ······ 129

第二节　珠玑镇：农文旅融合赋能古镇新生 ······ 139

**第七章　三产融合发展开辟高质量发展新路径** ······ 153

第一节　里湖镇：三产融合建设宜居宜业中心镇 ······ 153

第二节　里水镇：打造贯彻新发展理念镇域样本 ······ 168

**第八章　驻镇帮镇扶村开启镇域高质量发展新机制** ······ 184

第一节　永汉镇：驻镇帮镇扶村出真招见实效 ······ 184

第二节　南丰镇：凝聚合力打造县域商贸强镇 ······ 198

**结束语　为“再造一个新广东”贡献高质量发展“镇”能量** ······ 214

**“百千万工程”推进大事记** ······ 235

**后　记** ······ 243

# 上　篇

# 乡镇振兴新视角：广东镇域经济融合发展总览

实施“百千万工程”是广东全面推进中国式现代化、打造“广东样本”的关键举措，紧密结合了国家对农业农村现代化的战略指引，也体现了对镇域作为联城带村关键节点作用的深刻认识。因此，我们选择从镇域视角切入，全面展现广东镇域经济发展的大趋势——融合发展。通过对全省镇域经济进行多角度、深层次的观察与分析，致力于提炼出可复制、可推广的“三农”发展经验，以期为广东乃至全国的农业农村现代化贡献智慧与经验。

广东乡村产业数字化、园区化、规模化、标准化、特色化演进中，蕴涵着融合发展的大趋势。从实践看，持续的科技创新为三产融合铺平了道路，使其能够实现产业链与价值链的转型升级。从历史看，随着新型城镇化的不断推进和居民收入水平的提升，人民对高品质生活的向往日渐强烈，三产融合正顺应了城乡居民对于宜居宜业宜游环境的迫切需求。从理论机理看，基本公共服务均等化以及农业就业收入的逐步提高，使得城乡融合成为推动农业农村现代化、打破城乡二元结构的有效举措。为全面客观展现不同类型地区各具特色的融合发展路径与模式，我们从全省选择了10个镇域经济融合发展典型案例进行深入剖析，总结提炼广东镇域经济融合发展的宝贵经验，特别是三次产业融合发展模式，彰显其可复制性、可推广性。我们希望借此为全省千镇高质量发展提供示范，并揭示镇域经济繁荣是实现县镇村联动、推进融合发展、保障“百千万工程”实施的关键环节。我们通过深入挖掘广东镇域经济融合的实践样本，充分展现“百千万工程”给广东农业农村现代化发展带来的巨大机遇、体现的实践逻辑与取得的辉煌成就。把握大趋势、推进大工程、绘就大蓝图，广东镇域经济高质量发展乘风破浪、未来可期！

# 第一章

# 总览全貌：广东镇域经济成为高质量发展的生力军

在我国，乡镇是最基层的行政单元，也是“联县带村”的关键节点。镇域强则县域强，镇域兴则县域兴。广东作为我国经济发展的重要引擎，以其雄厚的经济实力和蓬勃的发展活力，在全国各省中走在前列。作为全国首个实现地区生产总值超过13万亿元的省份，广东不仅在经济总量上超越了韩国，更是连续35年稳居全国榜首，展现了其作为经济强省、经济大省的地位。作为全国镇域经济最发达的地区之一，星罗棋布的专业镇、特色镇是驱动广东，尤其是珠三角地区经济前行的重要力量。随着广东加快推进“百千万工程”，镇域经济已经成为广东经济发展的有力支撑，镇域三产融合正成为促进广东经济结构转型升级的加速器，千镇振兴正成为广东城乡区域协调发展的新引擎。

## 第一节　广东经济大盘的“镇”海神针

镇域经济是一个建制镇行政区域范围内的经济形态及经济组织，是包含村镇工业、农业和商贸业构成的村域经济、城镇经济，以及与前两者相辅相成的园区经济的集合体，也可以被视为综合性产业生态圈。这种经济模式不仅在本地范围内发挥作用，而且通过与周边县域经济和城市经济的紧密互动，实现城乡区域间的协同发展。镇域经济不仅是区域经济的一个组成部分，更被视为实施乡村振兴战略、推进城乡一体化发展的基础性经济形态，为农业农村现代化和新型城镇化发展提供最广泛的支撑、发挥举足轻重的作用，正日益成为推动广东高质量发展的重要力量，成为广东总体经济的“镇”海神针。

广东镇域经济的蓬勃发展，得益于20世纪70年代末国家实施的改革开放政策。作为改革开放的排头兵、先行地、试验区，广东大力引进外资、引领市场化改革，激发了镇域经济的发展潜能。伴随着广州、深圳等城市迅速发展成国际大都市，其强大的经济辐射力也带动了周边地区的发展，为镇域经济腾飞奠定了坚实的基础。近年来，随着乡村振兴、新型城镇化和城乡融合发展战略的深入推进，广东镇域经济迎来发展新机遇。大量资金被投入基础设施建设、产业升级和创新创业等领域，这一系列举措推动了镇村经济快速增长，也促进了城乡深度融合，使得广东镇域经济更加紧密地融入城乡区域协调发展大格局中，展现出勃勃生机与活力。

## 一、镇域经济日益兴盛

广东作为我国经济最发达的省份之一，以其繁荣的都市圈和最密集的专业镇而蜚声中外，成为全球最具竞争力和活力的地区之一。截至2022年，全国仅有4个“千亿镇”[①]，而广东独占半壁江山，其中，佛山市南海区狮山镇、佛山市顺德区北滘镇的地区生产总值均已突破1300亿元。《中国乡镇综合竞争力报告2023》指出广东以28个镇位居第二，仅次于排名第一位的江苏（41个镇），浙江则以12个镇位居第三（见表1–1、图1–1）。全国百强镇主要集中在东部沿海地区，广东、江苏、浙江三省的百强镇数

---

① 2022年，全国4个“千亿镇”地区生产总值分别是：广东省佛山市顺德区北滘镇1373亿元、广东省佛山市南海区狮山镇1313亿元、江苏省昆山市玉山镇1020亿元、贵州省仁怀市茅台镇1019亿元。

量总占比超过全国的八成（共81个），这一数据从镇域经济发展水平的角度深刻反映了粤、苏、浙三省能够长期稳坐全国经济大省宝座的原因，充分证明镇域强是省域强的重要基石。

广东镇域经济总体实力较强、数量较多、质量较高，但经济强镇主要分布在珠三角地区。随着“百千万工程”的实施，广东开启县镇村联动发展模式以破解城乡区域发展不平衡难题，镇域经济迎来千载难逢的高质量发展大机遇。

**表1-1　2022年中国竞争力百强乡镇**

| | | | |
|---|---|---|---|
| 1.江苏省昆山市玉山镇 | 14.江苏省苏州市吴江区黎里镇 | 27.广东省东莞市大朗镇 | 40.江苏省海安市城东镇 |
| 2.广东省佛山市南海区狮山镇 | 15.广东省东莞市寮步镇 | 28.广东省佛山市南海区西樵镇 | 41.山东省淄博市临淄区金山镇 |
| 3.江苏省张家港市杨舍镇 | 16.广东省东莞市常平镇 | 29.福建省漳州市龙海区角美镇 | 42.广东省东莞市黄江镇 |
| 4.广东省东莞市长安镇 | 17.江苏省昆山市张浦镇 | 30.广东省东莞市凤岗镇 | 43.江苏省江阴市周庄镇 |
| 5.江苏省昆山市花桥镇 | 18.浙江省乐清市柳市镇 | 31.广东省广州市增城区新塘镇 | 44.浙江省宁波市江北区慈城镇 |
| 6.江苏省苏州市吴江区盛泽镇 | 19.江苏省昆山市千灯镇 | 32.山东省济宁市兖州区新兖镇 | 45.江苏省常州市新北区薛家镇 |
| 7.江苏省张家港市锦丰镇 | 20.福建省晋江市陈埭镇 | 33.广东省东莞市清溪镇 | 46.江苏省泰兴市滨江镇 |
| 8.江苏省昆山市周市镇 | 21江苏省苏州市吴中区木渎镇 | 34.广东省珠海市香洲区唐家湾镇 | 47.江苏省江阴市新桥镇 |
| 9.广东省东莞市虎门镇 | 22.河北省三河市燕郊镇 | 35.江苏省常州市武进区湖塘镇 | 48.广东省东莞市大岭山镇 |
| 10.广东省佛山市南海区大沥镇 | 23.广东省中山市小榄镇 | 36.江苏省无锡市惠山区洛社镇 | 49.湖南省长沙县黄花镇 |
| 11.广东省东莞市塘厦镇 | 24.江苏省昆山市巴城镇 | 37.贵州省仁怀市茅台镇 | 50.浙江省湖州市吴兴区八里店镇 |
| 12.广东省佛山市顺德区北滘镇 | 25.广东省佛山市南海区里水镇 | 38.广东省东莞市麻涌镇 | 51.福建省晋江市池店镇 |
| 13.广东省东莞市厚街镇 | 26.浙江省东阳市横店镇 | 39.浙江省平湖市乍浦镇 | 52.江苏省苏州市吴中区甪直镇 |

（续表）

| | | | |
|---|---|---|---|
| 53.浙江省杭州市萧山区瓜沥镇 | 65.广东省佛山市三水区乐平镇 | 77.江苏省无锡市锡山区东港镇 | 89.江苏省南通市如东县洋口镇 |
| 54.江苏省苏州市相城区黄埭镇 | 66.广东省东莞市茶山镇 | 78.浙江省湖州市吴兴区织里镇 | 90.江西省南昌高新区昌东镇 |
| 55.河南省新郑市龙湖镇 | 67.山东省东营广饶县大王镇 | 79.江苏省东台市东台镇 | 91.山东省滕州市西岗镇 |
| 56.浙江省瑞安市塘下镇 | 68.江苏省苏州市吴中区胥口镇 | 80.山东省寿光市羊口镇 | 92.江苏省太仓市沙溪镇 |
| 57.江苏省昆山市陆家镇 | 69.广东省东莞市中堂镇 | 81.江苏省昆山市淀山湖镇 | 93.江苏省常熟市古里镇 |
| 58.江苏省如皋市长江镇 | 70.广东省佛山市南海区九江镇 | 82.广东省佛山市顺德区乐从镇 | 94.江苏省宜兴市丁蜀镇 |
| 59.广东省佛山市南海区丹灶镇 | 71.江苏省扬州市江都区仙女镇 | 83.江苏省常州市武进区遥观镇 | 95.广东省珠海市金湾区红旗镇 |
| 60.广东省东莞市沙田镇 | 72.湖南省浏阳市永安镇 | 84.江苏省宜兴市官林镇 | 96.浙江省诸暨市店口镇 |
| 61.江苏省江阴市华士镇 | 73.江苏省太仓市城厢镇 | 85.江苏省苏州市吴江区平望镇 | 97.山东省临沂市费县探沂镇 |
| 62.内蒙古自治区鄂尔多斯市伊金霍洛旗乌兰木伦镇 | 74.江苏省苏州市高新区浒墅关镇 | 86.山东省青岛市黄岛区泊里镇 | 98.浙江省嘉兴市南湖区大桥镇 |
| 63.浙江省慈溪市观海卫镇 | 75.山东省威海市高新区初村镇 | 87.山东省邹城市太平镇 | 99.浙江省慈溪市周巷镇 |
| 64.江苏省张家港市南丰镇 | 76.江苏省常熟市海虞镇 | 88.江苏省丹阳市丹北镇 | 100.江苏省苏州市吴江区震泽镇 |

资料来源：《中国乡镇综合竞争力报告2023》。

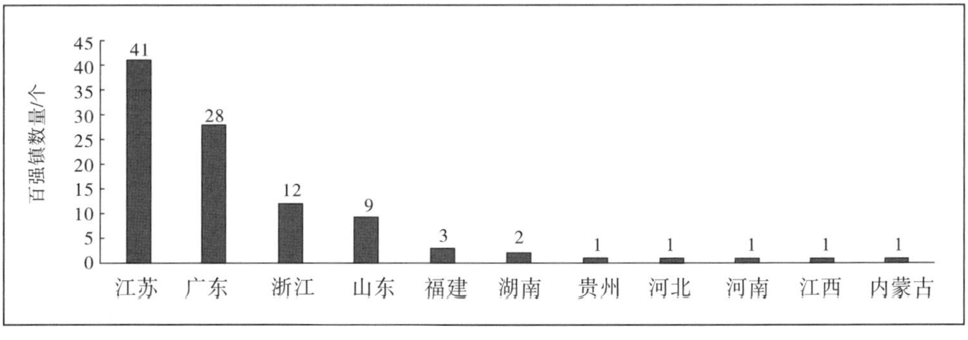


**图1-1　2022年全国百强镇数量分布情况**

资料来源：《中国乡镇综合竞争力报告2023》。

根据《2023年全国千强镇发展报告》，广东共有112个镇入选全国千强镇榜单，数量在全国排名中位列第三。其中，珠三角地区有104个（东莞28个、佛山19个、广州18个、中山13个、珠海10个、江门7个、惠州5个、肇庆4个），占比超过90%；粤东西北地区的镇域经济发展相对滞后，仅有8个镇成功入选（粤东地区有7个，粤北地区仅有1个，粤西地区没有）。这深刻凸显了广东经济存在较大的区域发展不平衡问题，短板转为“潜力板”迫在眉睫。

根据《2023广东镇域经济综合发展力研究报告》，广东镇域经济综合发展力排名前十的镇（见表1-2）依次是：佛山市南海区狮山镇、东莞市长安镇、佛山市顺德区北滘镇、东莞市虎门镇、中山市小榄镇、东莞市大朗镇、东莞市常平镇、佛山市南海区大沥镇、东莞市凤岗镇、东莞市塘厦镇。

**表1-2　2022年广东镇域经济综合发展力前十名**

| 乡镇名称 | 经济发展指数 | 社会发展指数 | 综合发展力 | 综合发展力位次 |
|---|---|---|---|---|
| 佛山市南海区狮山镇 | 0.769 | 0.775 | 1.544 | 1 |
| 东莞市长安镇 | 0.786 | 0.613 | 1.399 | 2 |
| 佛山市顺德区北滘镇 | 0.752 | 0.636 | 1.388 | 3 |
| 东莞市虎门镇 | 0.747 | 0.608 | 1.354 | 4 |
| 中山市小榄镇 | 0.554 | 0.590 | 1.145 | 5 |
| 东莞市大朗镇 | 0.745 | 0.358 | 1.102 | 6 |
| 东莞市常平镇 | 0.584 | 0.433 | 1.017 | 7 |
| 佛山市南海区大沥镇 | 0.267 | 0.729 | 0.997 | 8 |
| 东莞市凤岗镇 | 0.587 | 0.272 | 0.860 | 9 |
| 东莞市塘厦镇 | 0.461 | 0.398 | 0.859 | 10 |

产业强，则动能足。上述10镇集中在东莞、佛山和中山等珠三角城市，表现为专业镇起家、小城镇发家、中心镇兴家。北滘镇的发展说明，坚持制造业当家、紧抓产业发展是镇域经济发展的“牛鼻子”。这些知名乡镇取得巨大发展成就，不仅大幅提高了当地居民生活水平，也为广东的

产业结构优化和创新驱动注入重要动力，为广东的整体经济繁荣作出巨大贡献。2022年以来，广东深入实施“百千万工程”，镇域经济活力进一步激发，展现出强劲的增长势头和巨大的发展潜力。在此背景下，一些地方对下辖镇域内基础设施进行了高达数十亿元甚至上百亿元的投资，为当地经济长远发展提供了战略支撑。在赛迪发布的2023镇域经济全国100强榜单中，江苏、广东、浙江入围建制镇数量分别为37个、33个、10个，名列前三。2024镇域经济全国100强榜单中，广东、江苏、浙江入围建制镇数量分别为38个、33个、10个（见表1–3、图1–2），广东的数量占总数的1/3，已超过江苏，位居第一；同时，广东有7个建制镇入围全国10强，可见，“百千万工程”极大地促进了广东镇域经济发展。

**表1–3　2024镇域经济全国100强**

| | | | |
|---|---|---|---|
| 1.江苏省苏州市昆山市玉山镇 | 26.福建省漳州市龙海区角美镇 | 51.安徽省芜湖市湾沚区湾沚镇 | 76.广东省佛山市顺德区龙江镇 |
| 2.广东省佛山市南海区狮山镇 | 27.江苏省苏州市吴江区同里镇 | 52.广东省佛山市顺德区杏坛镇 | 77.广东省东莞市桥头镇 |
| 3.广东省佛山市顺德区北滘镇 | 28.江苏省苏州市张家港市锦丰镇 | 53.江苏省南通市如皋市长江镇 | 78.江苏省常州市武进区遥观镇 |
| 4.广东省东莞市长安镇 | 29.江苏省常州市武进区湖塘镇 | 54.江苏省苏州市虎丘区浒墅关镇 | 79.江苏省泰州市泰兴市滨江镇 |
| 5.江苏省苏州市张家港市杨舍镇 | 30.江苏省苏州市吴江区黎里镇 | 55.河南省郑州市新郑市龙湖镇 | 80.江苏省苏州市太仓市浮桥镇 |
| 6.广东省佛山市南海区大沥镇 | 31.河北省廊坊市三河市燕郊镇 | 56.广东省广州市增城区新塘镇 | 81.浙江省宁波市江北区慈城镇 |
| 7.广东省佛山市南海区里水镇 | 32.广东省佛山市三水区乐平镇 | 57.江苏省南通市海安市城东镇 | 82.江苏省泰州市兴化市戴南镇 |
| 8.贵州省遵义市仁怀市茅台镇 | 33.江苏省苏州市昆山市巴城镇 | 58.陕西省榆林市神木市锦界镇 | 83.江苏省镇江市丹阳市丹北镇 |
| 9.广东省东莞市虎门镇 | 34.广东省东莞市清溪镇 | 59.山东省东营市广饶县大王镇 | 84.广东省东莞市中堂镇 |
| 10.广东省东莞市塘厦镇 | 35.广东省东莞市大岭山镇 | 60.广东省东莞市茶山镇 | 85.广东省东莞市横沥镇 |
| 11.江苏省苏州市吴江区盛泽镇 | 36.广东省佛山市南海区丹灶镇 | 61.广东省东莞市沙田镇 | 86.湖北省鄂州市华容区葛店镇 |

（续表）

| | | | |
|---|---|---|---|
| 12.江苏省苏州市吴中区木渎镇 | 37.福建省泉州市晋江市陈埭镇 | 62.广东省佛山市南海区九江镇 | 87.广东省佛山市禅城区南庄镇 |
| 13.江苏省苏州市昆山市花桥镇 | 38.江苏省苏州市昆山市张浦镇 | 63.广东省东莞市石碣镇 | 88.江苏省无锡市江阴市新桥镇 |
| 14.浙江省温州市乐清市柳市镇 | 39.广东省珠海市金湾区南水镇 | 64.江苏省无锡市江阴市周庄镇 | 89.山东省淄博市临淄区金山镇 |
| 15.广东省东莞市大朗镇 | 40.江苏省苏州市昆山市千灯镇 | 65.山东省青岛市黄岛区泊里镇 | 90.安徽省阜阳市界首市田营镇 |
| 16.广东省珠海市香洲区横琴镇 | 41.江苏省无锡市惠山区洛社镇 | 66.江苏省苏州市昆山市陆家镇 | 91.江苏省苏州市太仓市沙溪镇 |
| 17.广东省中山市小榄镇 | 42.浙江省温州市乐清市北白象镇 | 67.湖南省长沙市长沙县黄花镇 | 92.江苏省南通市启东市汇龙镇 |
| 18.广东省东莞市寮步镇 | 43.内蒙古自治区鄂尔多斯市乌兰木伦镇 | 68.安徽省宣城市广德市新杭镇 | 93.福建省泉州市南安市水头镇 |
| 19.江苏省无锡市宜兴市官林镇 | 44.广东省佛山市南海区西樵镇 | 69.浙江省嘉兴市平湖市乍浦镇 | 94.浙江省嘉兴市海宁市长安镇 |
| 20.广东省广州市番禺区南村镇 | 45.广东省东莞市黄江镇 | 70.江苏省扬州市江都区仙女镇 | 95.山东省威海市文登区小观镇 |
| 21.江苏省苏州市昆山市周市镇 | 46.江苏省苏州市太仓市城厢镇 | 71.陕西省榆林市神木市大柳塔镇 | 96.浙江省杭州市萧山区瓜沥镇 |
| 22.广东省东莞市厚街镇 | 47.广东省佛山市顺德区陈村镇 | 72.浙江省金华市东阳市横店镇 | 97.江苏省苏州市张家港市南丰镇 |
| 23.广东省珠海市香洲区唐家湾镇 | 48.广东省佛山市顺德区乐从镇 | 73.江苏省常州市新北区薛家镇 | 98.广东省东莞市高埗镇 |
| 24.广东省东莞市凤岗镇 | 49.广东省东莞市麻涌镇 | 74.浙江省温州市瑞安市塘下镇 | 99.浙江省温州市苍南县灵溪镇 |
| 25.广东省东莞市常平镇 | 50.江苏省苏州市相城区黄埭镇 | 75.浙江省湖州市吴兴区织里镇 | 100.福建省泉州市晋江市池店镇 |

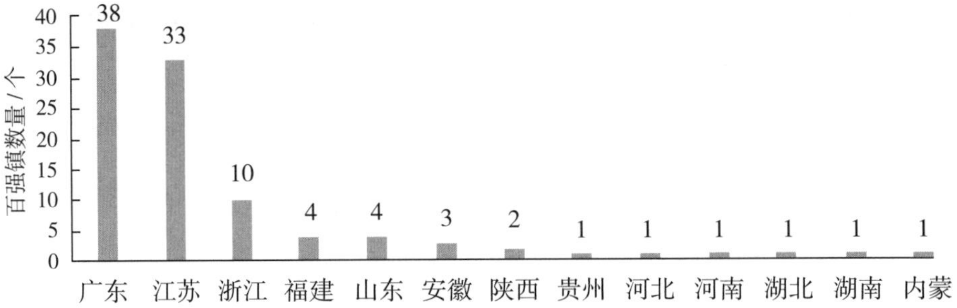


图1-2　2024镇域经济全国100强分布情况

进入新时代，广东众多乡镇立足优势，突出特色，找准定位，努力改善基础设施，促进科技创新，发展新质生产力，推动产业升级，提高教育和医疗水平，大力招商引智，镇域发展步入良性循环的快车道。同时，广东在政策、法规等制度方面也作出了积极调整，以适应镇域经济的新发展需求。通过鼓励创新创业，简化行政手续，降低企业税负，提供人才培训和科研支持，为企业提供更多优惠与扶持；同时，坚持推进绿色产业发展，鼓励清洁能源使用，加强污染治理，保护自然资源，既要金山银山也要绿水青山，确保经济增长不以牺牲环境为代价。这些政策的出台和实施为镇域经济的快速增长与长期繁荣提供了有力保障。

与此同时，广东镇域经济发展已经突破地域局限，出现不同地区之间的深度合作和互联互通，以促进资源共享和优势互补。乡村振兴示范带建设串联起多个乡镇，开启了不同区域协同发展新模式。例如，即将展开建设的环南昆山—罗浮山县镇村高质量发展示范区，能够将广州市增城区的派潭镇和小楼镇、惠州市龙门县的永汉镇等具有文旅康养融合发展基础和潜力的区域整合起来，实施一体化联动发展，有望打造成为中国乃至世界上最具活力的度假康养胜地之一。随着“百千万工程”和乡村振兴战略的深入实施，广东的镇域经济已成为区域经济增长的新引擎，展现出无限的发展潜力和活力。

目前，广东各镇正在积极调整产业布局，大力弘扬创业精神，致力推动传统产业转型升级，发展新质生产力，努力向价值链高端攀升。此外，广东还高度重视加强交通、通信、水电等基础设施建设，既提高了生产效率，也大幅提升了居民的生活品质，为经济的健康发展提供了坚实支撑。以2022年广东镇域经济10强镇（见图1–3）中的狮山镇、北滘镇和长安镇为例，我们可以进一步了解镇域经济转型升级的态势。

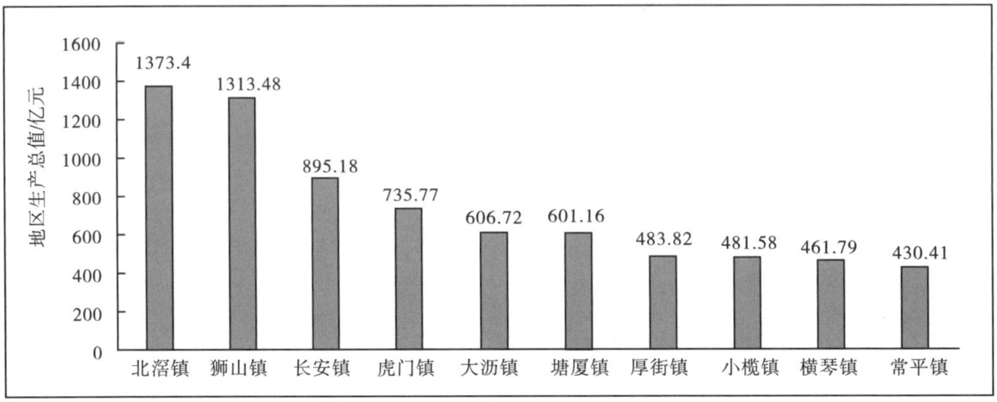


**图1-3 2022年广东镇域经济10强镇**

资料来源：《2023广东镇域经济综合发展力研究报告》。

狮山镇是广东的经济强镇，近年来大力推进产业升级和创新发展。该镇积极引进高科技产业和现代服务业，致力于打造现代化的产业集群。同时，狮山镇非常注重人才培养和科技创新，通过与高校、科研机构合作，加强产学研一体化发展，推动经济持续健康增长。作为工业重镇，狮山镇汇聚了近2万家工业企业，成功打造了包括汽车零部件制造、高端装备制造、新材料和生物医药在内的多个产业集群，这些产业的年产值均突破百亿元大关。2023年，全镇规模以上工业总产值达到4689.5亿元，其增加值高达616.5亿元，这使得狮山镇在佛山市经济版图中占据举足轻重的地位，其经济贡献相当于佛山市的1/7、广东省的1/50。狮山镇秉持“制造业是经济命脉所在，是立镇之本、强镇之基”，实现从体量优势向质量优势的转变，把创新作为突破关键核心技术的第一驱动力，积极推进形成以企业为主体、以市场为导向、政产学研用深度合作的技术创新体系。例如，力合科创（佛山）创新中心是由南海区政府、佛山高新区管委会与深圳清华大学研究院及A股上市公司力合科创联合建立的公司制综合科创平台，累计服务企业1000多家，投资孵化企业350多家，引育高新技术企业50家，投资培育专精特新企业16家。

北滘镇经济的底色是制造业，该镇围绕制造业孕育出世界500强企业美的以及一批专精特新企业和“隐形冠军”企业，形成智能制造等多个产业集群。北滘镇被誉为“中国家电制造业重镇”，改革开放以来，它抢抓发展机遇，建成全国规模最大的家电生产基地，与家电巨头美的关联的供应商就超过1000家。2022年北滘镇的家电产业产值已超3000亿元，占全国家电产业总产值的比重超过10%。近年来，北滘镇不仅加强对传统家电产业的技术改造和产品创新，还积极拓展智能制造、新能源等新兴产业领域，大力推进制造业数字化智能化转型，美擎工业互联网平台入选国家级“双跨平台”①，全国每20台工业机器人就有1台来自北滘镇。在北滘镇，以机器人和智能制造为引领的现代化新兴产业体系雏形凸显，为数百家制造企业数字化转型提供有力支持。北滘镇保持强劲发展势头的关键在于其对市场需求变化的敏锐洞察和及时响应，进而精准地捕捉并利用每一个发展良机，不断优化产业结构，积极推进转型升级。

长安镇在保持传统产业优势的同时，大力发展电子信息、精密机械等高新技术产业，并加强与国内外知名企业的合作与交流。2023年长安镇地区生产总值达到965.2亿元，保持着强劲的增长势头，成为全球领先的电子信息和智能手机制造基地，形成了规模达千亿的电子信息产业集群。全镇手机出货量占全球的1/8，拥有数万名手机研发专家，为东莞经济高质量发展提供了强有力的支撑。长安镇以科技创新与高端制造为重心，致力于打造电子信息、五金模具产业以及智能视觉、新能源配套、大健康等“2＋3”特色产业和新兴产业集群。通过这些努力，长安镇特色产业取得显著进展，为实现2024年地区生产总值突破千亿的目标提供了坚实的推动力。

2023年以来，广东全面推进“百千万工程”，旨在破解城乡区域发展不平衡问题，明确提出“打造一批经济强镇”，推进统一大市场建设，镇域经济活力得到进一步激发，增长势头强劲，发展潜力巨大。这些镇都是

① “双跨平台”是指跨行业、跨领域的工业互联网平台。

珠三角的制造业强镇。珠三角地区传统镇域经济高地你追我赶，纷纷提出要打造“千亿镇（街）”，例如，佛山提出支持桂城、祖庙、大良、荷城争创“千亿镇（街）”，东莞提出2025年力争形成2个“千亿镇”，中山提出力争5年内打造2个地区生产总值700亿元以上的镇（街）。随着广东“百千万工程”的全面推进，镇域经济进入新一轮快速发展的轨道。

## 二、产业结构持续优化升级

改革开放后，广东发挥比较优势和后发优势，积极参与全球产业分工和合作，形成极具广东特色的镇域经济发展模式。进入新时代，一批产业镇、中心镇、特色镇开始积极探索转型升级发展新路，探索让镇域经济成为广东经济高质量发展的重要支撑，这对全省实现高质量发展具有深远影响。当前，按照“百千万工程”部署，广东对省内1612个镇（街）①进行了细致的划分，其中，城区镇（街）554个，占比34%；中心镇（街）239个，占比15%；专业镇（街）260个，占比16%；特色镇（街）315个，占比20%；普通镇（街）244个，占比15%（见图1-4）。这一部署旨在激发各个镇（街）的潜力，引导它们走向各具特色、高品质和差异化的发展道路。

以专业镇为例，广东的专业镇一般以制造业为主导产业，主要分布在经济较为发达的珠三角地区，在促进镇域经济增长和产业结构优化升级方面发挥着关键作用，是广东吸引国际产业转移、参与全球分工和提升国际竞争力的有效平台。珠三角地区得益于毗邻港澳的区位优势，对外开放起步早、程度深，已经成为吸收港澳及外商投资的主要区域。多年的快速增长为该地区打下了坚实的经济基础和产业基础，吸引了众多规模较大的制造业企业，集聚了全国最大规模的外出务工人员。进入21世纪以来，广东实施“双转移”战略，珠三角地区的传统劳动密集型产业正逐步向周边地区转移。粤东西北地区的城镇化和工业化步伐加快，有望缩小与珠三角地

① 截至2023年度数据。

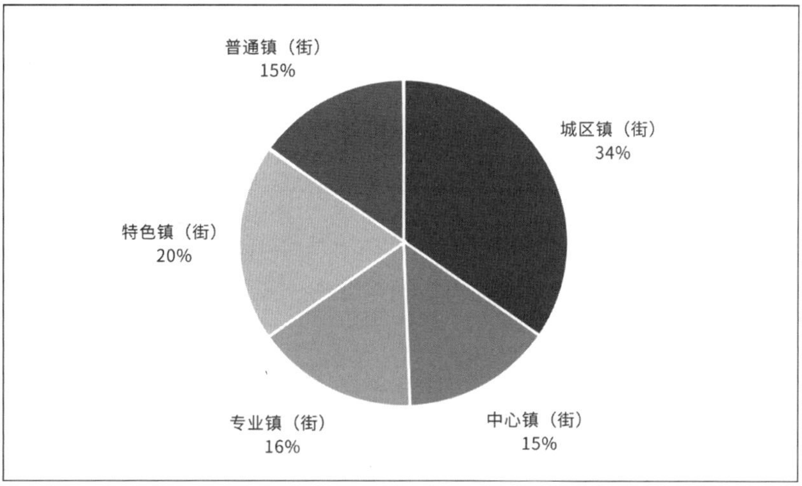


**图1-4　广东“百千万工程”对镇（街）的划分**

资料来源：《南方》杂志2023年第22期。

区之间的差距。在“百千万工程”推进过程中，粤东西北地区的中心镇，努力完善基础设施、打造便利交通条件和提高人口密度，将成为产业转移和人口吸纳的关键区域。这将对全省中心镇的高质量发展及其时空格局产生显著影响。

“百千万工程”实施以来，广东各地典型镇（见表1-4）积极盘活土地资源、激励创新、努力在产业转型升级上取得新突破。

**表1-4　广东“百千万工程”典型镇的基本情况**

| 镇域名称 | 行政区域面积/公顷 | 户籍人口/人 | 工业企业个数/家 | 规模以上工业企业个数/家 |
|---|---|---|---|---|
| 广州市白云区钟落潭镇 | 23047 | 156620 | 2556 | 215 |
| 广州市增城区新塘镇 | 8632 | 184381 | 4758 | 389 |
| 珠海市金湾区红旗镇 | 7079 | 74764 | 470 | 159 |
| 珠海市金湾区平沙镇 | 15500 | 62503 | 213 | 88 |
| 汕头市潮阳区海门镇 | 3153 | 136192 | 95 | 8 |
| 汕头市南澳县云澳镇 | 2046 | 19380 | 6 | 1 |
| 佛山市禅城区南庄镇 | 7605 | 116210 | 1627 | 246 |
| 佛山市南海区里水镇 | 14836 | 195232 | 5668 | 669 |

（续表）

| 镇域名称 | 行政区域面积/公顷 | 户籍人口/人 | 工业企业个数/家 | 规模以上工业企业个数/家 |
|---|---|---|---|---|
| 佛山市顺德区北滘镇 | 9211 | 170960 | 2719 | 409 |
| 韶关市武江区龙归镇 | 23700 | 40580 | 27 | 4 |
| 韶关市仁化县城口镇 | 32200 | 10879 | 20 | 1 |
| 韶关市乳源瑶族自治县桂头镇 | 12446 | 38461 | 45 | 8 |
| 河源市东源县顺天镇 | 11058 | 23951 | 13 | 2 |
| 河源市紫金县蓝塘镇 | 30190 | 77683 | 19 | 4 |
| 河源市连平县忠信镇 | 8768 | 53167 | 23 | 6 |
| 梅州市梅县区松口镇 | 33936 | 62236 | 6 | 1 |
| 梅州市梅县区雁洋镇 | 18300 | 34512 | 45 | 11 |
| 梅州市兴宁市黄槐镇 | 12659 | 74370 | 14 | 1 |
| 惠州市惠阳区新圩镇 | 15352 | 31372 | 2741 | 257 |
| 惠州市博罗县石湾镇 | 8135 | 64308 | 2352 | 182 |
| 汕尾市陆河县水唇镇 | 15110 | 47179 | 32 | 2 |
| 东莞市塘厦镇 | 12820 | 97712 | 15181 | 893 |
| 东莞市长安镇 | 8153 | 91224 | 19708 | 956 |
| 东莞市厚街镇 | 12570 | 140531 | 8997 | 578 |
| 中山市古镇镇 | 5220 | 86574 | 5034 | 178 |
| 中山市小榄镇 | 14730 | 299911 | 14085 | 859 |
| 江门市台山市斗山镇 | 13705 | 51575 | 21 | 9 |
| 阳江市阳东区东平镇 | 12936 | 44519 | 17 | 2 |
| 湛江市坡头区坡头镇 | 8910 | 82284 | 32 | 7 |
| 湛江市吴川市吴阳镇 | 9188 | 108874 | 25 | 2 |
| 茂名市电白区沙琅镇 | 11224 | 90605 | 24 | 7 |
| 茂名市高州市根子镇 | 8700 | 79938 | 24 | 5 |
| 茂名市化州市杨梅镇 | 8994 | 92351 | 35 | 7 |
| 肇庆市德庆县马圩镇 | 11065 | 24252 | 6 | 2 |
| 肇庆市封开县南丰镇 | 30600 | 104372 | 17 | 2 |
| 清远市佛冈县水头镇 | 14622 | 32143 | 15 | 1 |
| 清远市连山壮族瑶族自治县永和镇 | 19904 | 24287 | 31 | 1 |
| 潮州市潮安区凤凰镇 | 22706 | 45032 | 6 | 1 |
| 潮州市饶平县柘林镇 | 1422 | 16400 | 29 | 5 |
| 揭阳市惠来县隆江镇 | 12568 | 186914 | 15 | 9 |
| 云浮市新兴县六祖镇 | 18696 | 67283 | 18 | 3 |
| 云浮市郁南县建城镇 | 22892 | 42270 | 24 | 4 |

首先，通过土地综合治理，重塑发展空间。一批产业大镇、强镇通过“村改工改”开展村镇土地综合治理，提升土地利用率，为新兴产业和未来产业的布局提供空间。比如，广州市番禺区南村镇聚焦旧村改造、村镇工业集聚区综合整治提升、村级留用地开发建设，加强建设用地储备。南村镇以先进制造业和现代服务业双轮驱动，抢抓南大干线经济带发展机遇，持续聚焦长隆万博国际消费示范区、番禺工业经济总部园区两大平台招商，整合全镇土地资源为企业提供广阔空间。2022年，中山市全力推动“工改”项目，累计拆除整理低效工业园超1.4万亩，促使黄圃镇、小榄镇等一批产业大镇获得新的产业空间，提高了经济社会发展的承载力。佛山市顺德区依托“村改”腾出的新地，成功推动一批优质的本土企业在家门口增资扩产。佛山市南海区狮山镇向低效土地“亮剑”，开展全域土地综合整治攻坚，拟用3年时间征地1.8万亩，满足狮山镇未来5～10年的产城发展需要。东莞市长安镇将重点保障产业发展用地，加快供应300亩高品质、低成本、快供给产业用地，不断引导空间资源向重大项目、重点区域集聚。

其次，增强科技创新，激发经济发展新动力。广东多个镇积极创新科技，通过建立高新技术产业园区、引进和培育高新技术企业、加强产学研合作，持续促进科技成果的产业化应用，为镇域经济优质增长注入了新动力。比如，随着毛织业转型对机器装备的巨大需求，东莞市大朗镇的工业机器人和智能装备发展迅猛。2022年，大朗镇规模以上装备制造业实现产值超过530亿元，规模以上电子信息产业实现产值430多亿元。而今，大朗镇聚集了一批华为上下游企业，新一代电子信息、新材料、新能源等领域的专精特新企业和高新技术企业不断涌现。广州市南沙区东涌镇自入选首批典型镇以来，借助落实《广州南沙深化面向世界的粤港澳全面合作总体方案》，充分发挥“联城带村”节点功能，在庆盛先行启动区开拓了越秀iPARK穗港产学研基地、沙公堡重点招商项目和庆盛智造港载体等3个成熟的招商载体。东涌镇持续释放“双15%”等政策的“虹吸效应”，高效利用成熟载体持续引进优质企业落户，编制《东涌镇存量招商载体情况手册》，2023年盘活存量闲置载体面积达11.26万平方米，镇内增资扩产及新引进项目22个。2023年全年已有117家企业注册落户，形成经济增量约70亿元。东涌镇根据自身产业特点，因地制宜设立镇级奖励机制，2023年镇级财力已兑现对小升规企业、新增专精特新企业、经济贡献突出村奖励198.5万元。扎实推动镇域经济转型升级，促进新型产业发展壮大。全球首个超快充电池专业工厂——巨湾技研在东涌镇正式投产，寰宇、捷盟、湘龙等一批在建项目不断提速；捷盟智能装备、金妮宝科技等8家企业通过国家专精特新“小巨人”企业认定，省级“专精特新”中小企业119家；独角兽企业达到8家；嘉诚国际港首期项目已建成并投入使用，该项目提供一站式的物流申报服务，将建设为制造业、商贸业与物流业联动的示范基地。

最后，促进产业转型升级，培育高质量发展增长点。诸多产业大镇积极布局新兴产业和未来产业，比如，佛山市顺德区北滘镇，在继续做优家电制造、机械装备等传统产业的基础上，大力发展机器人、工业设计、现代会展业等新兴产业。随着美的库卡机器人等产业载体的快速发展，北滘镇的机器人产业正迎来增长的爆发期。同样，作为“千亿大镇”的佛山市南海区狮山镇，主动而为、精准发力，瞄准一批新兴产业，重点培育和引进生物医药、高端装备、新材料、新能源汽车等产业。各镇积极探索和发展适合自身资源特点的特色产业，通过提高产业附加值，推动镇域经济快速增长。不少镇把制造业高质量发展作为主攻方向，不断向集成化、智能化方向转型升级，通过智能制造、工业互联网等新兴技术的应用，提高生产效率和产品竞争力。有些镇抓住现代服务业的发展机遇，发展金融、文化创意、旅游等服务性产业，为群众提供更多就业机会，不断提高当地居民的生活水平。此外，还有一些镇把生态农业作为方向，以发展有机农产品、绿色食品为特色，满足消费者对健康、环保食品的需求，推动镇域经济高质量发展。

## 三、绿色可持续发展成为鲜明底色

绿色是高质量发展的底色，新质生产力本质上是绿色生产力。广东贯彻新发展理念，在推动镇域经济高质量发展过程中，始终将生态优先和绿色发展作为核心原则。绿水青山是涵养水源的水库、藏粮于地的粮库、金山银山的钱库、固碳增汇的碳库，为实现高质量发展目标，广东各镇以“百千万工程”为牵引，厚植绿色发展底色，立足自身资源禀赋，积极提升垃圾处理水平，恢复湿地和森林等生态系统，实施更高要求的环境保护，不断塑造发展新动能、新优势，大力发展低碳经济、循环经济，实现经济高效发展与生态环境高水平保护相协调。东莞市麻涌镇始终坚持经济发展与生态环境保护齐头并进的发展方式，先后关停了150多家污染企业，累计清拆非法禽畜养殖场220多个共16.5万平方米，年均处理生活污水超过790万吨，先后吸引了京东、云南城投、南玻光伏、中远波浪能等20个总投资500多亿元的优质项目落户，持续推动镇域高质量发展①。广东许多乡镇鼓励企业实施循环经济模式，推动资源有效循环利用和再生利用，能有效减少资源浪费和环境污染。比如，江门市新会区双水镇坚定不移走“工业立镇、产业强镇”之路，明确省级城乡融合示范中心镇的目标定位，大力发展循环经济，获得“中国工业重镇”“中国香业产业基地”“国家循环经济试点示范单位”“国家卫生镇”“中国千强镇”等荣誉称号。

在推动绿色能源发展方面，以清洁、可再生能源替代传统能源，是广东各镇积极努力的目标，各镇积极支持和引进企业投资和发展太阳能、风能、水能等绿色能源项目。比如，河源市连平县隆街镇推动太阳能发电项目建设，不仅为当地提供了清洁电力，更为企业和居民提供了发展和使用太阳能资源的机会；同时，它还探索“光伏＋农业”模式，尝试农业种植、畜产品生产与光伏发电一体化融合发展，把曾经杂草丛生的荒地变成

① 卢真伟.麻涌：“产业＋生态”齐头并进｜发力百千万东莞镇精彩.[EB/OL].（2023-10-14）[2024-03-15]https://baijiahao.baidu.com/s?id=1779686981552922695.

了以绿生金、低碳富农的宝地。

整体来看，广东镇域通过发展循环经济、推动能源转型、强化生态环境建设，实现产业强、城镇新、乡村美，有效提升了镇域经济发展能力。紧抓新质生产力发展契机，推动绿色发展，已经成为广东镇域经济发展的关键导向。“百千万工程”极大地促进了广东镇域产业结构优化、特色产业发展、科技应用创新和服务业优化、生态环境保障，提升发展实力，加快了镇域城乡融合步伐，加速了镇域经济动能转换，成为广东经济的重要支撑。广东镇域经济在全省地区生产总值中占据着重要比重，“千亿镇”“百亿镇”的经济发展情况如图1–5所示。可以预见，新征程上，广东镇域经济在促进区域协调发展、推动城乡融合发展方面将发挥更加重要的作用，为广东乃至全国的经济发展提供新的动能。

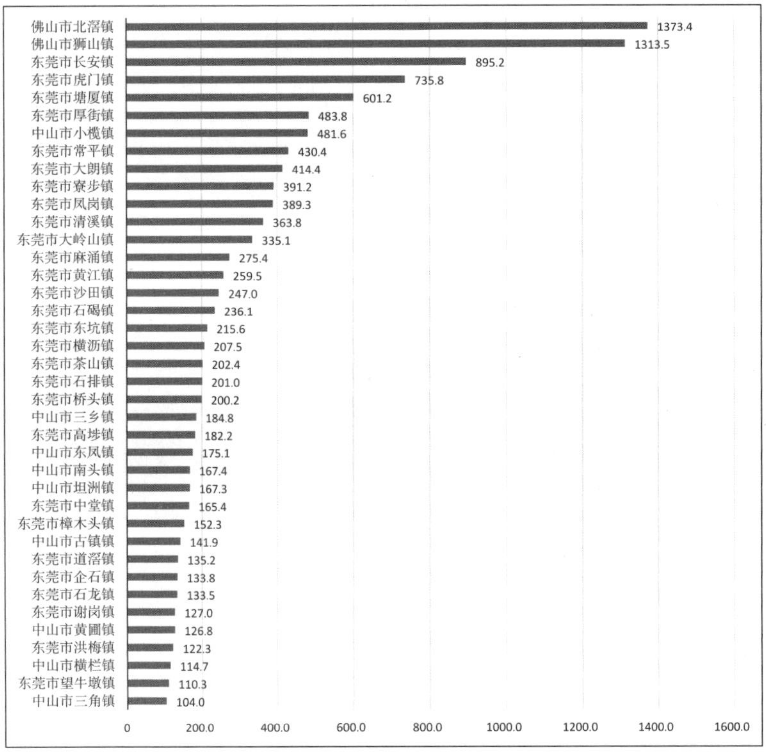


地区生产总值 / 亿元

**图1–5　2022年广东省“千亿镇”“百亿镇”的地区生产总值**

资料来源：各市统计资料。

## 第二节　广东产业升级“镇”当其时

大潮起珠江，“百千万工程”掀起广东产业升级新高潮。广东是我国改革开放的排头兵、创新创业的优等生，而镇域经济是其中不可或缺的重要一环。结构优化成为广东应对新挑战、实现高质量发展的关键选择，产业升级则是镇域经济结构优化的重要路径。广东镇域经济的发展经历了从传统农业向现代产业转型的阶段，诸多镇通过引入高新技术企业、发展现代服务业、推动传统产业技术革新等方式，推动结构优化，赋能产业升级。

### 一、动能转变促进镇域产业转型

广东镇域经济正经历从传统工业驱动向创新和服务驱动的重大转变，不仅为经济高质量发展带来新动力，还对产业结构、科技创新、服务业发展和新兴产业崛起等产生显著影响。

其一，创新导向与创新意识培养是镇域经济转型的前提。许多镇鼓励传统制造业向智能化、绿色化、高附加值领域迈进，扶持企业在高端装备制造、电子信息、生物医药等领域，引进先进生产技术和设备，大幅提高产品质量和附加值。同时，各镇注重培育企业家精神和创新意识，支持初创企业和科技创新项目，通过提供资金和政策助力企业发展，孵化了一批拥有新技术和新业态的创业企业。

其二，技术创新是推动镇域产业转型的关键力量。各镇积极推动科技创新，不断引进和培育高新技术企业，以推动科技成果转化和应用。“双百行动”乡村产业发展高校联盟（简称“联盟”）积极推动高校、科研机构与镇域企业深度合作，镇域经济加强了新技术运用和人才引进，一批技术成果落地开花，提高了企业的创新能力和竞争力。2024年，联盟举行成果对接会，华南农业大学、广东工业大学、广东海洋大学等分别围绕无人农场关键技术、水稻种膜直播技术及装备、凡纳滨对虾“兴海1号”等主题推出最新成果，这种技术创新成果产业化路径可以直接服务镇域企业需求，不仅帮助传统产业实现转型，也将推动新兴产业不断涌现。

其三，建构镇域创新体系，赋能产业转型。广东镇域实施创新驱动发展战略，有条件的镇逐步建构起完善的创新体系，推动地方经济快速发展和可持续增长。首先，在研发投入层面，制造业强镇的政府会加大对研发的投入，鼓励企业增加研发支出，通过为其提供税收优惠和研发补贴等激励措施，推动技术创新和科研成果产出。如虎门镇在服装产业协同创新中心设立设计师常驻工作室，帮助虎门服装服饰业提升研发设计水平。其次，在成果转化层面，不少镇支持建设科技成果转化平台和技术转移中心，将研究成果尽快应用到实际生产中，提高产业的技术含量和附加值，加速新技术和新产业的孵化和发展。通过加快建设“众创空间—孵化器—加速器—科技园”全链条孵化育成体系，为产业集群提供中试熟化与产业化创新服务。再次，在激励机制层面，许多镇已出台一系列政策支持创业企业成立和发展，包括提供融资支持、降低创业成本、简化创业流程等，吸引大量创业者和初创企业，推动地方经济繁荣发展。最后，在氛围营造方面，各镇积极营造创新创业文化氛围，不断培养创新人才和企业家，为本镇发展提供优良的营商环境与创新导向。

## 二、区域协同助推镇域产业升级

广东跨区域的协同合作越来越密切，不断优化产业空间布局，推动地方特色产业和传统产业转型升级。这种区域协同发展极大地促进了镇域间资源共享和优势互补，为全省经济结构调整和产业升级注入了新活力。

首先，跨区域协同发展推动镇域产业布局优化。广东地域广阔，不同镇域具有不同的产业特色和资源优势，通过区域间的合作和资源整合，不同镇域能够发挥各自的优势，形成互补性的产业链、供应链，有利于产业升级和价值链延伸。比如，珠三角地区在制造业和高科技领域具有优势，而粤东西北地区则在生态、农业和旅游业方面有独特资源。珠三角地区与粤东西北地区镇域间的协作，可以在粤北等欠发达镇域设立产业转移园区，促使镇域土地资源得到更有效的配置，有利于真正做到陆海统筹、山海互济，推动本镇乃至全省产业布局优化。

其次，跨镇域协同发展促进地方特色产业崛起。毗邻各镇往往有着各自的产业特点和发展优势，通过积极合作交流，不同地区的特色产业能够相互借鉴经验、共同发展。比如，一些镇在发展农产品加工和生态农业领域取得显著成就，而另一些镇在文化创意产业或旅游业领域有更多的发展潜力，协同发展有助于这些特色产业在差异化发展过程中避免过度竞争，共享市场、平台、服务等资源，形成范围经济，得以快速崛起，在各具特色和亮点的同时，又能激发出本镇新的产业机遇和创新创业活力。

最后，镇村协同发展推动传统产业转型升级。广东坚持制造业当家，依托传统制造业取得极大的经济发展成就，但在全球产业格局急剧变化的背景下，各乡村工业园广泛存在的传统产业面临着严峻的升级和转型压力。没有夕阳的产业，只有夕阳的企业。通过镇村协同合作，共同推动传统产业升级和改造，可以让传统工业强镇再现新活力。一些村在镇创新平台支持下能够专注于提供高附加值的制造工艺和技术，而镇（街）则能够专注于市场渠道开拓和品牌设计服务。这种分工合作使传统产业更具竞争力，而镇则能更好地推进现代产业体系的建构。

## 三、新质生产力加速镇域产业融合

广东镇域经济通过创新驱动、区域协同、产业集聚及营商环境优化等策略，为新质生产力培育与发展提供了坚实支撑。各镇根据自身优势，因地制宜，积极运用新质生产力，有效促进了产业融合发展，促进了经济结构持续优化。

高新技术创新是新质生产力的核心源泉，也是产业融合的加速器。一些镇积极引进高新技术企业和科研机构，建立高新技术产业园区和科技成果研发与孵化平台。这些举措吸引了大量创新型企业入驻，不仅提升了镇域经济的科技含量，也为一二三产业融合发展提供了助力。比如，数字技术与互联网技术飞速进步，华南农业大学罗锡文院士在东源县柳城镇成功建立无人智慧农场，再结合后续袋装加工与网络销售品牌丝苗米，不仅实现了一二三产业的融合发展，也为乡村农民提供了更多的就业机会。惠州市博罗县园洲镇把产业园区作为发展的主战场，不断引入智能装备、电子信息、新能源、5G通信等制造业企业落地，近年来先后落户项目20余宗，年产值达200亿元。与此同时，园区内高新技术企业之间的上下游研发合作日趋紧密，产业公共技术不断取得突破，未来出现设计业、软件业、制造业、广告业紧密协作，超大型企业平台化运行，周边供应链企业逐步融合发展的趋势不断凸显。

现代服务业的壮大为产业融合提供了有力支撑。广东各大经济强镇已经开始加强金融、教育、医疗、文化、旅游等服务业的发展，这不仅满足了城镇居民的需求，也为乡村提供了更多的服务选择。比如，金融服务的扩展为农村提供了融资渠道，教育培训服务提高了农民的技能水平，健康医疗服务的改善提升了农村居民的医疗保障水平，文化和旅游业的兴起吸引了更多的外地游客。此外，现代服务业的发展不仅提高了农村居民的生活质量，也丰富了乡村的发展内涵。

生态农业的推广为产业融合发展注入了绿色新动能。一些镇深谙生态农业的价值，通过发展有机农业、培育特色农产品，提高了农业产值和农民收入。生态农业的兴起不仅改善了农业生产环境，更为农村地区带来了卓越的生态效益。生态农业的发展也吸引城市居民踏入农村休闲旅游，进而促进农村旅游业的发展。城乡之间因此形成了和谐的生态互动，资源共享成为现实，可持续发展模式逐渐成形。

# 第三节　城乡融合发展全面“镇”兴

广东镇域经济的发展为城乡融合铺就了一条宽广的道路，展现了巨大的潜力和机遇。随着“百千万工程”的全面推进，广东通过多元化的战略和创新举措，积极探索城乡融合的新路径，以县域为发力点，以镇域为突破口，统筹县镇村一体化发展，突出县域经济、镇域经济双轮驱动，强化镇（街）联城带村的枢纽节点作用，着力破解城乡区域发展不平衡不协调难题，把短板转化为“潜力板”，为全省的经济发展探出新路。

## 一、迈入城乡融合新阶段

广东镇域经济的快速发展为城乡融合提供了独特的土壤和条件。城乡融合不仅是缩减城乡差距的必由之路，更是实现全域协同发展的关键一环。广东的乡镇作为连接城市与乡村的枢纽节点，积极促进资源优化配置和区域协调发展。随着新型城镇化推进，城乡联系日益紧密，镇域经济成为城市农产品、劳动力和服务的重要供给源，同时也为乡村带来市场渠道和资金支持。2023年，珠三角地区产业转移到欠发达地区的项目超过650个，带动了一些转移产业园的发展，极大地加快了迁入地镇域经济的发展速度。2023年广东省产业转移与农业发展情况如表1–5所示。

**表1–5　2023年广东省产业转移与农业发展情况**

| 类别 | 内容 | 数值/规模 |
|---|---|---|
| 产业转移 | 设立省产业转移基金 | 240亿元 |
| | 安排用地指标支持主平台建设 | 1万亩 |
| | 支持的主平台数量 | 15个 |
| | 新承接的产业转移项目数量 | 超650个 |
| | 新承接的产业转移项目总投资额 | 超3200亿元 |

（续表）

| 类别 | 内容 | 数值/规模 |
|---|---|---|
| 海洋牧场 | 海洋牧场开工建设的项目数量 | 40个 |
| | 海洋牧场项目的总投资额 | 近120亿元 |
| 农林牧渔业 | 2023年全省农林牧渔业总产值 | 9194.8亿元 |
| | 2023年全省农林牧渔业总产值同比增长率 | 5% |
| 相关案例 | 茂名市农业产业协同发展情况 | 突破千亿元 |
| | 阳江市阳东区立足国家级科技小院数量 | 5个 |

资料来源：2024年广东省高质量发展大会。

镇域经济作为县域经济的重要组成部分，随着城镇化的加速推进，其连接城市与乡村的桥梁作用日益增强。以韶关市曲江区乌石镇为例，该镇通过创新镇村企联合发展模式，释放了镇村闲置资产的活力，打造了独特的村镇农副产品品牌，成功拓展了城市市场，有效拓宽了镇村的收入来源和就业渠道，充分发挥了镇域经济在带动乡村发展中的重要作用。

城乡融合有助于提升乡村发展的活力和可持续性。许多乡村地区开始发展新的服务业和其他产业，提高了乡村经济发展和公共服务水平，乡村不再被视为经济的边缘地带，而是成为与城镇相辅相成、共同发展的重要部分。比如，广州市黄埔区新龙镇坚持改革为先、创新为要、实干为本，以一二三产业融合发展的思路，不断推进城乡基础设施建设，加速了乡村现代化建设进程。

## 二、激发镇村经济新活力

城乡融合是推动广东镇域经济发展的重要力量，有效促进了资源的优化配置、资源的高效利用和价值最大化，助力塑造全省经济和社会发展新格局，同时，有效推动了产业结构的升级、生产效率的提高，以及农村地区的可持续发展。

其一，促进科技与管理技术下乡。通过技术创新和信息化，农业生产得以更加精细化和智能化。农业机械化的推广使农业生产效率大幅提升，降低了人力成本，提高了产量和质量。同时，强化农业科技应用，如通过精准农业、远程监测等方式，使农民能够更好地管理农田，有效应对自然灾害、减少风险，既提高了粮食和农产品供给质量，也为城市居民提供了更加安全和优质的食品。

其二，推动农村产业多元化发展。城乡融合促进了农产品的供求互动，为乡村带来更多的产业选择。许多农村地区开始发展特色产业，如水果种植、畜牧业、中药材种植等。产业结构多元化，不仅提高了农村产业的多样性，而且降低了市场风险，使乡村经济更加稳定和可持续。同时，一些都市圈内的乡镇还利用自身区位与资源优势，融合发展乡村旅游、观光农业等产业，为乡村居民提供了更多的就业机会和收入来源。如广州市南沙区东涌镇聚焦农文旅体融合发展，串联东涌水乡文化景点、农业休闲采摘园、亲子研学路线，编制《东涌全域旅游策划方案》，推进“农业+旅游”融合发展，开发出大稳村绿道、马克村生态园等独具特色的休闲农业旅游点。2023年共接待游客超42万人次、旅游团4000多个，带动消费约3360万元。东涌镇的村集体经济也随之发展壮大，马克村通过土地集约流转方式引入企业和个体户参与连片土地经营，开发了乡村振兴“生态园”“百果园”项目，打造集亲子研学教育、农业知识科普、户外拓展、疍家文化展示等于一体的马克村观光休闲农业，增加本地村民就业约60人，流转土地农户因生态园等项目每年增加租金收入约120万元。东涌镇通过产业多元化打造出“镇域强、乡村美、农民富”的全省典型镇样板。

其三，推动农村资源合理配置。随着农村地区产业结构的升级，土地资源得到更加合理的利用。以往，农村土地主要用于种植粮食作物，但随着特色产业和乡村旅游业的发展，土地资源的用途更加多样。一些农村地区将土地用于果树种植、养殖、景区建设等，提高了土地的综合利用效益。同时，乡村劳动力也有了更多的机会，促进农村劳动力更好地参与城镇非农业领域的工作，从而增加就业机会和收入。

其四，促进社会文化交流与融合。许多镇通过举办文化节庆活动、发展乡村旅游、弘扬地方特色文化等方式，既丰富了乡村的文化生活，也吸引了城市居民参与和体验。一些镇通过打造乡村旅游景区，将自然风光、传统文化、农业体验融为一体，吸引了大量游客前往。文旅产业融合发展不仅为农民带来了收入，也使城市居民能够在乡村享受休闲度假的乐趣。一些镇通过弘扬地方特色文化，包括传统工艺的传承、地方美食的推广、民间艺术的保护等，不仅能保留自身的文化传统，还能吸引更多的游客和文化爱好者前来参观和学习，带动了镇内民宿、酒店与饮食业兴起，有些镇还积极挖掘非遗资源，促进了博物馆、游学与手工艺制作等行业的发展。

## 三、推动镇域经济发展方式转变

党的十八大以来，我国经济已由高速增长阶段转向高质量发展阶段，明确要求提高经济发展质量和效益。由于珠三角地区经济迅速增长带来的区域发展、城乡发展不平衡不充分的矛盾较为突出，广东对经济发展速度与质量之间的辩证关系感受深刻，认识到发展方式的转变是实现高质量发展的关键一环。当前，广东省全面实施“百千万工程”，就是要解决城乡和区域发展不平衡这一突出矛盾，努力实现城乡区域协调发展和农业农村现代化。广东正以新型城镇化战略为指引，努力实现经济发展方式转变，推动镇域经济走上高质量发展道路。

首先，镇域经济发展理念由片面追求速度和效率转变为统筹质量和效率。城乡融合要求统筹城镇与乡村的发展品质，尤其是要在城镇发展过程中将基本公共服务设施与体系向乡村延伸。以往，对速度和效率的片面追求，曾导致某些镇出现城镇非常繁荣，而附近乡村却出现生产凋敝、资源浪费和环境污染等问题。广东自实施“百千万工程”以来，始终把质量放在首位，坚持创新、协调、绿色、开放、共享的新发展理念，从而推动镇域经济发展质量和效率的平衡。

其次，促进全域绿色经济发展。许多镇通过采取引入清洁能源、促进资源循环利用、加强污染治理等措施，积极推动了绿色产业发展。比如，一些镇实施太阳能和风能发电项目，减少了对传统能源的依赖，在降低碳排放的同时，促进了绿色经济发展；一些镇注重生态平衡，积极推动有机农业、绿色农业和休闲农业的发展，减少农药和化肥使用，保护土壤和水资源，提高了农产品的市场竞争力。以江门市开平市赤坎镇为例，该镇为打造绿美生态建设样板，积极推动绿美元素融入乡村景观和乡村情感中，引领全民参与护绿、种绿、管绿，形成了“旧圩镇（古镇）+新圩镇（赤坎新区）+乡村”全域共同打造绿美小镇的态势，为高质量发展奠定了坚实的生态基础。2023年赤坎镇承办中国（江门）侨乡华人嘉年华、“中国侨都·红线女粤剧艺术周”、第一届区域品牌博览会等活动，接待游客约252万人次，实现了良好的经济效益和社会效益。

最后，加快镇域经济从传统粗放型发展方式向创新发展方式转换。我们观察到，近年来，镇域产业发展正积极通过技术创新和产业升级提高全要素生产率，逐步实现经济发展方式的根本性转变，这一过程中，技术进步、劳动者素质提升和管理创新变革的意义愈加凸显。因此，“百千万工程”背景下，广东以创建全省乡村振兴示范镇为重要抓手，聚焦圩镇建设、镇域经济发展等方面，引导资金、技术、人才、信息等各类要素汇聚，全面提升乡村基础设施条件，优化乡村人才服务保障，强化乡镇公共服务功能，提升产镇融合发展水平，建构镇域产业技术创新与推广体系，充分发挥好镇服务带动作用，镇村联动、以镇带村，推动生产方式转变不断取得新突破。广东省乡村振兴示范镇创建情况如表1-6所示。

表1-6　广东省乡村振兴示范镇创建名单（第一批）

| 地市 | 乡镇 |
|---|---|
| 广州市 | 花都区赤坭镇 |
| | 南沙区东涌镇 |
| | 从化区太平镇 |
| 珠海市 | 金湾区红旗镇 |
| | 斗门区斗门镇 |
| 汕头市 | 澄海区隆都镇 |
| | 潮阳区海门镇 |
| 佛山市 | 禅城区南庄镇 |
| | 三水区白坭镇 |
| 韶关市 | 南雄市珠玑镇 |
| | 始兴县顿岗镇 |
| | 乐昌市北乡镇 |
| | 仁化县城口镇 |
| | 乳源瑶族自治县桂头镇 |
| 河源市 | 东源县顺天镇 |
| | 连平县忠信镇 |
| 梅州市 | 梅县区雁洋镇 |
| | 兴宁市叶塘镇 |
| | 平远县石正镇 |
| | 蕉岭县新铺镇 |
| 惠州市 | 惠东县白盆珠镇 |
| | 龙门县永汉镇 |
| 汕尾市 | 海丰县可塘镇 |
| 东莞市 | 麻涌镇 |
| | 洪梅镇 |
| | 厚街镇 |
| | 清溪镇 |
| | 东坑镇 |
| 中山市 | 三乡镇 |
| | 古镇镇 |
| 江门市 | 鹤山市共和镇 |
| | 新会区崖门镇 |
| | 开平市赤坎镇 |

（续表）

| 地市 | 乡镇 |
| --- | --- |
| 阳江市 | 阳西县沙扒镇 |
| 湛江市 | 廉江市安铺镇 |
|  | 雷州市龙门镇 |
| 茂名市 | 高州市根子镇 |
|  | 信宜市钱排镇 |
|  | 电白区沙琅镇 |
| 肇庆市 | 四会市大沙镇 |
|  | 广宁县古水镇 |
|  | 怀集县蓝钟镇 |
| 清远市 | 英德市英红镇 |
|  | 连州市东陂镇 |
|  | 佛冈县水头镇 |
| 潮州市 | 潮安区凤凰镇 |
| 揭阳市 | 揭东区埔田镇 |
|  | 揭西县棉湖镇 |
| 云浮市 | 新兴县六祖镇 |
|  | 郁南县建城镇 |

资料来源：广东省农业农村厅印发的《关于公布乡村振兴示范镇示范村创建名单的通知》。

从各地实践看，镇域经济发展方式转换是“百千万工程”实施以来最鲜明的转变，镇域经济正逐步从主要依靠资源要素投入驱动向更多依靠创新驱动转变，充分展现了创新在经济发展中的核心作用，特别是“双百行动”中产学研深度融合形成的镇域新质生产力，正逐步引领和支撑着广东镇域形成现代产业体系。这种转变不仅为广东的镇域经济注入了新活力，也为全国其他地区提供了可借鉴的发展模式。

# 第二章

# 重要特征：广东镇域经济融合发展的大趋势

随着新型城镇化、乡村振兴战略的推进，广东区域经济发展已悄然步入以市域为核心、县域为支撑、镇域为支点的全域融合发展时代。乡镇上联城市、下接乡村，内聚镇村要素、外拓域外市场，是连接城与乡、实现城乡发展一体化的关键纽带，在城乡区域高质量发展中其重要基础和底座作用愈加凸显。广东正以实施头号工程的力度推进“百千万工程”，加快建设完善的服务圈、兴旺的商业圈、便捷的生活圈，使镇域成为乡村治理中心、乡村服务中心、乡村经济中心，探索出一条符合广东省情、体现地方特色的城乡融合发展之路，为广东在推进中国式现代化建设中走在前列提供有力支撑。

## 第一节　镇域经济融合发展内涵丰富

目前，我国城市已具备统筹市域资源和支持农村的能力，但受到地理空间条件和发展基础的限制，城市资源难以直接流向农村。镇域作为新型城镇化、城乡融合发展的重要节点与纽带，地位特殊且作用显著。因此，亟须优化镇域资源配置，建立以乡镇为基础网络节点的统筹发展体系，促进资源要素在镇村之间双向流动，促进产业融合、镇村融合、三生融合、城乡融合。广东作为我国经济最发达的省份之一，镇域经济不仅是地方发展的基石，也是推动区域间经济均衡发展的高效引擎，已成为广东经济高质量发展的重要贡献者和推动者。通过加强区域协作和资源共享，广东镇域经济将为缩小地区发展差距、促进区域经济一体化作出积极贡献，成为全省经济高质量发展的有力支撑。

## 一、产业融合赋能镇域经济发展

镇域经济是以乡村经济为基础的多层次、区域性的开放经济体系。广东镇域经济起步较早、总体规模较大、产业分布集中，具有鲜明的地域特色。各镇根据自身资源和地理优势，发展特色产业，形成多元化的经济结构，从早期的专业镇到如今的特色小镇，最显著的变化是从单纯产业集聚的生产性功能演进到完整的产业生态圈，开始具备一定的城市型服务功能。在“百千万工程”推动下，广东建设典型镇是探索未来镇域的发展方式，侧重于提升镇的区域带动力及担负产业升级的使命，所遵循的发展原则是因地制宜、实业为主、各尽其能、各有所长。这种多元化的产业选择彰显了各个镇之间的错位发展，不仅提高了地方经济的抗风险能力，也有利于各地拓展产业空间，促进融合发展，为广东镇域经济注入了新活力。

随着广东加快推进“百千万工程”，镇域三产融合成为促进广东经济结构优化提升的加速器，镇域经济振兴成为广东城乡融合发展的新动能，有助于乡镇承载城市功能。镇域是国家新型城镇化和乡村振兴的重要结合点，广东乡镇正从以传统制造业为主的专业镇转向多元产业融合发展的小城镇，随着镇域基础设施的完善和产业链、供应链、服务链的延伸拓展，逐渐发挥出小城市功能，从而有力推动城乡一体化发展。广东积极把握镇域融合发展趋势，从推动三产融合发展、三生融合发展到城乡融合发展，努力实现广东镇域产业美、人文美、生活美、环境美、治理美的现代化发展目标。在这一进程中，数字技术全链条为广东镇域融合发展插上了“数字翅膀”，数字建设是乡村振兴的战略方向，智慧党建、智慧政务、智慧农业、智慧综治等数字化发展已经全面融入镇域经济社会发展，也拓宽了镇域经济半径。随着广东基础交通、信息技术及产业的迅速发展，镇域经济同城市经济的联系日益密切，镇域之间、镇域与城市之间日渐形成多层次的经济网络体系，从而为加快构建全国统一大市场、城市优质资源向农村延伸提供了机会与可能。三产融合有多种形式，农文旅融合是近年来广东镇域经济发展最为常见的模式，因为广东不少镇拥有丰富的历史、文化和自然资源，为农文旅融合发展提供了条件，镇域“农业 + 文化 + 旅游”产业的联动，是农业跨越传统产业边界，与文化旅游产业相互融合，创新产业业态的过程，大大激发了乡村发展的经济活力，有助于农民增收，加快城乡共同富裕步伐。

三产融合有非常丰富的内涵（见表2-1），尤其在数字化技术下，产业融合的广度和深度正以前所未有的速度拓展，所产生的规模经济、范围经济以及正向外部性大大提升了产业价值，加快了镇域经济高质量发展。

**表2-1　广东镇域三产融合的内涵及其实现路径**

| 三产融合内涵 | 实现路径 |
|---|---|
| 品牌营销 | 引入现代农业技术提高农业生产效率和品质，促进农产品深加工和品牌化，增加农产品附加值。例如，通过发展生态农业、休闲农业和特色农产品（如绿色农产品），将传统农业与现代市场需求相结合，提高农业的市场竞争力 |
| 农业 + 食品加工业 | 依托当地农业资源，发展与农业相关的轻工业和食品加工业，例如水果和蔬菜加工，有助于提高农产品的市场价值，同时为乡镇创造更多的就业机会 |
| 农业 + 工业 + 服务业 | 随着镇域经济发展，旅游、物流、电子商务等服务业也在广东乡镇快速发展。通过发展乡村旅游、观光农业、文化旅游等，服务业为当地经济带来新的增长点，也为农业和工业产品提供了更广阔的市场 |
| 数字科技 + 产业 | 科技赋能三产融合，通过应用新技术，比如物联网、大数据、云计算等，提高农业生产智能化和精准化水平，同时促进自动化、数字化升级，提高产品质量和生产效率 |
| 生态环保 + 产业 | 重视生态环境保护，发展循环经济、绿色能源和低碳技术，努力实现经济发展和环境保护双赢 |

科技创新及高科技产业的引入在广东镇域经济融合发展中起着重要作用。如数字化转型不仅为传统制造业升级提供了技术支撑，也为镇域智慧农业可持续发展注入了动力。许多镇还积极招商，引入高新技术企业，在高科技产业园区建设方面进展显著，如佛山市南海区狮山镇打造了汽车零部件制造、高端装备制造、新材料和生物医药等多个产业集群，促进了生产型服务业的快速成长；东莞市长安镇成功建立起规模达千亿级别的电子信息产业集群，已成为领先的电子信息和智能手机制造基地，实现了电子信息业与工业设计及品牌营销业的融合发展。

文旅融合是当前广东不少镇域发展的典型模式。广东拥有丰富的历史文化遗产，不少古村落、古建筑和文化景点被保护和开发成旅游景区（见表2-2、表2-3）。诸多获评全国乡村旅游重点镇与广东旅游风情小镇的乡镇，积极把握“百千万工程”契机，完善交通基础设施条件，充分利用自身历史文化资源和环境优势，促进文旅产业融合发展。各镇通过组织传统节庆、文化艺术表演、手工艺品展销等活动，孵化打造出一批自带流量、具有市场竞争力的特色项目，吸引游客前往参与和观赏，这不仅提高了镇的知名度，也为当地带来了文化产业发展机会。比如，梅州市蕉岭县三圳镇、梅州市梅江区西阳镇依托其特色资源优势，将当地乡村产业、产品、市场、文化等资源要素有机串联起来，融合视觉、美食、娱乐等旅游元素，开展“寿乡不夜城”“花海马戏嘉年华”等一系列文化活动，为广大群众提供集吃、住、行、逛、赏、购、娱等功能于一体的多元化游玩娱乐消费场所。近年来，广东特色农业、休闲农业蓬勃发展，正向一二三产业融合演进，结合各类节庆活动，出现了农文旅融合发展模式和不少镇域经济新业态，激发了镇村经济增长潜力，助推了镇域经济高质量发展。

**表2-2　第一、第二批全国乡村旅游重点镇（乡）名单（广东）**

| | |
|---|---|
| 第一批 | 广东省潮州市潮安区凤凰镇 |
| | 广东省河源市源城区埔前镇 |
| 第二批 | 广东省韶关市南雄市珠玑镇 |
| | 广东省梅州市梅县区雁洋镇 |
| | 广东省东莞市寮步镇 |
| | 广东省惠州市惠阳区秋长街道 |

**表2-3　广东旅游风情小镇名单**

| 小镇名称 | 所在地 | 评定时间 |
|---|---|---|
| 沙湾镇 | 广州市番禺区 | 2019年 |
| 梯面镇 | 广州市花都区 | 2020年 |
| 万山镇 | 珠海市万山区 | 2019年 |
| 斗门镇 | 珠海市斗门区 | 2020年 |
| 东里镇 | 汕头市澄海区 | 2019年 |
| 大良街道 | 佛山市顺德区 | 2019年 |
| 九峰镇 | 韶关市乐昌市 | 2019年 |
| 江尾镇 | 韶关市翁源县 | 2020年 |
| 石塘镇 | 韶关市仁化县 | 2020年 |
| 深渡水瑶族乡 | 韶关市始兴县 | 2020年 |
| 高埔岗街道 | 河源市源城区 | 2019年 |
| 新港镇 | 河源市东源县 | 2020年 |
| 百侯镇 | 梅州市大埔县 | 2019年 |
| 西河镇 | 梅州市大埔县 | 2020年 |
| 转水镇 | 梅州市五华县 | 2020年 |
| 留隍镇 | 梅州市丰顺县 | 2020年 |
| 蓝田瑶族乡 | 惠州市龙门县 | 2019年 |
| 横河镇 | 惠州市博罗县 | 2020年 |
| 东坑镇 | 汕尾市陆河县 | 2019年 |
| 水唇镇 | 汕尾市陆河县 | 2020年 |
| 南万镇 | 汕尾市陆河县 | 2020年 |
| 遮浪街道 | 汕尾市红海湾区 | 2020年 |
| 寮步镇 | 东莞市 | 2019年 |
| 麻涌镇 | 东莞市 | 2020年 |
| 石排镇 | 东莞市 | 2020年 |
| 南区街道 | 中山市 | 2019年 |
| 塘口镇 | 江门市开平市 | 2019年 |
| 崖门镇 | 江门市新会区 | 2020年 |
| 宅梧镇 | 江门市鹤山市 | 2020年 |
| 川岛镇 | 江门市台山市 | 2020年 |
| 沙扒镇 | 阳江市阳西县 | 2019年 |

（续表）

| 小镇名称 | 所在地 | 评定时间 |
|---|---|---|
| 东平镇 | 阳江市阳东区 | 2020年 |
| 闸坡镇 | 阳江市海陵岛试验区 | 2020年 |
| 安铺镇 | 湛江市廉江市 | 2019年 |
| 钱排镇 | 茂名市信宜市 | 2019年 |
| 博贺镇 | 茂名市滨海新区 | 2020年 |
| 根子镇 | 茂名市高州市 | 2020年 |
| 下帅壮族瑶族乡 | 肇庆市怀集县 | 2019年 |
| 官圩镇 | 肇庆市德庆县 | 2020年 |
| 南街街道 | 肇庆市广宁县 | 2020年 |
| 贞山街道 | 肇庆市四会市 | 2020年 |
| 九龙镇 | 清远市英德市 | 2019年 |
| 秤架瑶族乡 | 清远市阳山县 | 2020年 |
| 凤凰镇 | 潮州市潮安区 | 2019年 |
| 黄冈镇 | 潮州市饶平县 | 2020年 |
| 埔田镇 | 揭阳市揭东区 | 2020年 |
| 京溪园镇 | 揭阳市揭西县 | 2019年 |
| 六祖镇 | 云浮市新兴县 | 2019年 |
| 天堂镇 | 云浮市新兴县 | 2020年 |
| 连滩镇 | 云浮市郁南县 | 2020年 |

在沿海经济带，许多镇出现多业态融合发展模式。广东拥有4000多公里海岸线，海岸线长度居全国首位，海洋经济生产总值约占全省经济总量的1/6，水产品总产量和水产养殖产量稳居全国第一位，海水种业稳居全国首位。由于海洋资源极为丰富，一些沿海镇域发展了大量与海洋相关的特色产业，比如，阳江市阳西县沙扒镇作为国家一级渔港、全国最大规模的海洋牧场示范区，以及全省最大的海水鱼苗种业孵化基地，形成了“海洋＋水产养殖＋海洋牧场＋海上风电＋旅游”的多业态融合发展模式。

“百千万工程”实施以来，广东乡镇以实现生态美、产业兴、百姓富为目标，做实做稳第一产业、做大做强第二产业、做精做旺第三产业，促进三次产业深度融合。乡村发展须以第一产业作为稳固的基础，以第二产业作为发展的关键，以第三产业作为发展的突破口。随着科技创新的不断推进，传统产业间的明确界限逐渐模糊，农业、工业和服务业之间的相互渗透、交叉和重组越来越多，通过打破产业壁垒，促进不同产业间的协同发展，三产融合成为提升镇域经济效率的重要途径。通过采取政策扶持、促进科技创新和产业升级等多种措施，广东已成功推动乡镇三次产业的融合发展，不仅显著提高了农业效益，也进一步促进了工业和服务业的多元化进步。广东各地乡镇出现多类三次产业协同模式，推动农业、工业和服务业深度融合，形成一个互利共赢的产业生态系统，实现了经济效益和社会效益齐头并进。

## 二、镇村融合加速镇域经济崛起

乡镇作为连接城市和农村的桥梁和纽带，是统筹城乡发展的重要载体，壮大镇域经济是实施“百千万工程”的重要一环。镇村融合发展是走向城乡一体化、实现城乡共同富裕的重要一步。镇村融合发展在一定程度上会扩大乡镇（或中心镇）的发展空间，激发镇的功能性并提升其综合性，促进镇和村之间的资源双向流动，实现资源的优化配置，推动镇村互动联动发展。镇村融合发展，既有利于镇村“各自为政”，释放乡镇对村的辐射作用而非虹吸效应，也有利于镇村资源要素双向流动，镇村紧密结合起来实现共赢。

广东镇域发展要立足本镇资源禀赋和发展基础，选择具优势的产业并不断厚植，成为分工明确、差异化发展的特色城镇，推动形成上与县域、下与村域合理分工的耦合发展关系，有效推动城乡资源要素配置，加快把镇建设为联通城乡的重要支点。如佛山市顺德区北滘镇最显著的城市名片就是“千亿大镇”、制造业名镇、繁华都市、和美乡村。北滘镇对“产城人”发展的不平衡、城乡发展不平衡和优质生态资源利用不充分等问题，通过引人才、办教育、优环境、增动能，集中各方力量，打造“人城产”深度融合发展的“镇域样板”，在高水平推进城乡区域协调发展上走在全省乃至全国前列。镇村融合发展的地位和作用如图2-1所示。

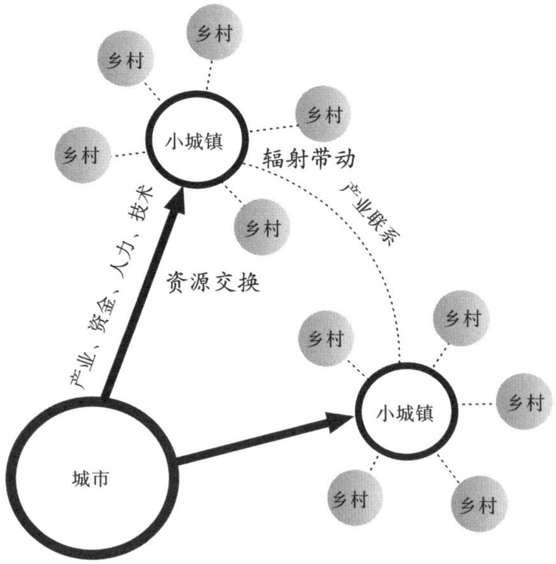


**图2-1 镇村融合发展的地位和作用**

镇域经济发展能够带动周边乡村的成长，为产业发展提供环境，为公共服务提供重要支撑，为乡村就地城镇化提供载体。镇与村关系紧密，村是镇的最小组成单元。农村地区的基础设施改善和综合条件的提升以及产业的进步都依赖于镇级层面的推动和支持。专业镇和特色镇的发展将给农村的交易技术、交易模式和交易体系等带来深远的影响，成为推动农村市场化进程的重要力量。一方面，镇应当积极发挥其推进城乡一体化发展的主观能动性，将城市的先进理念、技术、服务等向农村地区扩散，成为城市工业转移的关键承载区和农村农产品加工、销售的重要基地，促进城镇资源向乡村流动，实现资源共享和互利共赢；另一方面，镇的发展能在一定程度上成为吸纳农村部分剩余劳动力就业，或以镇为支点向大中城市输送劳动力的枢纽，成为部分农民生活的居住地、工作地，从而提升农村居民的生活质量和幸福感。

“十四五”期间，广东省城镇化进程仍在快速推进，城镇化的发展潜力依然强劲，镇在集聚城乡要素、承接城市产业转移、促进农村发展方面有着重要作用。与大中城市相比，镇域在吸引剩余劳动力方面展现出独特优势。因为镇区与乡村地理位置接近、经济和社会活动联系紧密，镇区在生活方式上趋近于城市，但在文化和习俗上脱胎于农村，仍属于熟人社会，与农村有较多相似之处。相较于县级以上的大中城市，迁移到镇区的农民能够以较低的生活成本和更融洽的工作环境融入新生活，还能兼顾农村的农事生产。农村劳动力转移到镇区后，他们的社会网络依旧根植于农村，他们与留守农村的农民保持着紧密的联系，而这种联系对于促进镇村融合互动，加速镇域经济整体崛起，以及实现城乡共同繁荣具有至关重要的作用。

镇村融合发展势必要求走“三生融合”之路，而这也倒逼镇域经济加快转型。

生产、生活与生态相互融合是高质量发展要求下重构国土空间布局的创新之举，是广东镇域经济发展破题的关键招数。三生融合不仅指生产、生活与生态在空间或功能上的融合，更是发展理念上的融合。广东许多镇在镇村融合进程中积极实践三生融合，形成镇村发展共同体，以推动经济的可持续发展和产业结构的转型升级。在生产方面，乡村通过引进先进技术和管理经验，提高产业的附加值和竞争力，同时，注重培育新兴产业和特色产业，促进镇域产业链的完善和延伸。在生活方面，通过完善镇区基础设施和公共服务设施，改善居民的生活条件，开展文化建设提升镇域的文化软实力和社会治理能力，为发展人文经济奠定了基础。在生态方面，通过加强镇域生态环境治理、推进生态文明建设，实施绿化工程，增加了绿化面积，改善了镇村居民的生活环境。

佛山是典型的以三生融合推动高质量发展的地区，以水韵与绿城打造粤港澳大湾区三生融合的典范，争创粤港澳大湾区绿色循环经济样本。三水区绿城项目投产后，相当于每年植树约9万棵，具有显著的环境效益和社会效益。三水区大塘镇纺织印染行业智慧管理平台通过云计算、能源大数据等技术，为企业、政府数字化、智能化能源管理决策提供技术支撑，助推“双碳”先行示范区建设，加速实现打造佛山优势传统制造业智慧低碳转型发展先行区的目标。

广东镇村融合强调了“三生融合”，高标准推动了镇域经济转型升级，为镇域经济崛起及持续健康发展奠定了坚实的基础。

## 三、城乡融合激发镇域经济发展潜能

随着城乡基本公共服务投入机制、户籍管理制度以及建设用地制度等领域改革的深化，城乡融合在镇域进一步展开，有助于打破长期存在的城乡二元结构，拓展了镇域市场，推动了镇域经济动能转型。城乡融合不仅有利于产业融合、功能互补和资源共享，还通过优化发展环境、强化政策支持、提升公共服务水平和改善生态环境，促进了城乡产业互动、共同发展。城乡融合促进居民消费水平不断提高，内需潜力进一步释放，有效拉动了供给侧改革，全社会增加了对现代产业的投资。一系列制度创新推进了城乡融合，带来发展新优势，不仅推动了农业农村现代化，还深刻改变了传统生产方式，为镇域经济发展带来新模式、新业态、新动能。

随着城镇化进程加速和农村改革深化，推进城乡融合逐渐成为广东镇域经济发展的必然选择。这种城乡融合并不是简单地将城市经济和农村经济相连接，而是将镇和乡村作为一个有机整体来看待，在发展思路和政策措施上以促进城乡经济的互补和协调发展为导向。城乡融合的核心在于实现资源共享和优化配置，打破了旧的城乡二元结构，改变了传统的发展模式，为广东镇域经济高质量发展奠定了新起点、拓展了新空间，为产业升级、经济结构优化和社会全面进步提供了新契机和新动力。比如，中山市通过打造“岐水流芳”和“香山古韵”两大乡村振兴示范带，依托水乡文化和古道风韵，将沿江12个镇（街）、约100个村（居）串珠成链，积极融合城乡各方资源，形成了极具岭南特色的乡村振兴新模式。

通过城乡融合，广东镇域加快了产业升级、经济结构优化，推动了社会全面进步。城乡融合过程中，传统产业结构逐渐得到调整和优化，新兴产业不断涌现，经济结构呈现出多元化和高效化的特征。首先，在农业种植领域，通过运用机械化、数字化技术，引进先进管理模式，加强与城市产业对接，农业产业不断向现代化、智能化方向迈进，提高了农业生产的效率，并提高了农产品质量。其次，在工业领域，通过加强与服务业融合，推动工业向高端化、智能化、绿色化发展，加快经济结构转型升级。最后，在新兴产业领域，乡村新产业崛起，如乡村旅游、特色农业等，为农民增收致富、改善生活条件提供了新的途径和可能。以广东县域人口最多的普宁市为例，普宁市积极探索城乡融合发展的路径和模式，自实施“百千万工程”以来，全面贯彻和深化城乡融合理念，通过大力发展实体经济、强化产业支撑、推动全域提升、增进民生福祉和激活发展动力等，全面推进里湖镇建设示范镇，实现了城乡高效协同和资源共享，有效发挥了中心镇对周边区域经济和社会的有效带动。

## 第二节　镇域融合提高综合服务能力

乡镇是一个区域政治、经济、文化、教育、科技和社会服务的中心，不仅为当地居民生产生活提供基本物质保障，还带动相关产业的发展，对区域经济发展起着重要作用。在“百千万工程”背景下，镇村融合不断深化，要主动适应经济社会发展新要求和人民群众新期待，准确把握并致力于实现基本公共服务均等化的发展目标，着重加强乡镇政府的服务能力，改进服务资源分配方式，创新服务理念，从而显著提高乡镇政府的服务质量和效率。这将有助于形成内容更加多元化、方式更加高效便捷的乡镇综合服务体系与服务机制。

## 一、加强乡镇政务服务能力

“百千万工程”旨在将乡镇打造成为服务农民的核心区域，助力乡村振兴战略的实施，并推动城乡一体化进程。1600多个乡镇（街道）像散落的棋子，在广东广袤的“棋盘”上串联起县城与村落的纵横线。把镇域作为重要支点，不仅有益于促进全省城镇化进程，而且为解决“三农”问题提供了一个有效抓手。政务服务作为营商环境的重要内容，关系地区长远发展。广东通过简化行政流程、加强法治建设、提升服务效率等一系列措施，不断优化营商环境，推进镇域经济快速发展。

首先，简化行政流程，减少企业运营所遇的烦琐程序。政府通过精简审批程序、提供一站式服务窗口、实施“最多跑一次”改革等措施，大幅降低了企业的办事成本。这种改革鼓励了更多创业者前往镇域创业，也吸引了更多外资企业前来投资，推动了当地经济加快发展。

其次，加强法治建设，提高政策的透明度和可预测性。镇域虽小，但是各类市场主体也可以多达数万，甚至十多万，因此维护健全的法律体系、明确的产权保护、公平的竞争规则，有助于稳定企业的投资和经营信心。通过塑造优质的营商环境，镇域可以吸引更多的长期投资者和战略合作伙伴。

再次，大力提高服务效率，提高政府部门的服务水平和效能。目前，“七所八站”（指农技站、广播站、派出所、变电所等）均归镇政府管辖，根据职能可合并为乡镇经济发展服务中心和乡镇社会发展服务中心，应以“互联网＋政务服务”为切入点，通过数字化手段提高政务服务的便捷性和效率。大力营造更高效、更便捷、更优质的政务环境，充分满足市场经营主体需求，为企业提供更好的服务保障，就能吸引更多企业在本镇域投资兴业。

最后，要以构建服务型基层政府为导向，高度重视发挥政务服务在乡村振兴中的作用。加强政务服务中心建设，优化教育、医疗和文化等公共服务资源的分配，迅速改善偏远乡镇在服务“三农”方面的不足之处，确保农民在家门口就能使生产生活的基本需求得到满足。

## 二、提升党群服务水平

党群关系是党的建设的基本内容。党群服务中心作为服务党员和群众的核心平台，主要承担着提供党务政策咨询、处理党内事务、普及党建知识、丰富党员政治生活等职能。该中心的工作职能覆盖了党建指导、教育培训、创业咨询、人才交流、志愿服务、干部基层联系以及文化服务、便民服务、医疗保健、养老服务、助老服务等诸多方面，是党和政府联系、服务基层群众的重要纽带。

建好基层党群服务中心，实现镇村两级全覆盖，团结各方力量，发挥实用功效，凝聚党心、政心与民心，是推动乡村全面振兴的重要环节。党群服务要聚焦群众所思、所想、所盼，要设计好服务中心的功能、布局、空间，建好、管好、用活党群服务中心，激发基层党组织活力，使之真正成为党员群众“生活离不开、情感离不开、心理离不开”的精神家园，成为凝聚共识、凝聚人气、凝聚心力的场所。比如，惠州市惠东县黄埠镇建立镇村“1＋18”党建服务网格，全面推行群众事项代跑代办，实现镇村联动、一体发展。截至2023年2月，惠东县17个镇和298个村级党群服务中心已全部建成启用。

中国式现代化发展的成果要惠及全体人民，共同富裕不仅是经济和物质的富裕，也包括精神文化的丰富和社会的全面进步。新时代文明实践中心（所、站）是整合各类资源、激活既有资源，并有效利用新增资源的软实力平台，同时也是满足人民群众对美好生活追求的服务基地，以及作为坚持创新、推进基层宣传思想工作的关键平台。广东省依托这一平台，开设了农家书屋，传播正能量；构建了多层面、多维度的志愿者宣讲团队，采用贴近民众、生动鲜活的语言，对基层干部和群众开展有针对性的、互动性强的宣讲，以促进党的创新理论在民间广泛传播并深植人心。截至

2022年底，广东已成功建立2.8万个新时代文明实践中心（所、站），实现了县镇村三级全面覆盖。2022年，全省各地共举办超过55万场各类文明实践活动，惠及群众8200万人次。

## 三、促进基本公共服务扩容提质

镇域城乡融合是缩小地区差距、促进区域协调发展、实现共同富裕的关键一环。为了实现共同富裕，必须构建并完善一个确保城乡基本公共服务均等化的体系和机制，要特别注重将城镇的高质量公共服务扩展到农村地区，并确保社会事业覆盖至乡村。近年来，广东农村公共服务建设不断增强，但由于地方财力限制和历史欠账较多，农村基本公共服务水平仍明显落后于城市。当前，要强化流动人口基本公共服务供给保障机制，让更多城镇优质的公共服务惠及农村人口，让他们共享经济和社会发展的成果；均衡配置城乡教育资源，建立统筹规划、统一选拔的乡村教师补充机制；加快城乡医疗卫生联动发展，鼓励县医院与乡镇卫生院建立县域医共体；加快城乡基础设施互联互通，整体统筹规划并推动一体化开发建设。

全面推进“百千万工程”过程中，要针对全省镇域经济社会发展的最大实际，积极探索相对落后镇域经济增长、环境保护、基础设施建设及公共服务的提高与改造模式，打造以民为本、惠及人民的医疗、教育、交通等方面的服务体系，优化镇域公共服务供给质量，提升乡村医疗、教育和社会保障的覆盖率。这不仅包括城镇优质公共服务要向农村地区延伸，也包括提升农村地区公共服务水平，推动城乡基础设施一体化、基本公共服务均等化，加快城乡融合发展进程。

要推动乡镇公共服务模式革新。着力强化乡镇政府的治理能力，致力于构建一个多元化的公共服务供给体系，积极引导社会各界共同参与；显著提升政府购买服务的比重，实现从传统的“以人定资”模式向“以事定资”模式转型；不断提高公共服务信息化能力，打造一个综合、便捷、高效的在线公共服务平台，以更好地服务于公众需求；健全乡镇党委领导的民主协商机制，帮助居民群众养成协商意识、掌握协商方法、提高协商能力，保障民众参与基层公共服务的规划、决策及运营监督全过程。

要推动普惠性公共服务实现数量和质量“双提升”。在新型城镇化背景下，应构建多元参与的公共服务供给新模式，加快公共服务的扩容提质。可以县城和乡镇为重要依托，有效促进城乡公共资源的均衡分配、生产要素的自由流通，不断促进城镇资源向农村地区有效扩展；同时，完善多渠道投融资机制，引导社会资本参与城乡设施提档、服务提标，鼓励和支持非营利性民办机构发展，根据居民需求变化，不断丰富服务内容，以更好地满足人民群众的多样化需求。

要丰富多层次多样化的生活服务供给。在政府确保基本生活服务和推动普惠性服务的基础上，进一步发展和提供个性化的高品质生活服务，以满足人民群众更高标准的生活需求。对公共服务进行不同种类和层次的区分，推动公共服务实现精准化、具体化。一方面，进一步推进和巩固基本公共服务均等化，为人民群众提供公共服务；另一方面，推动发展多层次多样化的服务，为不同居民提供符合其需要的、促进社会和谐发展的公共服务。

## 第三节　镇域融合全面提升发展品质

镇域融合发展有利于加强镇村之间各类要素的自由流动和双向互动，推进镇村在基础设施、公共服务方面的融合，促进农业农村现代化发展。广东在推动城乡区域协调发展的过程中，不仅提升了居民的物质生活质量，也极大地丰富了他们的精神文化生活。文明是衡量社会进步的一个关键指标，广东省坚持“以城带乡”的策略，通过推动乡镇文明建设向更高水平迈进，促进城乡精神文明建设一体化发展，持续擦亮文明创建品牌。目前，广东省已有188个村镇获得“全国文明村镇”荣誉称号，274个村镇被评为“省级文明村镇”，县级及以上文明村镇的比例超过80%，这使得镇域发展品质得到全面提升。

## 一、镇域融合促进公共基础设施建设

城乡融合是公共基础设施共建共享的重要推动力。近年来，广东以前所未有的政治高度、工作强度、投入力度推进中心镇建设，推进乡村振兴，推进乡村交通、通信、水利、能源等基础设施建设。

广东大力完善镇域交通网络，促进城乡紧密相连。截至2022年底，全省农村公路通车里程约18.4万公里，路网密度达每百平方公里102公里，农村公路等级率和路面铺装率均达100%，在全国率先实现100人以上自然村100%通硬化路目标，构建了一个以县级城市为核心，以乡镇为关键枢纽，以建制村为基本站点，覆盖农村并连接城市与农村的公路交通网。

加大通信基础设施投入力度，推进城乡融合。近年来，广东加速推进农村地区的宽带网络、移动网络和数字电视网络等信息技术基础设施建设，截至2021年，全省农村光纤接入用户达1033.9万户，使用百兆宽带的用户占比达到92.13%。4G网络在全省行政村和自然村普遍覆盖。粤东西北地区累计建设5G基站42240座。乡村信息服务站点广泛布局，实现益农信息社的“掌上化”管理，打通农村信息服务“最后一公里”。清远市携手广东电信、华为公司联合打造了全国首个5G覆盖的“云上”乡村。“云上”乡村的打造使得农村居民能够更轻松地获取信息、接触外部市场，从而跨越了城乡“数字鸿沟”；同时，城市居民也能通过互联网平台获取农产品信息，促进了城乡农产品的对接。

镇域融合进一步提升了教育、医疗、文化等公共服务水平，大幅缩小了城乡在公共服务质量上的差距。广东不断推动乡镇教育资源共享。广东通过加大对农村教育的投入，改善了乡村小学的师资力量和教育设施，提高了农村学生的教育水平。积极推动中学教育信息化，利用互联网技术开展远程教育和在线教育，扩大镇域学生的教育资源获取渠道。同时，推进乡镇医疗资源均等化。广东大力建设乡卫生院、农村诊所，引进医疗人才，推广远程医疗和互联网医疗，提高农村居民的医疗保健水平，增强村民就医的便捷性。许多乡镇还积极提升文化服务水平，支持农村文化设施建设，举办各种文化活动，如文艺演出、书画展览、体育赛事等，丰富了乡村文化生活，并利用数字化技术，将文化资源传递到农村，为农村居民提供在线文化课程和数字图书馆服务，使他们能够更好地获得丰富的文化资源。

## 二、镇域融合改善人才振兴环境

目前，广东以农业转型升级为重点，围绕现代农业和农业产业发展需求，推动高效农业发展，促进农产品精深加工，加快农业信息化和机械化，将良种良法、先进适用技术及装备、农技服务向基层延伸，催生了农业技术服务员、数字农业操作员和农村电商工作者等新职业，吸引与培育了一大批“新农人”，推动产业就业协同发展。

各镇探索建设“新农人”教育实践基地，引导各类规模农业主体积极参与并给予政策扶持，为农场主、职业经理人、农村电商人才、智能化农场管理人员等提供实习岗位，提高“新农人”的生产经营能力。同时，广东推动社会公共服务下沉到乡村，出台了包括社保减免、医疗优惠等在内的综合政策，完善产业就业环境，提高“新农人”的获得感与幸福感。政府立足新农业和新农村建设需要，加强乡村振兴人才培训。比如，2021年，广东省农业农村厅联合团省委和省妇联打造的广东精勤农民网络培训学院，积极依托数字化平台，设计农业从业人员听得懂、学得会、用得上的专业技术课程，提升其素质和专业技能，提高产业就业融合度。政府还主动挖掘新农业发展潜力，积极支持返乡青年创业，为农民增岗，落实创业扶持政策，建设创业孵化器等设施，推进创业服务走深走实，以创业带动就业。比如，梅州市五华县“产业村长”模式，通过镇聘“产业村长”237名，累计带动3000多家农户就业，增加农户的经济收入，促进柚果和茶叶等本地特色产业发展，体现了乡村人才的作用。

随着数字经济的快速发展，传统制造业在数字化、智能化和规模化转型升级过程中将释放新的促就业潜能，创造更多高质量就业机会，吸纳城镇化进程中转移的大量农村剩余劳动力。这不仅有助于镇域传统制造业加快升级，而且对新发展阶段稳定和拓展就业规模、丰富就业方式、提升就业质量具有重要意义，助力传统制造业稳定生产经营，稳住就业基本盘，增强产业链韧性，推动传统制造业尽快升级并向价值链中高端攀升。这不仅倒逼原有劳动者提升素质和技能，加快满足产业转型升级对人力资本的新要求，还形成了对高层次人才的大量需求，客观上促进了镇域人才振兴，实现高质量就业。镇村融合会完善产业布局，加速人口集聚，客观上也会推动镇域服务业扩张，进而改善就业环境，不断壮大人才规模。

## 三、镇域融合打造宜居宜业和美乡村

镇域融合不仅有助于村民实现在本地就业和创业，还有助于农民在镇域内安居乐业。“宜业”侧重于对产业和经济发展的支持，关键在于充分发挥市场在资源配置中的决定性作用；“宜居”则需要更多地激发群众的内生动力，打造美丽、舒适、便利、和谐的乡村生活交往空间。“和”与“美”构成乡村建设的两个基本维度，它们应当被融入乡村发展的每一个阶段、每一个方面和每一个细节，以充分体现“物质可以转化为精神，精神也可以转化为物质”的辩证法则。

建设宜居宜业和美乡村，意味着该镇域基本具备现代生活条件。推进农村生产、生活、生态空间布局持续优化，农村现代化基础设施建设日益完善，基本公共服务逐步实现城乡一体化。同时，要求农村建设绿色美丽的宜居环境，实现干净整洁的卫生环境和生态特色的乡村风貌，让城乡居民望得见山、看得见水、记得住乡愁。推动农村经济转型升级，促进三产融合、新业态创新发展、农民就近就业，扩大多元增收的宜业空间，进一步缩小城乡居民生活水平差距。推进城乡精神文明建设融合发展，注重乡风民风建设，积极创建文化产品、塑造文化符号并营造文化空间，全面提升村民的思想文化素质，进一步重塑乡村价值。

村是“百千万工程”最基层的单位，各地全面推进乡村振兴，统筹县的优势、镇的特色和村的资源，深入推进宜居宜业和美乡村建设。广州、佛山、茂名、汕尾等地陆续启动一批特色鲜明、辐射带动能力强的乡村振兴示范带，以中心村为节点，以圩镇为枢纽，串点成线、连线成片、集片成带，促进农业高质高效、乡村宜居宜业、农民富裕富足。佛山“百里芳华”乡村振兴示范带涉及5个区21个镇（街）116个村（居），覆盖全市约1/4的乡村地区。茂名“精彩100里”乡村振兴示范带将沿线的农业产业园、田园综合体等乡村振兴示范点连接起来，形成一道亮丽的风景线，其规划辐射面积约600平方公里，惠及200多万人。广东正加快推动城乡区域协调发展，推动建设越来越多的宜居宜业和美乡村，持续推进村庄绿化美化亮化，让更多村民在美丽家园过上幸福生活。

# 第三章

# 未来展望：发挥乡镇“联城带村”枢纽功能

实现农业农村现代化，建设现代化强国，是近代以来中国人民矢志不渝的梦想。2018年9月21日，习近平总书记在中共中央政治局第八次集体学习时指出：“要把乡村振兴战略这篇大文章做好，必须走城乡融合发展之路。我们一开始就没有提城市化，而是提城镇化，目的就是促进城乡融合。”党的二十大报告指出，要坚持农业农村优先发展，坚持城乡融合发展，畅通城乡要素流动。

广东省委、省政府认真贯彻落实习近平总书记的重要指示要求，沿着党的二十大擘画的宏伟蓝图大步向前，深刻认识到广东现阶段城乡区域发展不平衡不充分现象突出，举全省之力，以头号工程的力度将发展中的短板转变为推动高质量发展的“潜力板”。镇是连接城乡的重要节点，也是推动乡村振兴的重要载体。实施“百千万工程”，会大大强化镇的联城带村功能，将镇打造为乡村治理中心、乡村服务中心和乡村经济中心，进一步提升镇的地位和作用，加速乡镇蝶变。广东省紧紧锚定高质量发展目标，致力于激活改革、开放和创新这三大关键动力，以镇域为重要纽带，发挥其地理优势和资源优势，推动地方经济社会发展。通过深化改革、优化制度环境，为镇域经济发展提供强大动力；通过扩大开放、引进外资和技术，促进镇域经济开放发展；通过创新驱动以及加快科技研发和成果转化，提升镇域经济的核心竞争力。通过充分发挥镇域的优势和潜力，广东将在中国式现代化建设中继续走在前列，为全国的发展贡献更多的智慧和范例。

## 第一节　镇域融合发展促进产业兴旺

“千万工程”是习近平总书记在浙江工作时亲自谋划、亲自部署、亲自推动的一项重大决策，是“绿水青山就是金山银山”理念在广大农村的成功实践。20年来，浙江通过持续推进“千万工程”，造就了万千美丽乡村，造福了万千农民群众，创造了推进乡村振兴的成功经验和实践范例，为全国提供了宝贵的经验和启示。2023年中央农村工作会议和2024年中央一号文件都明确要求各地学习运用“千万工程”蕴含的发展理念、工作方法和推进机制，把推进乡村全面振兴作为新时代“三农”工作总抓手。

为推动城乡区域协调发展向着更高水平和更高质量迈进，广东学习运用“千万工程”经验，实施具有广东特色的“百千万工程”，全面推进乡村振兴，推动广东在推进中国式现代化建设中走在前列。高质量发展是全面建设社会主义现代化国家的首要任务，更是提升镇域竞争力、实现县镇村协同发展的必由之路。每个镇域都应因地制宜，充分利用自身资源禀赋，秉持宜农则农、宜工则工、宜商则商、宜游则游的特色化、差异化、品质化发展之路。镇域是推进“百千万工程”的关键一环，发挥着联城带村的重要作用，广东不断强化乡镇联城带村的节点功能，推动城镇提能，打造一批全国经济强镇和美丽圩镇，建强中心镇、专业镇、特色镇。以做强镇街节点实现城镇强起来，以联城带村实现农村富起来，以绿美广东建设实现环境美起来。

### 一、集聚资源，构建乡镇现代产业体系

产业振兴是推动农村经济持续发展的关键，也是乡村振兴的核心所

在。我们必须遵循经济社会发展规律，紧紧围绕市场需求，充分利用乡镇的资源优势、产业基础和丰富的人文历史，不局限于某一种模式，因地制宜，汇聚资源，培育有当地特色的产业，以促进镇村产业集聚发展。

近年来，广东始终秉持绿色发展理念，持续推进“三品一标”行动，促进农业生产从追求数量向提升质量转变。广东积极引导经济作物产业集聚发展，努力打造优势产区、产业带，持续优化“跨县集群、一县一园、一镇一业、一村一品”现代农业产业体系，深化产销对接合作，培育壮大乡村旅游、数字农业等新业态，推动乡村三产融合发展。截至2023年2月，全省已累计建成306个现代农业产业园（其中国家级18个、省级288个），这些产业园主导产业总产值达3595亿元。以现代农业产业园为龙头，广东已经成功构建了包含8个国家级农业现代化示范区、7个国家级优势特色产业集群、65个国家级农业产业强镇以及157个全国“一村一品”示范村镇在内的现代农业发展体系。这一体系已基本形成产业集群化布局，实现了生产专业化，推动了产业链的全链化深度融合，擦亮了发展的绿色底色。依托于此，广东省现代农业发展已经跨入全新的历史阶段。2022年广东省省级“一村一品、一镇一业”专业镇名单如表3-1所示。

**表3-1　2022年广东省省级“一村一品、一镇一业”专业镇名单**

| 序号 | 镇域品牌产品 |
|---|---|
| 1 | 广州市南沙区万顷沙镇（水产养殖） |
| 2 | 广州市增城区朱村街道（增城丝苗米） |
| 3 | 珠海市香洲区桂山镇（水产养殖） |
| 4 | 佛山市高明区杨和镇（畜禽养殖） |
| 5 | 韶关市浈江区犁市镇（铁皮石斛） |
| 6 | 韶关市乐昌市两江镇（黄金柰李） |
| 7 | 韶关市乐昌市秀水镇（高山油茶） |
| 8 | 韶关市乐昌市云岩镇（蔬菜） |
| 9 | 韶关市南雄市黄坑镇（黄烟） |
| 10 | 韶关市始兴县马市镇（优质稻） |
| 11 | 韶关市乳源瑶族自治县大布镇（笋干） |
| 12 | 河源市东源县叶潭镇（沙田柚） |

（续表）

| 序号 | 镇域品牌产品 |
| --- | --- |
| 13 | 河源市和平县彭寨镇（丝苗米） |
| 14 | 河源市龙川县龙母镇（丝苗米） |
| 15 | 河源市连平县高莞镇（花生） |
| 16 | 惠州市博罗县杨侨镇（龟） |
| 17 | 东莞市清溪镇（荔枝） |
| 18 | 中山市坦洲镇（水产养殖） |
| 19 | 中山市板芙镇（水产养殖） |
| 20 | 江门市开平市赤水镇（水稻） |
| 21 | 阳江市江城区闸坡镇（珍珠马蹄） |
| 22 | 阳江市阳春市春湾镇（蔬菜） |
| 23 | 阳江市阳西县溪头镇（番薯） |
| 24 | 湛江市遂溪县杨柑镇（火龙果） |
| 25 | 茂名市信宜市合水镇（油茶） |
| 26 | 茂名市化州市笪桥镇（黄瓜） |
| 27 | 茂名市化州市那务镇（蚕桑） |
| 28 | 茂名市电白区那霍镇（油茶） |
| 29 | 茂名市电白区马踏镇（水稻） |
| 30 | 茂名市高州市宝光街道（水稻） |
| 31 | 茂名市高州市谢鸡镇（荔枝） |
| 32 | 肇庆市广宁县江屯镇（蜂蜜） |
| 33 | 肇庆市广宁县南街街道（油茶） |
| 34 | 肇庆市广宁县南街街道（大芥菜） |
| 35 | 肇庆市广宁县古水镇（西瓜） |
| 36 | 肇庆市德庆县播植镇（肉鸽） |
| 37 | 肇庆市德庆县莫村镇（巴戟天） |
| 38 | 肇庆市怀集县岗坪镇（岗坪切粉） |
| 39 | 肇庆市怀集县洽水镇（茶叶） |
| 40 | 清远市英德市九龙镇（豆腐） |
| 41 | 清远市英德市石灰铺镇（红茶） |
| 42 | 清远市连州市三水瑶族乡（茶叶） |
| 43 | 清远市连州市星子镇（玉竹） |
| 44 | 清远市连山壮族瑶族自治县太保镇（丝苗米） |
| 45 | 清远市连南瑶族自治县大坪镇（优质稻） |
| 46 | 清远市连南瑶族自治县涡水镇（大叶茶） |
| 47 | 清远市阳山县岭背镇（沙田柚） |
| 48 | 清远市阳山县杨梅镇（砂糖橘） |

（续表）

| 序号 | 镇域品牌产品 |
| --- | --- |
| 49 | 潮州市饶平县柘林镇（水产品加工） |
| 50 | 云浮市云安区高村镇（花卉苗木） |
| 51 | 云浮市新兴县水台镇（畜禽养殖） |
| 52 | 云浮市郁南县大湾镇（肉鸡） |

乡镇产业发展的内在逻辑就是通过集聚资源，打造核心产业，带动配套产业，发展衍生产业，逐步形成相互促进、相互支撑的产业生态圈。

一是引入现代科技资源，推进农业现代化。粤东西北各镇域经济中，农业依然是基础产业，也是三产协同的核心。但是由于技术落后、效率低下，镇域农业陷于低水平发展，因此，亟须通过发展新质生产力来改造升级传统农业，实现农业生产的机械化、智能化。同时，加快农业向生态、循环、可持续发展方向转型，积极探索发展生态农业、绿色农业等新型农业模式，提高农业的市场竞争力和可持续发展能力。

二是加强产业资源共享，促进三产深度融合。广东镇域的轻工业和加工业较为发达，这为农产品的深加工提供了良好基础。通过建立农产品加工园区、发展农产品深加工企业等方式，可以实现农产品的增值和价值链延伸。服务业作为三产融合的重要一环，在乡镇经济中的作用日益凸显。一方面，发展以乡村旅游、文化体验为主的乡村服务业，不仅能提升乡村的经济收益，还能推广乡村文化，提高乡村的知名度和影响力。另一方面，通过发展电子商务等现代服务业，能够有效拓宽乡村产品的市场销售渠道，推动乡村产品走向市场，实现品牌化发展。这种产业资源相互支撑的发展策略，有助于推动广东镇域经济全面升级和持续发展。

三是创新政策激励机制，调动社会资源参与三产协同。应当坚持政策引导、市场化主导，通过财政补贴、税收优惠、金融支持等方式，鼓励和引导企业、合作社参与到三产融合中来。同时，建立多方参与的合作机制，鼓励农民、企业、科研机构等多方力量共同开展产业协作，形成最大合力，不仅能够为三产协同提供有力的外部支持，还能激发各参与主体的内在动力，共同推动广东镇域经济持续健康发展。

广东镇域经济融合发展的关键在于有效汇聚资源促进三产协同发展。通过技术创新、政策支持、产业融合和市场拓展，构建起农业、工业、服务业相互支撑、协同发展的新型乡镇经济体系，从而推动乡镇经济全方位振兴、高质量发展。广东的镇域经济融合发展是区域协调发展的关键环节，形成了一套独特的发展逻辑，构建起一个相互依存的经济体系。这种独特逻辑不仅拉动了经济增长，也推动了社会全面进步。在这个体系中，城市和乡镇不再是孤立的单元，而是通过产业链、供应链和服务链紧密相连，形成以乡镇为枢纽节点的经济网络，实现了城乡资源的高效流通，进一步促进了整体经济的均衡发展。

## 二、辐射带动，形成产业协作网络

广东积极推动并大力支持各类产业在乡镇一级的深度融合发展，特别是将现代农业与旅游业、电子商务进行有机结合，这种融合不仅显著提升了农业的价值链，还提升了镇域经济的开放性。通过这种新型融合模式，加快了农业的现代化转型，也为乡镇经济带来新的发展机遇和增长点。产业发展是经济发展的核心要素，产业转移是区域协调发展的重要内容。相对落后地区积极主动承接发达经济体和先进城市的产业转移，已成为推动产业升级和实现跨越式发展的重要动力。以深圳都市圈为例，自20世纪90年代起，深圳就开始了产业转型升级，并逐步将相关产业向东莞、惠州等周边城市进行转移。东莞、惠州临深镇（街）一方面承接深圳产业、人口、资本等要素外溢，如华为在东莞市松山湖建了手机生产基地、在惠州大亚湾区建了5G手机生产工厂，形成总部在深圳、产品研发与生产制造在莞惠的跨区域融合发展模式；另一方面在交通、人文和服务等方面与深圳实现有效衔接，进一步推动了深莞惠三地的同城化进程，构筑起多方深度融合的深圳都市圈。

新型城镇化浪潮下，镇域作为链接城市与农村的关键枢纽，辐射和带动作用正日渐显著。作为“县—镇—村”体系中的关键环节，镇域利用新技术推动集约化经营，从城市引入了先进的治理经验和新技术资源，优化配置了农村剩余劳动力和土地等资源。通过加强镇域与城市工业的紧密合作，不仅提升了农产品的价值，还利用现代流通网络有效打开特色农产品销售市场，进而提高了农民收入。振兴镇域产业，关键在于解决乡村产业规模小、市场能力弱的问题。因此，支持和推进镇域经济发展，为广大农民提供了更多从事工商服务业的机会，同时也为农业的规模化和集约化经营打下了坚实基础。这些变化不仅优化了城乡人口、经济和消费结构，还为农业农村现代化注入了新活力。如长潭镇，是蕉岭县丝苗米产业的中心地带，通过政府规划和企业引领，成功扩大了种植面积，并打造了知名的“寿乡米”品牌。当地的龙头企业科诚农业采用创新的经营模式，与农户形成紧密的利益共同体，推广数字农业技术，大幅提高了生产效率，带动了周边7个镇22个村的农业发展，还服务了超过2000户农户，创造了150多个就业岗位。长潭镇的成功经验充分展示了镇可以通过现代农业、品牌塑造和科技创新，对周边农村产生深远的带动作用，推动整个镇域的农业产业化和乡村振兴。

## 三、促进农民就业，培育产业后备军

镇域经济在吸纳本地农村剩余劳动力方面发挥着重要作用，具备突出优势。镇区在生活方式上兼具城市与农村的特色，塑造出别具一格的城乡融合模式。尽管镇区的生活方式逐渐向城市化靠拢，但其风俗习惯仍然保留着乡村的印记，这大大降低了进镇农民在新环境中的适应难度。而且，镇区在吸收农村剩余劳动力方面明显具有低成本优势。得益于地理上的邻近性，农民迁移到镇区后的生活开销相对较低。同时，他们还能很便利地继续返乡进行农业生产，这相较远离农村的大中城市而言，更是一个突出的优势。此种迁徙对农民个人而言风险较低，也减少了可能带来的社会冲击，降低了社会治理成本，还有助于加强城乡之间的联系。当农村剩余劳动力进入镇域后，他们与农村原有的社会关系并未因此断裂，反而形成两边兼顾的灵活就业格局，这种持续的社会纽带为镇村之间的互动发展提供了有力支撑。

云浮市罗定市蒲塘镇在推动镇域经济发展、解决农村剩余劳动力就近就业问题上表现突出。该镇通过优化企业发展环境，协助企业招聘周边农村剩余劳动力，使得大量村民能够在家门口就业。经过专业培训，近200名村民成为企业的技术骨干，这不仅大幅提升了企业的生产效率和产品质量，还为当地群众提供了稳定的收入来源。随着“百千万工程”进一步推进，蒲塘镇吸引了更多企业入驻，导致企业用工需求持续增长。农民、留守妇女等纷纷进厂，转变为职业工人，在工作与家庭之间找到了和谐的平衡点。这一转变不仅为农民提供了稳定的生计，更为他们提供了实现自我价值的舞台，也为镇域产业发展提供了可持续的产业劳动力。

## 第二节　新型城镇化破解区域发展不平衡

在中国式现代化进程中，城镇化比重提高和农村比重相对降低是经济社会发展的必然趋势。不过，无论工业化和城镇化的步伐有多快，农业的发展始终占据重要地位，乡村也将持续存在，城乡共生共存关系将长期维持，这同样是社会发展的客观规律。从人类社会的发展规律看，工农城乡关系是当代基本的经济社会关系。广东全面推进“百千万工程”，以此作为解决“三农”问题的总纲，因此，需要我们更深刻理解和把握工农城乡关系的发展逻辑和基本规律，才能推动构建工农互促、城乡互补、协调发展、共同繁荣的新型工农城乡关系，高质量推进以人为核心的新型城镇化，实现乡村振兴与城乡融合联动互促，从而解决城乡区域发展不平衡问题。

## 一、科学规划，推进镇域特色化发展

促进城乡关系向互利、协作、平等的方向演变，正是新型城镇化的重要使命，旨在实现真正的城乡一体化发展。乡镇作为城市与农村的桥梁和纽带，是新型城镇化与乡村振兴两大战略的交汇点。近年来，广东实施了一系列促进城乡融合、缩小城乡差距的政策措施，已经取得显著成效，但也存在政策的条块分割、单项推进，以及配套措施不足、协同性不强等问题，削弱了政策的协同性和互动性，降低了政策的精准性和实效性。随着乡村地区在生产、生活、生态和文化等多重功能上的转变，城乡融合发展所面临的挑战也日趋多元和复杂。因此，在推进各项改革时，我们必须更加注重政策之间的相互联系与协同效应，确保各项政策能够高效协调、相互促进，以推动新型城镇化深入发展，走好镇域城乡融合之路，并加强政策的协同配套，使各项举措在实施过程中相互配合、相互促进、相得益彰。

从空间结构的角度看，城乡空间体系正面临重构。一方面，随着农村人口向城镇转移，需要深化农村土地制度改革、保障进城落户农民合法土地权益，并鼓励依法自愿有偿转让土地经营权。另一方面，数字信息技术和交通网络的快速发展正在推动城市和乡村进一步融合。镇域在推动城乡协调发展中起着基础性作用，因为乡镇在城乡产品和要素的承接与集聚方面已经形成了成熟的机制与渠道，形成了镇域间的合理分工与协同合作。新型城镇化要做好顶层设计，进行科学规划，结合乡镇国土空间总体规划的实施，推动县镇村在生产、生活、生态三方面的融合发展。在生产层面，结合城镇与乡村的产业基础，推动一二三产业的有机融合，打造产业互补、相互促进的新发展平台，提升产业竞争力，提供更多就业机会，促进经济多元化发展。在生活层面，通过镇村的协同布局和社区建设，合理配置空间资源和配套设施，构建紧密的镇村社区联系网络，提升居民生活质量，为经济社会持续发展创造有利条件。在生态层面，通过划定永久基本农田保护红线、生态保护红线和城镇开发边界，实施动态的环境监测和修复计划，保护生态环境，不断完善城镇的绿地系统和景观体系，为居民提供更加宜居的生活环境。

从县域层面建构城乡体系来看，对县域内的镇进行整体规划，推动形成以资源禀赋和竞争优势为基础的特色城镇，对于激发镇在促进县域城乡融合发展中发挥关键作用具有不可替代的重要性。在县域范围内，每个镇的功能定位应当清晰合理，以实现镇在城乡体系中的纵向联动和镇与镇之间的横向联动。对于中心镇，应集中有限资源推动其特色化发展，避免同质化定位带来不必要的镇间竞争。而对于一般镇，则应采取顺其自然的发展原则，通过市场选择和居民自主决策形成其最终的发展轨迹。各镇只有形成自己的特色产业，才能提高在区域市场体系中的竞争力，实现较高的产业价值，进而提高镇域企业与居民的收入，为迈向共同富裕奠定产业基础。

## 二、融入县域，推动镇域产业集群化布局

镇域强则县域强，镇域发展活力充沛是县域兴旺发达的重要根基。县域经济作为一种独特的区域经济形态，以广阔的农村地带为基础，以城镇为枢纽，融合了多元化的经济社会要素，呈现出鲜明的地域特色。县域经济位于宏观经济与微观经济的交汇点，是城市与农村的连接枢纽，在国民经济的整体发展中占据举足轻重的地位；也是实现城乡区域协调发展的关键环节，是县镇村三级联动发展的核心，因此，必须将镇域经济发展融入县域发展的大格局中去，才能打开市场空间，获得优质生产要素，形成规模效益。

为精准把握地区竞争优势，我们应当充分挖掘并发挥县城和乡镇的发展潜力与特色，不断加强县域经济网络的构建，探索出一条富有县域特色的高质量发展之路。推动县镇村联动，是实现区域经济全面繁荣的关键策略，需要建立以县城为中心、乡镇为节点、农村为腹地的城乡融合发展空间体系。整合金融、人才、服务、基础设施、品牌等要素，形成竞争优

势，在特色产业、创新业态、高质量发展等领域为产业集群发展奠定基础。乡村产业集群化发展基础如图3-1所示。

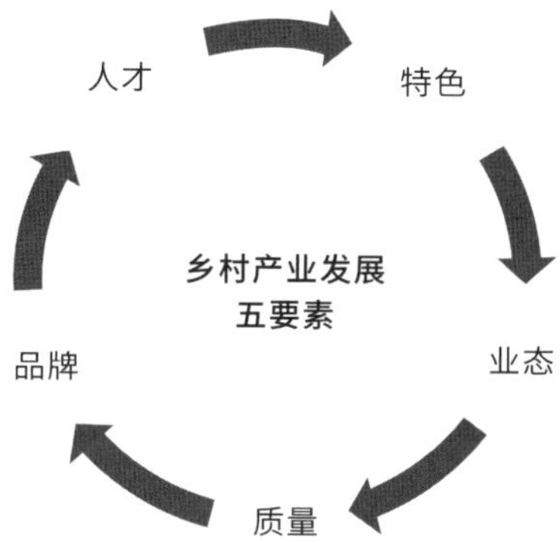


**图3-1 乡村产业集群化发展基础**

在空间发展策略上，统筹县域建设是推进城乡融合发展的关键所在。我们应将县域视为城乡融合的核心，全面推进空间布局优化、产业结构升级、基础设施完善等县域整体规划。通过精心规划和有效管理，增强县城对乡村的辐射带动能力。以规划一体化促进城乡空间融合，统筹考虑城乡产业、基础设施、公共服务、资源能源、生态环境等布局，确保城乡关系和谐，促进城乡产业协同发展。依托现代农业产业园、特色小镇、田园综合体等城乡融合发展平台载体，推动城乡产业多重业态协调发展。支持一批具有区位优势和产业基础良好、资源环境承载能力较强、人口集聚规模较大的县城发展，开展以县域为主体的城乡融合发展试验区建设。比如，博罗县作为全省县域经济的排头兵，成功入选省“百千万工程”首批创先类典型县，该县的1个镇、10条村也分别入选典型镇、典型村。为了加快推动县城扩容提质，博罗县将继续推进以县城为重要载体的新型城镇化建设，强化乡镇联城带村功能，统筹好空间、规模、产业三大结构，引导镇域产业集群化发展。

推动镇域横向联动发展。镇域的发展应融入县域乃至更广泛区域的发展空间中，通过精心布局，形成串联成片、区域集群化发展趋势。在这一空间布局过程中，需要充分利用旅游名镇、示范镇等的引领作用，通过它们与周边城镇的有效联动，构建起县域城镇空间发展共同体，从而促进县域内重点发展区域的高水平繁荣。依据县域的中长期规划，打造一系列重点镇的布局带。具体而言，就是要结合县域经济发展趋势和生态旅游资源，集中力量打造一批具有特色的城镇聚集带，这些聚集带将有效发挥镇与镇之间的联动效应，促进资源共享和优势互补。此外，借助县城、工业园区、旅游发展带、流域文化等关键空间要素，充分发挥重点镇的示范和带动作用，培育一批有活力的县镇村合作发展的产业集群发展产业带（集聚区）。通过重点在空间布局上实现镇与镇之间的横向联动，推动县域内的产业向集群化方向发展，进而带动农村地区的快速进步和整体提升。

## 三、完善设施，提升乡镇综合承载能力

推进新型城镇化建设必须提升乡镇综合承载能力，这不仅有助于优化人口布局，也是促进城乡融合和实施扩大内需战略、实现乡镇高质量发展的关键所在。通过完善产业配套、健全市政设施、优化公共服务、美化居住环境，有助于促进农业转移人口市民化，稳定扩大城镇就业容量，增进镇域民生福祉。同时，有力推进以县城为重要载体的城镇化建设，增强对广大农村人口到县城就地城镇化的吸引力，对完善大中小城市和小城镇协调发展的城镇化空间布局具有重要意义。

乡镇作为连接城市和农村的重要纽带，增强其综合承载能力，可以进一步强化对乡村的辐射带动作用，实现乡村生活服务的镇域统筹。推进乡镇综合承载能力建设，包括完善道路交通、优化市政基础设施、布局新型基础设施等，可以发掘潜在的投资空间，为经济增长注入新的动力。比如，中山市小榄镇通过创新“工改”模式，念好“谈、移、拆、建、引”五字经，以连片改造、产业集聚和政府土地收储为焦点，通过纵深推进“工改”，腾出产业空间，改善人居环境，完善社会治理；同时，加大土地收储、整备力度，为意向落地企业提供充足的土地空间，支持企业扎根

小榄镇做大做强。此外，小榄镇还致力于推进批而未供和闲置土地的处置工作，通过不断提高土地的节约集约利用水平，有效提升了镇域的综合承载能力。

通过推动镇域产业发展和完善公共服务体系，可吸引农村人口向小城市转移，加快农业适度规模经营。此外，这也将有效推动城市资金、技术、人才、产业等要素向镇域地区流动，促进一二三产业融合发展，全面提升乡村治理水平和基础设施建设水平，进一步推动乡村振兴和城乡融合发展。

提升乡镇综合承载能力对扩大内需具有重要意义。面对需求收缩、供给冲击、预期转弱的三重压力，释放内需潜力、促进经济增长成为当前的重点经济工作之一。随着镇域的产业集聚、就业增长、收入提升，人口快速向镇域汇聚，镇域消费能力迅速提高，成为内需拉动增长的关键一环。进一步挖掘镇域消费潜力，是扩大内需的切实举措。

随着城镇化的推进，建设以县城为中心、乡镇为重点、村为基础的镇域商业体系势在必行，而这更需要持续提升县城镇区的综合承载能力。提升县城镇区的综合承载能力可从多个方面发力。首先，要切实加强镇域产业支撑能力，完善交通物流园区等基础设施配套。产业是地区发展的重要根基，只有产业发展了，才能创造就业岗位，吸引人口集聚。其次，要高度重视推动镇域公共产品配置与常住人口规模相匹配。增强镇域综合承载能力，需要秉持以人民为中心的发展理念，围绕人民群众最关心最直接最现实的利益问题来补短板、提品质，按照“适度超前、提质增效”的原则，大力提升公共服务设施水平和服务品质，促进人口和公共资源适度集中，强化基本生活保障。最后，要不断推动体制机制创新，破解镇域发展难点，进一步完善人口、资金、土地等方面的体制机制和政策措施，吸引更多社会资本参与市政设施项目的投资和运营。

## 第三节　提质赋能激活镇域高质量发展活力

随着广东镇域三产融合实践的深化，提质赋能已成为高质量发展的活力之源。广东各镇正在大力推动经济发展模式向绿色转型，促进产业沿着绿色、低碳、循环方向发展。同时，特色产业崛起也为镇域经济发展提供了强有力的支撑，强镇富村公司则进一步在微观基础上助力镇域经济高质量发展。通过强化镇域经济的带动作用，广东正努力实现城乡融合发展的宏伟目标，为新时代广东乡村振兴注入新动力。

### 一、绿色经济赋能广东镇域高质量发展

积极推动经济发展模式向绿色转型，不仅是满足人民群众对优美生态环境日益增长需求的必由之路，更是为社会经济高质量发展注入新活力的关键。通过生产方式的绿色转型，能够提升经济运行效率，同时保障发展的可持续性。

广东坚定不移地践行“绿水青山就是金山银山”的绿色发展理念，以“产业生态化、生态产业化”为重要抓手，深入做好“生态+”这篇大文章，努力增创绿色经济新优势。绿色发展推动了可持续发展，生态环境“含绿量”蕴含着巨大的“含金量”。比如，连江口镇位于英德市南部、北江河畔，是绿美生态较好的镇，林地面积为29366公顷，全镇森林覆盖率高达83%。经过多年努力创建，连江口镇获得“国家特色小镇”“广东省中心镇”“广东省宜居示范城镇”“广东省旅游名镇”等荣誉称号，正探索通过林产加工、林下经济、林地入股合作社、林地流转发展生态旅游等方式，把绿水青山转化为金山银山。

不少镇通过引入清洁能源、促进资源循环利用、加强污染治理等多元化措施，积极推动绿色产业蓬勃发展。例如，在新能源领域，一些镇域

已经兴建了太阳能和风能发电项目，有效减少了对传统能源的依赖，显著降低了碳排放，这不仅为镇域经济增长注入了新动力，也为未来的可持续发展奠定了坚实基础。作为粤港澳大湾区西南端的重要水源保护区和生态发展重点区域，江门市开平市大沙镇坚定贯彻“绿水青山就是金山银山”的发展理念，致力于全面改善乡村人居环境。通过持续不断地努力，大沙镇加速推进“大沙优品”品牌的培育与建设，积极整合本地丰富的生态资源，如茶叶、水资源、蔬菜、水果、大米和花卉等，成功打造了一系列具有鲜明地域特色的优质产品。这种产业生态化和生态产业化的创新路径，推动了当地经济高质量发展，积聚起强大的经济增长动能，为打造绿色发展示范区提供了源源不断的生态动力，成为推动区域可持续发展的典范。

推广生态农业也是广东发展镇域经济的重要一环。为了改善农村地区生态环境、提高农产品质量，一些镇域积极推动有机农业、绿色农业和休闲农业等注重生态平衡的农业模式，减少了农药和化肥的使用，保护了土壤和水资源，提高了农产品市场竞争力。生态农业的发展还提高了农民的收入水平，进一步改善了乡村生态环境。一些镇还开展湿地保护、森林保护和水源地保护等工作，像保护自己的眼睛一样保护珍贵的生态资源，使可持续发展成为一种现实。森林覆盖率达71.67%的广州市增城区派潭镇就成功实现了从“美丽乡村”向“美丽经济”的转身，拥有国家4A级景区1个、省级旅游度假区1个、星级标准温泉酒店7家、乡村酒店130多家，2023年接待游客近600万人次，旅游收入超20亿元，真正依靠绿色生态为乡村振兴增活力、添美丽、添财富。

## 二、特色产业支撑广东镇域高质量发展

党的二十大报告明确提出，要“发展乡村特色产业，拓宽农民增收致富渠道”。发展特色产业是乡村地区经济繁荣和农民生活水平提升的关键所在。特色因差异而产生，独特性是特色产业的优势所在。特色镇的形成源于其独特的资源禀赋和产业优势，这使其在发展过程中展现出与周边建

制镇截然不同的鲜明特色。近年来，广东的一些镇通过积极发展休闲、旅游、康养等多元化产业，成功塑造了农文旅融合等典型发展模式，实现了镇域经济的高质量发展。

在“百千万工程”推动下，许多镇加速构建城乡一体的产业体系，大力推进镇域三产融合，有效延长了产业链条，涌现出不少城乡融合发展新场景。广东镇域经济发展从特色农业产品开发到特色工业产品开发，再到大众消费品开发，遵循因地制宜、特色发展的原则，有效实现了资源深度挖掘、城乡产业优势互补、一体化发展的格局。乡村振兴中形成的多元化产业类型如图3-2所示。

**图3-2　乡村振兴的主要产业类型**

通过培育和发展特色优势产业，如特色农业、海洋渔业等，各镇都能打造自己的经济增长极。比如，一些镇拥有丰富的农业资源，可发展现代农业和特色农业，并加强农产品的品牌建设和市场推广；一些镇拥有丰富的矿产资源，可发展矿产开采和加工产业，并提升矿产品附加值和市场竞争力；一些镇拥有优美的自然风景和丰富的旅游资源，可发展旅游业和文化产业，并推动乡村文旅融合蓬勃发展。近年来，梅州市梅县区松口镇充分利用其独特的资源条件，将古镇保护、产业振兴和项目建设作为强化镇域实力、促进村庄繁荣和提升群众收入水平的关键支柱。该镇坚持以柚为媒推进农文旅融合发展，实现了古镇风情与肥沃农田的和谐共存，锚定一产优、二产强、三产旺的目标，让“强村”与“富民”同频共振。松口镇乃千年古镇，素有“文化之乡”“华侨之乡”“山歌之乡”的美誉，是全省最大的金柚产地和集散地，年产值达10.6亿元。借助国家级现代金柚产业园，松口镇以点带面，规模化、标准化、产业化做强做优金柚特色产业。该镇还致力于推动金柚深加工，延长产业链，进一步促进农业的多元化发展。

## 三、强镇富村公司助力镇域高质量发展

发挥好市场的力量，运用好政府的引导作用，这是镇域经济体制改革的重点，核心问题是处理好政府和市场的关系，培育高质量的市场主体，使市场在资源配置中起决定性作用和更好发挥政府作用。习近平总书记强调，要充分发挥乡村作为消费市场和要素市场的重要作用，全面推进乡村振兴，推进以县城为重要载体的城镇化建设，推动城乡融合发展，增强城乡经济联系，畅通城乡经济循环。对于广东而言，要解决发展不平衡不充分问题，不断满足人民群众特别是广大农民日益增长的对美好生活的向往，必须坚持走强县促镇带村的县镇村一体化发展之路。特别是随着“千亿镇”“百亿镇”的不断涌现，广东县域、镇域经济的“耦合驱动”趋势已愈发明显，要坚持以县域为发力点、镇域为突破口，统筹县镇村一体化发展，强化镇（街）联城带村作用，以推动城乡同步发展，因此，迫切需要具有新使命新活力的市场主体来活跃并优化乡镇资源配置，壮大农村集体经济，推进共同富裕。近年来，广东各地涌现的强镇富村公司，就是探索镇域高质量发展的最好例证。

强镇富村公司的出发点和落脚点在于发展、维护和壮大村集体经济，促进共同富裕。强镇富村公司坚持政府引导与市场化运营相结合，通过经营，依据公司章程向村集体经济组织分红，有效提升了村集体经济的收入

水平，壮大了其经济基础。同时，强镇富村公司还拓宽了农民的增收途径，例如通过租用农民土地和机械、优先购买农民原材料、就近雇佣农民等方式，帮助农民在家门口就业，让农民能够通过资产获得租金、产品变现以及劳务收入，构建了一个紧密的联农带农机制。强镇富村公司还完善了助农体系，扩大了为农服务范围，为经营主体和农民提供农机农资采购服务，畅通助农服务“最后一公里”，填补了农村市场资源配置的空白，降低了农民种养成本。

挖掘和盘活村集体资源资产，对强镇富村公司的持续盈利至关重要，这需要发挥村集体“统”的功能优势。市、县、镇、村四级联动，通过精心制定地域分类种植规划、精心绘制高附加值农业潜力空间分布图，全面审视并整理镇村可利用的资产资源清单，明确镇村的资源状况、发展定位及行动方案，以确保资源得到最高效的利用。强镇富村公司可加强统筹，发展高附加值“农土特”种养加工、乡村振兴车间、民宿运营等产业，增强村集体经济实力，增加农民收入。韶关市等地聚焦经济最薄弱的乡村，从发展新型农村集体经济破题，通过整合和集聚资源、人才、项目、资金等，全域推动举办强镇富村公司，积极推进镇村资源资产的市场化运作和规范化管理，充分激发其内在活力和增值潜力，进而有效地激活和利用镇村的各类资源资产，构建现代农业经营体系。通过探索新的土地流转模式，既解决了“谁来种地”的问题，保障了农业安全和粮食安全，又通过发展农村集体经济，促进了镇村和群众增收致富。2023年，韶关市105家镇级强镇富村公司新增营业额达7.37亿元，有效带动了1207个村庄的集体经营性收入增长，每个村均实现集体经营性收入超过10万元，迈出了共同富裕的新步伐。

# 下 篇

# 乡镇振兴新篇章：广东镇域经济融合发展典型10例

▶▶▶

自“百千万工程”实施以来，广东镇域经济日益繁荣，逐步发展为推动广东城乡融合发展的重要力量。在城乡融合的伟大进程中，镇域经济展现出独特优势，有效促进了城乡资源共享、人口合理流动、产业持续升级和文化深度融合。作为连接城市与农村的枢纽节点，镇域在资源配置上的协调能力突出，促进了城乡资源的高效流动与合理利用。通过推进城乡基础设施与公共服务设施一体化建设，不仅显著缩小了城乡差距，还大幅提升了城乡居民的生活质量。同时，通过引导和支持镇域内产业创新发展，推动了城乡产业交叉融合，提高了产业的附加值和竞争力。镇域新兴产业和特色产业的壮大，推动了产业链完善和延伸，为城乡经济发展注入新动力。此外，作为城乡人口流动的重要载体，广东镇域经济不仅吸引了农村人口聚集，也吸引了城市人口下乡，形成新的人口规模效应，展现出新时代城乡融合发展的多元生活与工作场景，深入推进了资源共享、人口流动、产业升级和文化融合。广东镇域经济蓬勃发展，必将锻造出新时代中国小城市推动城乡融合发展、实现城乡共同繁荣的岭南标杆！

◀◀◀

# | 第四章 |

# 培育新质生产力，焕发高质量发展新动能

## 第一节　小榄镇：发展新质生产力，开启“二次腾飞”

小榄镇地处珠江三角洲中部，素有“菊城”之称，是中山市的经济重镇和改革闯将。改革开放后，小榄镇率先富起来，诞生了广东省首个“亿元村”。依托独特的地理位置和优越的产业基础，小榄镇成为全国闻名的制造业重镇和知名品牌聚集地，拥有“中国五金制品产业基地”“中国办公家具重镇”“中国电子音响行业产业基地”“中国内衣名镇”等美誉。

“百千万工程”为小榄镇打开了机遇之门、发展之门、赶超之门，小榄镇正认真贯彻落实广东省委、省政府及中山市委、市政府有关部署要求，坚定把“百千万工程”作为推动高质量发展的头号工程，以发展新质生产力为主线，聚力实现经济发展提质、乡村面貌提升、结对帮扶提效、民生福祉提档，实现小榄镇的“二次腾飞”。

2023年，小榄镇“百千万工程”稳健开局，小榄镇成功入选省“百千万工程”首批典型镇，永宁社区入选省“百千万工程”首批典型村（社区），小榄镇典型镇建设规划成为中山市唯一的省级优秀案例。

## 一、坚持制造业当家，高质量发展涌新潮

小榄镇经济发展水平一直处于中山市各镇（街）的前列，是全市的排头兵、火车头。2023年以来，小榄镇紧抓“百千万工程”重要契机，以中心镇建设为着力点，全力跑出高质量发展“加速度”，坚定扛起经济大镇的责任担当，全力以赴挖潜量、稳存量、扩增量、提质量，坚决打好经济攻坚战。2023年，全镇完成地区生产总值524.6亿元，经济总量首次突破500亿元，同比增长7.9%。规模以上工业增加值202.3亿元，同比增长4.4%。固定资产投资同比增长10.1%，其中工业投资同比增长40.7%。全年实现社会消费品零售总额284.9亿元，同比增长5.3%，总量居全市第一。

产业结构持续优化，三产比例调整至1.3：58.4：40.3。小榄镇市场主体突破10.6万户，稳居中山市镇（街）首位。规模以上工业企业增至935家，“四上”企业（规模以上工业企业、资质等级以上建筑业企业、限额以上批零住餐企业、规模以上服务业企业）数量增至1494家，经济发展实现质的提升。2023年，小榄镇在全国镇域经济500强中位列第17位，作为广东省的唯一代表，成功获评中国最美村镇“产业兴旺成就奖”。小榄镇工业底色厚重鲜明，经济结构日趋多元，现代服务业和高新技术产业正支撑传统的工业强镇实现转型升级。概括地说，小榄镇的发展基础与条件主要有以下几个方面。

一是地理位置优越，交通便利。小榄镇地处珠江三角洲中心地带，是珠江口西岸的阵眼，与广州、深圳、香港、澳门等地相近，是粤港澳大湾区的重要组成部分。小榄镇交通网络发达，国道105线和中山环城高速、中开高速、中江高速等多条高速公路贯穿其间，广珠城际铁路穿镇而过，广州地铁18号线等轨道交通蓄势待发。粤港澳大湾区便捷的陆海空交通体系，为小榄镇的经济发展提供了便捷的物流和人流。

二是产业基础雄厚，创新能力强。小榄镇是中山市的传统制造业基地，拥有灯饰、家具、五金、电器等多个特色优势产业，形成了完整的产

业链和配套体系，培育了一批国内外知名的企业和品牌，如欧普照明、威法家居、欧派克家居、馥琳化妆品等。依托雄厚的产业基础，小榄镇积极推进科技创新，加大科技创新投入，加强科技成果转化，2021年新增国家级专精特新“小巨人”企业1家、省级专精特新企业8家、市级工程技术研究中心4家、高新技术企业20家，高新技术企业总数达到112家。推动企业数字化、智能化转型升级，数字化工厂纷纷落地，“小榄制造”正向“小榄智造”转型升级，如威法公司数字化工厂落地运营、羚鹿云计算有限公司建成淘宝天猫（中山）电商运营中心等。

三是营商环境优化，政府服务好。小榄镇坚持以建设服务型政府为目标，深入推进简政放权、放管结合、优化服务，为企业和群众提供高效便捷的政务服务。建立了“马上办”办公室、“行走的办公室”等工作机制，搭建镇党委、政府联系企业和群众的直通桥、暖心桥，构建一流的营商环境，构建亲清新型政商关系。例如，企业开办平均时限压缩至0.5个工作日，施工许可核发办理时限压缩至1个工作日，21个政务服务事项延伸至村（社区），镇政务服务大厅获评全省区县级政务服务标杆大厅。小榄镇党委、政府还积极为企业解决用地、用工、用电、用水等问题，为企业提供政策扶持、金融支持、人才支持等，为企业家干事创业、企业扎根生长营造良好的发展环境。

四是社会环境和谐，文化底蕴深。中山市是孙中山先生的故乡，小榄镇是中山市的文化重镇，有着“菊城”的美誉。全镇文化事业发展迅速，每年举办的小榄菊花会、荼薇文化节等活动，吸引了众多海内外游客，展示了小榄镇的文化魅力。小榄镇的社会事业不断发展进步，教育、医疗、养老、文体等公共服务水平不断提升，社会治安稳定有序，基层治理能力不断增强，人民群众的生活质量不断提高。

小榄镇是中山市面积最大、人口最多、规模以上工业企业最多的镇，发展基础与条件为其高质量发展提供了有力支撑，也为其转型升级创造了有利的契机。小榄镇在高质量发展的新征程上正努力成为粤港澳大湾区的一颗璀璨明珠。根植于全镇工业基础，小榄镇充分发挥自身优势，抓住机遇，应对挑战，强化规划引领，找准主攻方向，立足自身实际，坚持以培育新质生产力为重点，以涵育高质量发展新动能为主线，发挥专业镇的优势，努力实现传统工业转型升级，在全省“百千万工程”大局中作出特色、作出经验，全方位推动“百千万工程”落地见效。

## 二、发展新质生产力，筑牢“大产业”根基

大道至简，实干为要。小榄镇全面推进“百千万工程”，在做强“大产业”发展新质生产力、构建城乡融合发展新格局、塑造雅致菊城新面貌等方面重点部署，形成“百千万工程”先行先试的“小榄经验”，打造出“小榄样板”。

### （一）敢为人先铸就产业竞争新优势

小榄镇推动高质量发展，做大做强实体经济，以科技创新推动产业创新，加大科技产业创新投入，发展新质生产力，推动产业向高端化、智能化、绿色化方向发展，不断锻造产业竞争新优势。成功创建了全市唯一的省级高新区，布局谋划占地6000亩的核心区，聚焦智能家居、精密五金、新一代电子信息等主导产业，打造高质量发展新引擎。全力支持企业做创新的主角，推动创新资源向优质企业集聚，出台了“技改和数字化转型十二条”，投入1000万元资金，撬动企业技改投资总额超22亿元，加快产业转型升级。推动61家企业申报省级专精特新企业，其中宝路盛等51家企业进入公示名单。11家企业申报专精特新“小巨人”企业，汉仁电子、快车科技被认定为国家级专精特新“小巨人”企业。

小榄镇的产业结构不断优化，高新技术产业、战略性新兴产业、现代服务业等比重不断提高，传统产业的附加值和效益也不断提升。小榄镇鼓励企业积极革新生产技术、改进管理方式，2023年完成30个数字化、智能化改造升级项目，推动木林森等11家企业申报数字化示范标杆。举办2023

小榄镇“数智菊城”活动，筛选17家优质数字化服务商形成资源池，精选50家工业企业形成数字化重点培育企业库。聚力产品质量提升，建成全市首家“工业产品医院”，设立中山市五金和家具知识产权快速维权服务中心。

小榄镇坚持把招商引资作为经济发展的头等大事，以项目为纽带，加大招商引资工作力度，引进一批优质项目落地，增强发展的后劲和动力。2023年，小榄镇共拆除和整理低效工业用地2062亩，完成量居全市第一位，通过“工改”腾出产业空间，推动32个项目落地，投资总额达52亿元，其中有3个制造业项目投资超10亿元。2023年纳入市重点建设项目20个，年度计划总投资18.85亿元，完成投资额23.5亿元。华帝厨电数字化智能化产业园项目、绩东二智能锁具产业园（二期）项目、高沙社区六顷工业园改造项目等52个重点工业项目全面动工，坚朗五金项目实现“拿地即动工”，三和建材、迪欧家具一期、正高智慧城等45个项目顺利投产。此外，小榄镇还搭建了政银企沟通平台，获批融资授信额度超600亿元，在全市首创由镇属企业和乡贤共同投资的中山市致盛创投基金，计划5年内达10亿元规模，用金融“活水”浇灌产业之花。

小榄镇推行“一枚印章管审批”，全面优化涉企服务。2023年以来，通过线上办理设立业务的市场主体超1.4万户，市场主体开办的网办率提升至99.71%。企业开办的线下办理在全市范围内率先实现“即来即办、立等可取”，平均办理时限压缩至3小时内。重点项目施工许可核发办理跑出“新速度”，如三和项目“拿地即动工”仅用时26分钟、康政项目施工报建从入件到出证仅用1天时间，为项目建设提供了便捷的政务服务。小榄镇“筑巢引凤”，投入700万元建成小榄人才公寓，全面落实人才服务各项举措，助力企业引才育才留才，为企业高质量发展积蓄后劲；高规格举办全镇高质量发展招商大会，瞄准智能制造与高端装备进行专场招商推介，签约项目达23个，投资总额达98.3亿元；成功推动建华供应链、华帝厨电、坚朗五金和绿金湾四大“10亿＋”投资项目落户，创小榄镇历年之最。

小榄镇聚焦培育新质生产力，为农业发展注入新活力。自2021年以来，被誉为“中国脆肉鲩之乡”的小榄镇，凭借5G、物联网等尖端技术，积极推进脆肉鲩产业园智慧渔业项目。该项目紧紧抓住数字乡村发展的试点机遇，围绕脆肉鲩产品产、供、销各环节，进行深入的技术革新和产业升级。为进一步提升产业园的智能化水平，自2021年起，小榄镇人民政府开始运用5G、物联网等先进技术，将养殖生产设备、气象雨量监测设备等紧密连接，成功搭建了“智慧渔业+5G”综合管理平台。该平台不仅实现了动态化的水质监测、自动化的设备控制、精准化的生产养殖，还提供了数据化的预警分析和可视化的决策管理，为产业园和养殖户提供了高效便捷的渔业养殖管理解决方案。此外，该平台还实现了对设施、装备、机械等的远程控制，以及养殖、加工、销售、仓储、物流等数据的全面互通。这不仅大大提升了生产养殖的管理效率，还有效降低了人工成本和运营成本，为小榄镇的农业发展插上了“科技翅膀”。

## （二）凝聚合力构建城乡融合发展新格局

面对镇内发展不平衡的突出问题，小榄镇率先在全市范围内开展镇内结对帮扶工作。通过强化党建引领，整合优势资源，小榄镇成功探索出一条促进城乡区域协调发展的新路径，走出了“百千万工程”先行先试的“小榄实践”新路。在帮扶过程中，该镇不仅在经济层面化“输血”为“造血”，还创新性地以文化赋能城乡区域协调发展，构建城乡融合发展新格局。

小榄镇在全市率先开展镇内结对帮扶，由11个先富村和镇属企业结对6个经济薄弱村，变“输血”为“造血”，从党建、资金、产业、人才、民生5个维度开展帮扶，努力打造一个由镇到城、城乡融合、协调发展的“小榄样板”。2021年行政区划调整后，小榄镇与原东升镇合并，村（社区）之间地理跨度大、产业区别大，发展势能差显著存在。2021年，胜龙、坦背、太平、同茂社区永丰片、白鲤和益隆6个经济薄弱村集体经济收入仅占全镇29个村（社区）总量的1.15%。聚焦这一突出问题，小榄镇独创性地开展党建引领结对帮扶工作，以此作为解决镇域发展不均衡、促进城乡区域融合发展的新路径。

2022年3月，小榄镇率先启动党建引领结对帮扶促乡村振兴三年行动计划，依托2家镇属集体企业和11个经济较强社区组成6个帮扶小组，结对帮扶胜龙、坦背、太平、同茂社区永丰片、白鲤和益隆6个经济薄弱村，帮扶双方定期开展联席会议，及时研究制定年度结对帮扶计划，致力打造全省“百千万工程”先行先试、改革创新的样本。两年来，共培育了6个被帮扶村的53个党建引领乡村振兴、基层治理项目，成功挖掘益隆村更寮农业生产、太平二圣公社头庙宇、胜龙咸水歌等村落文化，相继完成永丰新涌渡头亲水平台、太平村东兴北路岗亭边休闲空间改造、益隆乌沙更寮广场提升、胜龙文体公园、坦背榕树文化公园等项目。2022年，6个被帮扶村集体经济收入共计2920.27万元，同比增长10.72%；2023年，6个被帮扶村集体经济收入同比增长12.4%。镇内结对帮扶成效渐趋显现。

始建于1937年的益隆村乌沙更寮曾是抗日秘密联络站，红色底蕴浓厚。2006年，更寮得以易地重建。2022年，在镇内结对帮扶引领下，竹源、绩东一、九洲基三个社区向益隆村提供了100万元帮扶资金，其中乌沙更寮及周边绿道升级改造共投入70万元，剩余的30万元用于人居环境整治。除资金帮扶外，双方还在党建、人才等方面合作交流，以先进村（社区）的管理经验和方法，为待发展村增强软实力，让群众实实在在地共享社会高质量发展成果。同时，益隆村选派年轻干部到竹源、绩东一社区学习党建、人居环境整治、物业管理等方面的先进做法，竹源、绩东一、九洲基社区派“两委”到益隆村进行经验传授和分享，帮助益隆村设立综合办公室，有效提高了益隆村工作效率。

全面推进乡村振兴、畅通城乡经济循环是构建新发展格局的应有之义，是解决城乡区域发展不平衡不充分问题的关键所在。夯实农村集体经济基础，是小榄镇实施“百千万工程”，推动高质量发展的底气所在、信心所在、动力所在。同茂社区永丰片，以基本农田和一般农地为主，2022年村集体年收入不足60万元。自2022年起，小榄镇工业总公司对同茂社区永丰片全力开展帮扶，立足永丰片以种植业和养殖业为主的自然禀赋，以“乡村文旅”和“高新农业”作为推动永丰片发展产业的定位，力促农文旅融合，打造新涌渡头榕情驿站等小型文创网红IP、特色乡情生活IP，以农文旅产业增强经济薄弱村的“造血”能力。

“众人拾柴火焰高”，小榄镇充分注重凝聚镇内社会力量助推乡村振兴。2023年8月，小榄镇出台的《小榄镇“百千万工程”结对帮扶工作方案》提出建立镇党委主责、民营企业兴村、建筑企业联村、海外乡亲援村、社会力量帮村的帮扶协作机制，合力推动城乡融合高质量发展。小榄镇企业依托榄菊慈善基金会，将爱心助学、“双低”家庭帮扶工作落到社区，作为长期公益项目。小榄镇党委、镇政府引导镇内7家建筑企业投入结对帮扶项目8个，总金额约450万元。联结政企力量对全镇28个有集体经济的村（社区）开展特色农业、制造业、文旅产业等领域帮扶协作，目前共开展87个帮扶项目，涉及帮扶资金110多万元。创新推行“文化村长”文化帮扶机制，2023年8月，小榄镇首批聘请书法、曲艺、美术、舞蹈、摄影、烙画等文化领域的8名英才担任8个村（社区）的“文化村长”，驻点开展主题创作、艺术培训、展览展演和专业指导，以特色文化资源赋能乡村振兴，为实现城乡区域协调发展提供强大的精神动力和文化支撑。

### （三）塑造宜居宜业雅致菊城新面貌

小榄镇始终坚持以人民为中心的发展理念，加大基础设施建设和改造力度，深入推进绿美建设，优化教育、医疗等民生领域公共服务，提升政务服务水平，奋力塑造宜居宜业雅致菊城新面貌，切实提升了居民的获得感、幸福感。小榄镇坚持以文化为魂兴镇立业，成功打造了一批文化品牌活动，展现了菊城的独特魅力，全镇高质量发展的底气更足、前景更广。

小榄镇加大基础设施建设和改造力度，不断提升城乡的功能性和美观性，绿美小榄成色更足。全镇集中优势资源全面铺开16个总投资超7.5亿元的基础设施工程建设项目，不断完善内畅外联的立体交通体系。全镇深入开展违法建设治理专项行动，累计拆除各类违法建筑近29万平方米，释放出更多的土地资源。全镇完善城市功能配套，建成智慧停车泊位2858个，盘活存量土地，完成批而未供用地处置379亩、闲置土地处置371亩，提高了土地利用效率。小榄镇深入打好水体、大气、土壤和固体废物污染防治攻坚战，强化水污染治理攻坚，推动搁置10年的东升污水处理厂扩建工程顺利封顶，全镇未达标水体综合整治工程项目涉及的42条河涌全部动工建设，严格落实“河长 + 治水”机制，投入超1000万元进行水系景观改造，累计建成碧道15.04公里；全域推进美丽乡村建设，打响“三清三拆三整治”百日攻坚战，累计清理农村环境黑点、死角超4.9万处，建成185个“四小园”，有效改善了城乡生态环境和人居环境。

小榄镇持续打造区域中心镇，扩大优质教育供给，强化医疗保障力度，不断提升政务服务水平，建强服务圈、商贸圈、生活圈。2021—2023年，小榄镇共投入近5亿元新建、扩建公办学校9所，通过挖潜增容，累计增加公办学位超1万个。中山市小榄人民医院加挂中山市第五人民医院牌子，陈星海医院成为全国首家粤港共建中西医结合三甲医院。小榄镇成为全国唯一拥有2家镇属三甲医院的镇（街），实现家门口享受高水平医疗服务。创建中山市首个全域10分钟政务服务圈，推动100项高频政务服务事项下沉村（社区），提供政务服务2.5万宗。聚力提升商贸服务品质，激发消费活力。开展系列主题活动促进消费，大力推广“樱花里”、盛丰夜市步行街等网红商圈，汇丰城是中山市唯一一个获评广东省级示范特色步行街（商圈）的商圈。

小榄镇坚持以文化兴镇，以文化为全镇的高质量发展赋能。小榄镇深入开展红色文化、菊花文化、棒垒球文化等特色文化建设，打造了一批文化品牌活动，吸引了众多海内外游客，展示了小榄镇的文化魅力。2023年，小榄菊花会顺利举办，开展民歌民乐、粤曲、咸水歌等八大专场音乐活动，累计吸引游客逾75万人次，“中山杯”海峡两岸青少年棒球邀请赛汇聚粤港澳台四地11支棒球队248名运动员同台竞技。深化“1＋3＋N”文明实践体系建设，加快建设“书香菊城”，文明创建成效持续提升。小榄镇积极推进“文化＋旅游”“文化＋体育”“文化＋科技”等文化引领融合项目，推动文旅商融合发展。小榄镇活化了一批历史建筑，成功打造康公屿文化创意园、双美桥音乐创意园区等特色文旅项目；不断提升商贸服务品质，汇丰城成为中山市首个入选第四批广东省级示范特色步行街（商圈）名单的商圈。

## 三、“二次腾飞”势方兴，再造一个新小榄

“百千万工程”是千载难逢的重要发展良机，小榄镇正坚定地把“百千万工程”作为推动高质量发展的头号工程深入实施，形成了先行先试的“小榄经验”“小榄样板”。“百千万”再立雄心，九万里风鹏正举，小榄镇将坚定按照“百千万工程”的指引，统筹城乡区域协调发展向更高水平更高质量迈进，推动专业镇城乡融合发展迈上新台阶，努力挺进全国百强镇前列，奋力谱写中国式现代化小榄建设新篇章。

### （一）“百千万”再立潮头

小榄镇作为专业镇城乡融合发展的范例，其探索转型的新路径具有典型意义。主要体现在以下几个方面：

一是充分发挥专业镇的优势，打造高质量发展新引擎。小榄镇以制造业为主导产业，拥有一批国内外知名的企业和品牌，是中国五金制品产业基地、中国办公家具重镇、中国电子音响行业产业基地、中国内衣名镇、中国半导体智能照明创新基地、中国智能锁产业基地、中国门业重镇、中国脆肉鲩之乡等，具有较强的产业基础和竞争力。小榄镇坚持以创新驱动发展，加大科技创新投入，推动产业向高端化、智能化、绿色化方向发展，成功创建了中山市唯一的省级高新区，打造了一批国家级、省级、市

级专精特新“小巨人”企业，形成了高新技术产业、战略性新兴产业、现代服务业等新的增长点，为镇域高质量发展提供了强劲的动力和支撑。

二是积极推进城乡融合发展，打造高品质生活新空间。小榄镇坚持以人民为中心，加大基础设施建设和改造力度，不断提升城乡的功能性和美观性，构建了陆海空立体交通体系，完善了城市功能配套，改善了城乡生态环境，提高了土地利用效率，为小榄镇的高品质生活提供了有利的条件和保障。小榄镇还坚持把招商引资作为经济发展的头等大事，引进了一批优质项目，增强了发展的后劲和动力，为小榄镇的高品质生活提供了更多的机会和选择。

三是深入挖掘文化资源，打造高魅力城镇新形象。小榄镇坚持以文化兴镇，加强文化建设和传承，提升城镇的魅力和影响力，充分发挥文化资源优势，深入开展菊花文化、棒垒球文化等特色文化建设，打造了一批文化品牌活动，如小榄菊花会、荼薇文化节、“熊猫杯”粤港澳大湾区青少年棒垒球赛等，吸引了众多海内外游客和乡亲，展示了小榄镇的文化魅力。小榄镇还积极推进文化与旅游、文化与体育、文化与科技等融合发展，打造了一批文化旅游景点和项目，提升了小榄镇的城市形象和知名度。

四是坚持以党建为引领，打造高效率治理新模式。小榄镇坚持以党建为引领，加强党的建设和基层治理，提升城乡治理的效率和水平，建立了“马上办”办公室、“行走的办公室”等工作机制，加快构建亲清新型政商关系，为企业和群众提供高效便捷的政务服务，营造良好的发展环境。小榄镇开展镇内结对帮扶，由11个先富村和镇属企业结对6个经济薄弱村，从党建、资金、产业、人才、民生5个维度开展帮扶，实现了城乡共同富裕；小榄镇还创新聘请8名文化名人为“文化村长”，凝聚社会力量助推乡村振兴，形成了87个帮扶项目。

## （二）风鹏正举谱新篇

小榄镇在全面推进“百千万工程”中的发展举措与成效体现了专业镇城乡融合发展的新理念、新思路、新模式，为小榄镇的高质量发展奠定了坚实的基础，形成了“百千万工程”先行先试的典型经验。小榄镇要继续发扬“闯创干”的“榄商精神”，抢抓“双区”驱动、深中通道建成通车、中山建设省级改革创新实验区等重大历史机遇，以广东“百千万工程”首批典型镇培育为抓手，锚定“经济强、城乡美、社会治”目标要求，应对挑战、迎难而上，大力开展企业培育、榄商回归、社会治理三项破局行动。深入实施融湾入圈、平台建设、科技创新、民生福祉四大提质工程，大力实施“精造小榄”产业振兴和“雅致菊城”城市突破两大计划，深度融入省级改革创新实验区建设，统筹城乡区域协调发展向更高水平更高质量迈进，推动专业镇城乡融合发展迈上新台阶，努力挺进全国百强镇前列，奋力谱写中国式现代化小榄建设新篇章。

一是扩空间提升综合承载能级。深度参与省级改革创新实验区建设，推动珠江口东岸与小榄镇产业链深度协作；坚持“以申促建”，全力以赴创建省级高新区，突出做好“高”“新”两篇文章，积极对标国内外一流园区，聚焦平台建设、园区建设、招商引资、项目建设、创新提升等五方面工作，努力将小榄省级高新区打造成全镇实施创新驱动发展战略的主阵地、主战场。搭乘新时代中山“十大舰队”（新能源、生物医药与健康、新一代信息技术、智能家电、高端装备、光电光学、灯饰照明、中山美居、现代农业与食品、现代时尚产业）高质量发展东风，以推进永宁智能制造产业园、联丰智能家居产业园、九洲基新一代电子信息产业园、高沙智能商用家具产业园4个千亩产业园区建设为着力点，推动中山市智能制造主题产业园（小榄片）建设提质增效，实现产业高质量聚集发展。

二是抓招商激活发展新动能。坚持榄商升级、榄商回归、新商招引“三商”并举，实施全镇“一盘棋”招商，强化统筹力度，聚焦新能源汽车、五金等产业，重点招引高新技术、专精特新“小巨人”等优质企业和高成长性项目。深化联系服务企业机制，用心用情、无私高效服务企业，推动企业扎根小榄镇做大做强、再创辉煌。推动省内招商重点由深圳向广州、佛山、东莞等珠三角核心城市延伸，探索向京津冀、长三角等发达地区开展招商引资。强化“工改”招商联动，通过“以招带商”“村企合作”等方式引导企业与权利人合作定制化厂房，鼓励本土优质企业与村（社区）开展“订单式”合作，破解产业发展空间困局。实施项目建设“五个一”工作机制，打通难点、堵点。推动项目“快动工、快建设、快投产”。用好国家、省、市“稳外贸、稳增长”政策，支持企业抱团参加境内外展会。依托小榄镇金融行业协会交流平台，引导金融机构、创投基金支持优质企业做大做强。开展促消费系列活动，深挖特色商业街、美食街、夜经济潜力，激发消费市场活力。

三是强优势推进产业转型升级。大力推进新型工业化，坚持培育新质生产力，把数字经济作为小榄镇制造业转型升级的关键增量，全力推动数字经济与实体经济融合发展、高质量发展，推动制造业高端化、智能化、绿色化转型升级。鼓励龙头企业建设数字化、智能化试点，带动中小企业“抱团转型”。持续发力“智改数转”，以“智能化改造和数字化转型诊断”为抓手，帮助企业突破技术瓶颈、加快转型升级。重视新能源产业，积极推动新能源发展，推动制造业绿色化、低碳化转型升级，为绿美广东建设注入“小榄活力”。加快发展战略性新兴产业，聚焦新一代信息技术、人工智能、生物医药、新能源等领域，培育一批新生代科技创新型企业。建强企业研发需求对接平台，引导和驱动粤港澳大湾区优质创新要素向小榄镇聚集，鼓励企业参与重大科技项目。攻坚技术难题，推动更多科研成果落地转化。进一步提升中山国际人才港小榄服务中心的影响力，突出做好人才“引”“育”“留”三篇文章，加快构建以产聚才、以产兴才的产才互融共同发展新格局。

四是优环境建宜居宜业雅致菊城。扎实推进省级示范中心镇、魅力圩镇建设，切实推动城乡融合发展。打造内畅外联交通枢纽，加快推进北部快线、西海大桥、小榄工业大道、永宁工业大道、联丰路升级改造以及裕隆路、同兴东路尾等交通项目建设，打造内畅外联交通体系。以全国文明城市创建为契机，坚决打赢打好三大保卫战。向环境脏乱差“亮剑”，引导群众“自己的家园自己建、自己管、自己美”，建设一批美丽宜居示范村。全力落实“三清三拆三整治”工作部署，集中力量开展人居环境整治四大行动，以“绣花”功夫开展“四小园”建设，加强老旧小区、重点街区的改造升级，创建城乡高度融合精品示范带。抓住“1994年甲戌菊花大会”三十周年大展窗口，打造“城在花中、人在景中”的花海菊城。

## 四、小榄启示

小榄镇的发展经验为全省其他镇域提供了宝贵的借鉴和启示，特别是小榄镇在产业升级、城乡建设、招商引资和文化建设方面的成功做法，凝聚了“百千万工程”先行先试的“小榄经验”“小榄智慧”，为广大镇域因地制宜发展新质生产力、实现高质量发展提供了有效支撑。

### （一）创新驱动培育新质生产力

新质生产力，起点是“新”，关键在“质”，落脚于“生产力”。与传统生产力相比，新质生产力是代表新技术、创造新价值、适应新产业、重塑新动能的新型高质量生产力。作为广东先行发展起来的专业镇，小榄镇面临着产业发展空间严重不足、工业园厂房老旧零散、战略性新兴产业企业量少产值低等问题。创新发展思路，破解发展难题，小榄镇要以“新”促“旧”，以“量”升“质”，推动效率变革、质量变革、动力变革；要持续聚焦连片改造、产业集聚和土地收储，不断提升发展承载能力；要引导企业以数字化智能化提升生产效率、改进管理方式，注重企业技术改造和数字化转型，通过加大科技创新投入，推动产业向高端化、智能化、绿色化发展，持续推动传统产业提质升级与战略性新兴产业引育提速；要积极探索与本地产业特色相结合的创新路径，因地制宜，因势利导，持续深挖各村（居）特色亮点，发展乡村特色产业，持续促进农业增效、农民增收，实现小榄片与东升片区域协调发展。

### （二）以人民为中心提升城镇建设水平

城乡融合发展需要高品质的基础设施和良好的生态环境作支撑。投资基础建设，优化城乡布局，加强环境治理，提升居民生活品质，为吸引投资和人才创造有利条件。小榄镇坚持以人民为中心，大力投资基础设施建设和改造，不仅提升了城乡环境的美观性和功能性，还通过治理违法建设和推进环境治理，有效保护和改善了生态环境。此外，小榄镇还通过提高土地利用效率，加强城市功能配套，构建立体交通体系，为提升居民生活品质和吸引投资提供了坚实的基础。

### （三）招商引资积蓄高质量发展后劲

招商引资是加速经济发展的有效途径，小榄镇通过以项目为纽带的招商引资策略，成功引进了一批优质项目，加速了经济发展。同时，通过优化政务服务，大幅提高了项目审批效率，并通过人才扶持政策，为企业引进和留住人才提供了有力支持。镇域经济发展应通过优化政务服务、完善配套设施、营造良好的营商环境等措施，吸引更多优质项目落地，为经济发展注入新动力。

### （四）以文化为魂提升城镇软实力

依托丰富的文化资源，小榄镇加强文化建设和传承，通过举办特色文化活动和提升公共文化服务水平，提高了城市的文化魅力和影响力，促进了文化与旅游、体育、科技的融合发展，为城市形象塑造提供了新动力。文化是城镇发展的灵魂，通过挖掘和利用本地文化资源，加强文化产业发展，有力提升了城市的综合竞争力和影响力。促进文化与经济的深度融合，打造具有地方特色的文化品牌，增强了城镇的吸引力和凝聚力。

## 第二节　顺天镇：孕育新质生产力，创建国家农高区

顺天镇位于河源市东源县北部，是灯塔盆地国家现代农业示范区核心区、灯塔盆地国家农业高新技术产业示范区、全国18个田园综合体试点示范单位之一。顺天镇地处河源万绿湖腹地，位于新丰江流域，境内河道长11.5公里，地形特征为半丘陵地区。顺天镇自然条件优渥，为亚热带季风性气候，全年气候温和，日照充分，适宜农业发展。依托灯塔盆地国家农高区平台优势，目前顺天镇已引进南方国鸡种业基地、美林油茶加工产业园和深河共建蓝莓产业园等一批优质农业项目，共有36个合作社、11个家庭农场，逐步构建起以种业为核心、以精深加工为纽带、以示范种植为支撑的闭环式循环农业发展新模式。

### 一、发挥既有农业优势，厚植新质生产力成长土壤

顺天镇在推进“百千万工程”过程中，因地制宜，充分利用其区位优势和产业特点，依托农业产业已有优势，推动农业现代化和产业化发展，通过引进优质农业项目，培育农业新质生产力，打造了一批具有地方特色的农业品牌，提升了农产品的附加值和市场竞争力。

#### （一）全面认识顺天镇发展基础与条件

**1.区位优越，交通便利**

官（渡）汕（头）公路及粤赣高速在顺天镇穿境而过。粤赣高速设有顺天互通立交，顺天镇南接粤港澳大湾区，北连湘赣，成为连接长三角与粤港澳大湾区的“大陆桥”。顺天镇拥有优良的地表水资源和丰富的动植物资源，是河源市重要的生态涵养区和水源涵养区。

**2.经济发展，社会和谐**

顺天镇经济社会发展迅速，农民收入水平不断提高。2019年，顺天镇实现地区生产总值6.5亿元，同比增长8.5%；实现财政总收入1.2亿元，同比增长12.5%；实现农业总产值5.8亿元，同比增长8.2%；实现农村经济总收入3.2亿元，同比增长9.8%；农民人均可支配收入达到1.4万元，同比增长10.2%。该镇有户籍人口25743人，下辖1个社区和11个行政村。顺天镇社会事业发展较为全面：初级中学1所，小学1所，幼儿园2所；卫生院1所，村（居）卫生站13间，乡村医生13名；农家书屋1个，文化广场1个，文化室2308平方米。

**3.沃野灯塔，广东宝地**

灯塔盆地国家农高区土地资源丰富、气候温和、生态优良，拥有一流的水质、一流的空气、一流的森林，是广东农业发展的最佳自然生态平台、粤港澳大湾区绿色农产品的重要供应基地之一。灯塔盆地“国字号”园区的品牌优势正在持续放大，助推食品板块企业更快地形成规模优势。灯塔盆地国家农高区底子越来越厚实，已初步形成以高山茶油和预制菜为代表的农副产品精深加工业、以果茶蔬菜种植和生猪养殖为代表的立体生态种养业、以农产品冷链物流园为代表的现代农业服务业三大产业方向，农高区内拥有10个省级现代农业产业园，农业龙头企业133家（国家级5家、省级22家、市级106家），农业高新技术企业10家，专业合作社673家，家庭农场97个。灯塔盆地国家农高区发展空间充足，未来5年每年将持续新增工业用地1000亩以上。基础设施更是日益完善，随着农高区路网、自来水厂、污水处理厂等基础配套设施建设完成，农高区将实现“七通一平”。

## （二）形成“农高新城、福地顺天”的建设思路

在推进“百千万工程”背景下，顺天镇深刻认识到作为农业高新区的使命与责任，把创新作为推动发展的核心动力，将创新引领作为首要任

务。顺天镇抢抓灯塔盆地国家现代农业示范区核心区、灯塔盆地国家农高区、国家级灯塔盆地田园综合体等项目建设有利机遇，改变过去落后农业镇的面貌，旗帜鲜明地应用现代科技孕育农业新质生产力，依托岭南现代农业科学与技术广东省实验室河源分中心（简称“灯塔实验室”，是广东省落实国家创新驱动发展战略所设立的10个省实验室之一）等科技平台，吸引更多技术、产业、人才等要素资源向顺天镇集聚，促进农业科技成果高效转化应用，打造农高新城，完善公共服务设施，改善居住环境，让群众既能享受城市的功能，又能体验乡村的美好。以农高新城建设推动全镇经济社会发展，增强新型城镇化内生动力。

## 二、“农”+“高”全方位增强镇域竞争力

顺天镇充分用好自身发展优势与条件，依托国家农业高新技术产业示范区平台，切实提高农业发展的科技含量，以新质生产力引领农业跨越式发展，全方位增强镇域竞争力。

### （一）坚持以规划引领农业高质量发展

顺天镇抢抓国家级重大平台机遇，全力做好国家农高区规划编制。灯塔盆地国家农业高新技术产业示范区于2020年9月批复设立，是广东省唯一一个国家级农业高新技术产业示范区，规划面积约160平方公里，辐射顺天镇全域，承接农高区创新高地、人才高地、产业高地“三地”发展需求，将顺天镇打造成名副其实的农高新城。依托灯塔实验室、农产品加工孵化中心等科技平台，吸引更多技术、产业、人才等要素资源向顺天镇集聚，促进农业科技成果高效转化应用。利用全域土地综合整治试点工作政策红利，对碎片化农用地、建设用地进行高效整合，实现“三集中”，为农高区项目建设提供用地保障的同时，不断壮大村集体经济。以灯塔盆地创建国家农高区为牵引，配合灯塔盆地国家农高区发展农产品和食品精深加工、种质培育、冷链物流等产业，着力打造农业科技人才聚集地、农业

项目孵化转化集成地、高端农产品生产集散地。

2021年10月，河源市灯塔盆地国家农高区印发《创建国家农高区“补短板、增优势、强冲刺”攻坚工作“1 + 7”工作方案》，坚持目标导向，全面推动灯塔盆地基础设施建设、产业项目落地、科创平台建设、金融支持乡村振兴发展、土地储备攻坚等各项工作加速落地落实，加快创建国家农高区步伐。人民银行河源市中心支行、河源市金融工作局和河源市灯塔盆地农业高新技术产业示范区管理委员会联合制定印发《河源市金融支持灯塔盆地乡村振兴工作实施方案》，旨在支持灯塔盆地打造国家级农业示范基地、创建国家农高区，带动全市农业产业化、农业现代化和农村城镇化发展。河源市灯塔盆地仲恺乡村振兴培训学院由农高区与仲恺农业工程学院合作共建，学院建筑面积1.6万平方米，将组织开展“头雁工程”、百万乡村振兴人才培养计划和农业产业精准扶贫培训计划，力争3年培训5万名职业农民。顺天镇集聚相关的规划院校，结合顺天镇全域土地综合整治全国试点工作，由上至下全方位完善国土空间集成规划、村庄规划、圩镇控制性详细规划等规划编制工作，以打造全省乃至全国农业科技人才聚集地、农业项目孵化转化集成地、高端农产品生产集散地为目标，按照“一体两翼、区域蝶变”的规划发展思路，在南部发展农文旅产业，在北部发展种养产业，在中部打造完善的“三圈”服务配套体系，依托灯塔盆地国家农高区平台优势和政策资源，配套灯塔实验室、P3实验室、农产品加工孵化中心等科研设施，发挥高精尖科研团队和科研平台的示范引领作用，让高精尖技术人才的梦想通过“科研地”“试验田”转化为实实在在的成果，吸引更多农业技术人才到顺天镇实现梦想，推动科研成果落地转化，以农业科技支持镇域一二三产业融合发展，发挥“诗画田园、特色乡韵、农业科创”三条风貌带“主脉络”优势，贯通联动三大片区，激发区域发展动能。

## （二）坚持以三生融合引领基建，构筑产业发展优良环境

自“双百行动”开展以来，东源县与广东工业大学、广东开放大学联动频繁，借助两所高校的知识、技术、人才等智慧优势，以植入创新业态，提升城镇服务能级和圩镇生产、生活、生态融合为发展思路，进一步优化调整了顺天镇规划设计方案，研究谋划了圩镇商贸综合体建设工程、创客集市、农贸市场、养老服务中心、金史村朱氏文化长廊等一系列具体项目。

在生活垃圾处理方面，顺天镇成立顺天镇农村生活垃圾治理工作领导小组，全镇范围推广落实“门前三包”责任制，投放了一批分类垃圾桶，建立垃圾分类屋22个、减量化垃圾处理池1个。实行上门回收垃圾长效机制，共配备26辆垃圾收运电动车，每户每月收取5元卫生保洁费用，生活垃圾直接由垃圾车收运电动送往镇级垃圾中转站。出台《顺天镇村级卫生保洁人员管理制度》，按照“镇聘请、村管理、环卫所监管”的方式组建了一支54人的环卫队伍，实现村庄保洁覆盖面和农村生活垃圾治理率达100%，农村人居环境整治工作水平得到有效提升。

在基础设施建设方面，完成粤赣高速顺天互通立交出口建设，全力推进“四好农村路”建设，提升农村公路安全通畅水平。加快推进顺天碧道工程、灯塔盆地农业大道、农高区自来水厂、污水处理厂、110kV变电站等基础设施建设。

在生活污水治理方面，全镇建设镇级生活污水厂1座，村级污水处理设施25座，覆盖50个自然村，全镇农村生活污水治理率达90%以上，设施有效运行率达90%以上。

在厕所革命方面，全镇共建有公共厕所22个，全部纳入公厕日常管护系统，基本满足村内公共用厕需求。全镇范围内3840户登记户厕，全部完成无害化卫生户厕建造，所有户厕均设有3级化粪池且与排污管网处理系统相连接。建立顺天镇公厕管理制度，配备有12名保洁管护人员，实行打卡签到，建立健全日常巡查制度。

在“六乱”整治方面，以牵头运营商统一规划、各大运营商分片包干捆绑整治的模式深入开展“三线”（电力线、通信网络线、广播电视线）整治工作，不断推动“三线”实现安全规范、整齐美观。开展占道经营整治行动，对倚门出摊、占道经营等行为进行规劝纠正，打造干净、整洁、有序的圩镇环境。实施道路交通安全整治行动，对车辆乱停放行为进行全面整治，在乱停放现象较严重路段设立禁停标牌标线，完成圩镇内停车点位设置。完成公共空间乱贴画、“牛皮癣”小广告的清理整治，实行区域责任制，做到预防为主、处理为辅。

设立东源县顺天镇绿兴供销农产品冷链物流服务站、东源县顺天镇惠众供销农产品冷链物流服务站、东源县顺天印象农业发展有限公司冷库等冷链基础设施，靠近顺天高速，交通便利。同时，设置有顺丰快递、中国邮政、电商快递综合服务中心、快递超市等物流网点，并通过各村快递网点辐射覆盖全镇范围，以电子商务快递服务进一步拓宽顺天镇农产品销路，打开顺天镇特色农产品销售市场，充分利用灯塔盆地国家农高区农业产业发展资源，打造农副产品流通体系。

## （三）坚持汇聚镇村多方合力，打造“三美”乡村

2023年4月，灯塔实验室正式投入使用，5个科研中心、125位科研人员入驻实验室并开展实质性科研工作。灯塔实验室还与10个科研团队达成合作意向，与17家企业签订共建共研共享协议。灯塔实验室正全力围绕油茶、蓝莓等优势产业和特色产业，开展重大技术攻关，促进科技成果转移转化。

一是探索联农带农路径，打造富美乡村。推动产业优化升级，精准招商引资，引进南方国鸡种业基地、美林油茶、福茂机械、元渔夫食品、广东省嘟嘟房车等项目。其中，南方国鸡种业基地项目计划总投资4.19亿元，建设集国鸡品种研发、育种和扩繁于一体的现代化、智能化、生态化种业基地，建成规模为国鸡品种存栏75万套，年上市种苗约9000万对，建

筑面积约15万平方米，占地面积约87万平方米，建筑物包括核心育种、祖代繁育、父母代扩繁、生物孵化、管理运营、资源化处理等相关设施，采用智能化、自动化的设备系统；美林油茶现代产业园项目计划总投资6.6亿元，其中种植养护油茶树3万亩，计划投资2.8亿元，产业园总占地面积约9.5万平方米，建筑面积约3.7万平方米，设备投入1.8亿元，主要设备有萃取机、多功能旋耕机等。2023年顺天镇新入库项目清单如表4-1所示，持续完善特色产品精深加工链条，助推美林油茶加工产业园、富丽士食品生产项目等一批项目建设。重点推进农文旅产业发展，结合嘟嘟·党演产业庄园、岭南农耕（移民）文化博览园等旅游资源，打造更多精品旅游线路。同时，积极探索联农带农模式，以产业辐射带动，通过盘活闲置资源、资源开发利用、村企共建、建立强镇富村公司等模式有效增加村集体经济收入。例如，在顺天镇横塘村已完成土地流转8000余亩用于引进美林油茶产业基地项目，同时通过与企业沟通协商、达成协议，预留项目用地的5%土地用于种植油茶，由企业负责种植、管护，产生的收益全部归村集体（合作社）统一分配、管理，预计待油茶丰产后，横塘村村集体收入每年可达100万元以上。2023年，全镇村级集体经济收入达310.97万元，同比增长49.14%。

**表4-1　2023年顺天镇新入库项目清单**

| 序号 | 项目名称 | 公司名称 | 建设情况 | 项目类别 | 计划总投资/万元 |
|---|---|---|---|---|---|
| 1 | 南海种禽中国国鸡种业基地 | 南海种禽中国国鸡种业基地 | 建设集国鸡品种研发、育种和扩繁于一体的现代化、智能化、生态化种业基地，建成规模为国鸡品种存栏75万套，年上市种苗约9000万对，建筑面积约15万平方米，占地面积约87万平方米，建筑物包括核心育种、祖代繁育、父母代扩繁、生物孵化、管理运营、资源化处理等相关设施，采用智能化、自动化的设备系统 | 基础设施 | 41900 |

（续表）

| 序号 | 项目名称 | 公司名称 | 建设情况 | 项目类别 | 计划总投资/万元 |
|---|---|---|---|---|---|
| 2 | 东源县综合资源利用中心项目 | 东源深能环保有限公司 | 项目总占地面积63096平方米，总建筑面积18604平方米，600吨/天机械炉排炉焚烧线，1台额定蒸发量60.689吨/时、6.5MPa中温次高压余热锅炉，1台15MW的凝汽式汽轮机及1台16MW的发电机组，综合主厂房、综合楼、渗滤液处理站等及其配套设施，项目日处理生活垃圾600吨 | 基础设施 | 15000 |
| 3 | 广东富丽士食品科技有限公司厂区项目 | 广东富丽士食品科技有限公司 | 项目总占地面积约1.8万平方米，建设水果罐头、番茄酱、沙拉酱、酱油等调味料生产厂房 | 基础设施 | 5000 |
| 4 | 美林油茶现代产业园项目 | 广东美林农业投资发展有限公司 | 项目种植养护油茶树3万亩，计划投资2.8亿元，产业园总占地面积约9.5万平方米，建筑面积约3.7万平方米 | 基础设施 | 66000 |
| 5 | 广东省元渔夫食品有限公司元渔夫数字生态预制菜产业基地项目 | 广东省元渔夫食品有限公司 | 项目规划用地36691.51平方米，建筑面积109217.07平方米，主要建设内容分为3期，实现全息化展厅、生态化捕捞、智能化养殖、数字化预制菜生产销售、农产品深加工、数据化运营的元渔夫体系 | 基础设施 | 42000 |

二是创新治理模式，建设和美乡村。以自治为主体，以朱氏文化为主题，打造金史村“和顺之家”，以点带面全域推广“积分制”管理模式，常态化开展“党建引领齐参与，镇靓村洁庭院美”专项行动，广泛动员党员、群众和社会力量参与，激发群众参与公共事务、投身社会公益的积极性。以德治为引领，充分借助新时代文明实践广场、站所阵地作用，组织开展如“美丽乡村行”交通安全宣传、“预防电信诈骗”安全教育知识宣讲、送戏下乡等文明实践活动，积极推进评选“三美家庭”等先进典型70余户，树典型、立榜样，积极打造荣誉公示的模范长廊，引导广大群众积极向上、孝善立德，营造“学有榜样、赶有目标”的德治氛围。以法治为保障，建立综合治理委员会、公共服务委员会、综合行政执法委员会等，

并实行综合治理委员会与综治中心一体化运作，持续探索综治中心“坐诊”、“两委”干部“巡诊”、领导班子“出诊”的“三诊”工作法，全域推进完成1个国家级、5个省级法治民主村（社区）创建，积极组建法律志愿服务先锋队，积极开展“法治大讲堂”“送法进万家”等活动，打好“普法 + 调解”组合拳。以智治为支撑，积极推进综合网格服务管理，在建设智慧乡镇平台的基础上，重点围绕“一老一少”群体完善配套功能，完成“一户一档”建档户数3259户，安装防溺水智能监控41个、独居老人应急按钮50个，逐步推动乡村治理走向智能化、信息化。创新实施“三个一”工作机制，每月常态化开展关心关爱留守儿童主题活动，全力营造全社会共同关爱留守儿童的良好氛围。

三是建立长效机制，塑造绿美乡村。健全管护长效机制，在优化完善“门前三包”管理工作问责制和公厕管护制度等一系列工作制度的基础上，创新实施“上门收运垃圾”制度，建立全镇专职保洁员队伍，实行环卫保洁“镇考村管”，并将各村（居）卫生保洁费用列入镇级年度财政预算予以充分保障，推动村庄卫生保洁工作规范化、制度化。充分发挥党组织在美丽乡村建设中的战斗堡垒作用，通过组建党员志愿队、划分党员责任区，探索实施无职党员设岗定责、党员联户“1 + 10 + N”机制，广泛开展“环境整治我带头”“守护家园我承诺”等主题党日活动，有效扭转了以往“党员干、群众看”的状况，凝聚各方力量共同参与人居环境整治和管护。坚持绿美生态建设，2023年完成桉树改造4325亩，目标完成率达100%，有效完成松材线虫病防治任务达2704亩；引进社会力量参与绿美广东建设，仅美林油茶企业捐赠油茶树苗就达10万株；汇聚干部、党员、乡贤、群众、师生等力量每周开展一轮“我为家乡种棵树”活动，2023年12月当月累计植树超500棵。

### （四）坚持深入推进农村综合改革，为产业发展注入源头活水

顺天镇塑造了建筑业企业结对帮扶新典型。顺天镇通过充分沟通、交流，与河源立方市政建筑工程有限公司、广东腾茗建筑工程有限公司签订战略合作框架协议，并与河源粤商建设有限公司达成初步合作意向，预计在2024年底前完成签订战略合作框架协议。目前已与河源立方市政建筑工程有限公司完成落地帮扶项目1个。

顺天镇还探索出一条以村企合作为途径的农村集体经济发展之路。为解决留用地核定和兑现落地难的问题，顺天镇全面摸查梳理全镇11个村2023年以前未核定留用地情况，推动各村1000亩历史留用地纳入旧改项目开发建设，留用地项目落地初见成效。知识城财富广场等项目是通过村企合作的方式开发的，为村集体和村民带来更多的收益和福利，实现了村企共赢，促进了城乡共同富裕。作为旅游住宿业中的一支新兴力量，民宿不仅为游客提供了“诗意栖居”的消费空间，还能促进乡村振兴。康汇·顺天民宿是顺天镇人民政府主导开发、农民参与、企业运营的，具有创新性、示范性、扶贫性质的文旅项目。该民宿是极具河源特色的“府第式”方形客家围龙屋，是众多游客的首选之地，受到游客的一致好评。

党演村大力实施“归雁工程”，推动在外乡贤“凤还巢”，举荐乡贤担任理事会成员，成立经济合作社，全力配合村中各项事业发展。通过发挥乡贤的“领头雁”作用，党演村率先启动农村综合改革试点工作，引导农户以土地经营权入股合作社，仅用1天时间就完成了3个村民小组涉及117户农户7000多亩土地的流转签约工作，将原本界定模糊、争议不断的土地全部流转至村级合作社，为产业落地奠定用地基础。在腾挪土地空间的基础上，通过乡贤的牵线搭桥，党演村引进多个产业项目，生产方式由过去的传统农业向农文旅产业转变。农文旅产业辐射带动周边经济发展，带动120余名群众就地就近务工，新建民宿和农家乐28家，群众生活条件得到极大改善。与此同时，村中闲置荒废的土地通过导入产业和完善配套基础设

施，实现变废为宝，结合“我为家乡种棵树”“一个党员一棵树，一个支部一片林”等绿美行动，推动全村人居环境和生态环境实现翻天覆地的变化。党演村以农村综合改革为抓手，重塑三生空间，使偏远山村成为一幅山水田园画卷。

## 三、成效与展望：现代农业支撑镇域特色产业链

2023年，灯塔盆地国家农高区（顺天镇）固定资产投资达6.28亿元，税收达4300万元，农业总产值预测值为4.06亿元，规模以上工业企业总产值预测值为69.15亿元，地区生产总值预测值为54.53亿元，农村居民收入达2.39万元，在库“四上”企业37家。实施“百千万工程”，顺天镇取得显著成效，这得益于它能够因地制宜，充分利用自身的基础与条件，形成培育农业新质生产力的推进思路，形成具有地方特色的产业链和产业集群。未来，顺天镇将继续推动农业产业优化升级和经济可持续发展，发展潜力巨大。

顺天镇锚定打造产业高地，加大招商引资力度，引进了大量有实力的现代高新技术农业企业。近年来，顺天镇加快推进建设中国发酵蔬菜产业园、蒜精灵产业园、果蔬深加工等农产品精深加工项目；加快建设美林油茶基地，推进越秀集团、牧原集团、德康集团300万头“楼式”生猪养殖及屠宰加工全链条农业综合体项目；加快建设太二智慧渔业产业园、鸽产业园、灯塔盆地农业科技博览园等。其中，中兴绿丰柠檬产业园主要从事柠檬的种植、收购、加工、销售和科研，年产值达3亿元，带动当地2000人就业。农业医院项目建筑面积约8000平方米，总投资约5000万元，目前已完成主体工程。农业医院主要功能包括动物、植物、土壤、产品质量检测，为粮食安全及健康农产品生产提供科技支撑，为重大疫情、虫害等提供应急预案和联合攻关。以探索建立农业特区为抓手，深化推进农业农村综合改革。顺天镇推动互联网平台与市场需求、供应链、创新链等有效对接，实现跨行业、跨领域、跨地域的协同创新和协同生产，打造新型产

业生态。目前，顺天镇已有超朗食品、南方国鸡、美林油茶等一批企业成功开发或接入工业互联网平台，正在加速从传统生产模式向智能制造模式转变。

在各级党委、政府的努力下，众多项目落户灯塔盆地。河源太二农业科技有限公司在2020年投资3.5亿元，建成占地8.5万平方米的工厂化淡水鱼养殖基地，年产鲜活水产品4500吨。该公司计划出资4.5亿元在灯塔盆地国家农高区分别建设水产饲料、动物保健品、预制菜项目，新项目建成后将与原项目形成产业互补，增强企业对养殖业上下游的把控能力，提高企业利润。已落户投产的东源壹品农业有限公司计划出资1.1亿元在灯塔盆地国家农高区建设现代化蛋鸡养殖生产基地。莲纪传统食品（河源）有限公司目前在河源线下有7间连锁店，计划在灯塔盆地国家农高区投资建设食品深加工项目，项目总投资达5000万元。而东源祥福物业有限公司为进一步拓宽企业发展空间，计划在灯塔盆地国家农高区投资建设预制菜生产加工项目，项目总投资为1.2亿元。

农文旅融合发展取得新突破。以农文旅融合带动乡村振兴发展，顺天镇不仅让当地村民吃上了旅游饭，走上了致富路，也为实现乡村振兴拓展出新的发展路径。顺天镇拟推进5年发展规划，把自身打造成粤港澳大湾区的“菜篮子”“果盘子”“米袋子”“油罐子”。

展望未来，顺天镇将抢抓“百千万工程”发展机遇，切实扛起“百千万工程”典型镇的使命担当，营造热烈、可持续的干事创业氛围，不断完善“三圈”服务配套，力争打造成为广东省乃至全国农业科技人才聚集地、农业项目孵化转化集成地、高端农产品生产集散地，使人居环境、基础设施、公共服务等实现翻天覆地的变化，并依托农高区产业集群，聚人气、引人流，拉动内需，变被动“输血”为主动“造血”，推动镇域经济实现重大突破，把顺天镇培育成名副其实的“百千万工程”典型镇。灯塔盆地国家农高区以“岭南丘陵绿色低碳农业”为创建主题，将奋力打造绿色低碳农业全球科技创新中心、“一带一路”生态农业与科技合作中心、粤东西北高效低碳农业示范基地、粤港澳大湾区优鲜农产品供应基地、岭南乡村振兴共同富裕示范基地，加快形成一批可复制、可推广的“盆地经验”。

## 四、顺天启示

顺天镇依托国家级农业高新区重大平台，在推进农业产业提质升级、与二三产业融合发展方面取得显著成就。顺天镇发展成绩斐然，关键在于因势利导、整合资源、实现联动，依托新质生产力，为传统的农业产业赋予新动能，其探索经验具有重要借鉴意义。

### （一）农业为基，夯实三次产业融合根基

农村一二三产业融合发展要以农村一二三产业的融合渗透和交叉重组为路径，以产业链延伸、产业范围拓展和产业功能转型为表征，以产业发展和发展方式转变为结果，通过形成新技术、新业态、新商业模式，带动资源、要素、技术、市场需求在农村的整合集成和优化重组，甚至农村产业空间布局的调整。农村一二三产业融合发展，通过采取以农业为基础，向农产品加工业、农村服务业顺向融合的方式，如兴办产地加工业、建立农产品直销店、发展农业旅游；也可以采取依托农村服务业或农产品加工业向农业逆向融合的方式，如依托大型超市，建立农产品加工或原料基地等。无论采取何种方式，都必须通过一二三产业在农村的融合发展，形成新技术、新业态、新商业模式。一二三产业在农村的共存分立，如果没有形成新技术、新业态、新商业模式，就不能称之为农村一二三产业融合发展。比如，一个有农业的村庄，虽同时拥有1个砖瓦厂和1家日用品小商店，但谈不上农村一二三产业融合发展。

### （二）立足资源禀赋，打造特色农业品牌

顺天镇依托得天独厚的自然条件，因地制宜，发展特色农业。通过引

进优质农业项目，培育农业新质生产力，打造了一批具有地方特色的农业品牌。例如，南方国鸡种业基地、美林油茶加工产业园等项目的引进，不仅提升了农产品的附加值，也增强了市场竞争力。这一经验启示各地，农业发展要立足本地资源禀赋，发挥比较优势，打造特色农业品牌，实现差异化发展。

### （三）以新质生产力为魂，提升农业产业实力

优化产业结构，促进农业多元化发展。顺天镇在农业发展过程中，根据自身的资源禀赋和市场需求，构建现代农业产业体系。顺天镇大力发展蓝莓种植等特色农业和优势产业，这些产业不仅具有较高的经济效益，也为农民提供了更多的就业机会。顺天镇形成了以种业为核心、以精深加工为纽带、以示范种植为支撑的闭环式循环农业发展新模式。这种模式不仅丰富了农业产业结构，也提高了农业的综合效益。

# 第五章

# 城乡融合拓展高质量发展新空间

## 第一节　新龙镇：新型城乡融合释放高质量发展“镇”能量

新龙镇地处粤港澳大湾区“湾区之顶”、中国与新加坡合作项目广州知识城南部，是广州市黄埔区、广州开发区（国家级经济技术开发区、高新区）唯一的建制镇。新龙镇依托优越的大都市区位条件，充分发挥广州开发区（黄埔区）、广州知识城的多个国家重大平台叠加优势，坚持以特色化城乡融合发展为导向，主动联动周边区域发展，以战略性新兴产业及生态型产业集群为核心，带动周边大片区域发展新型工业化、新型城镇化，打出都市型创新镇品牌，在实践中走出一条独特的城乡高质量融合发展之路。

### 一、大都市区位优势成就“百千万工程”新镇

位于广州市黄埔区的新龙镇，凭借得天独厚的地理位置和资源优势，成为城乡融合发展的典范。新龙镇不仅是大都市拓展区的活力之地，也是新型工业化与城镇化互动发展的典型代表。新龙镇依托广州大都市及工业实力雄厚、科技创新带动强劲的中国头部开发区——广州开发区的优越条

件，充分发挥自身在城乡融合中的独特作用，探索出一条具有示范意义的新型工业化与城镇化互动发展的新路。

## （一）优势集聚与叠加：城乡融合新镇亮相

### 1.历史悠久

新龙镇历史悠久，自宋代就已形成村庄。1976年，镇龙人民公社从广州市增城县中新人民公社分出；1983年，镇龙人民公社改为镇龙区委员会；1987年，镇龙区委员会改为镇龙镇人民政府；2004年，镇龙镇归入增城市中新镇；2005年，九佛管理区和镇龙管理区归入广州市萝岗区；2006年，设立萝岗区九龙镇；2015年，萝岗区归入广州市新黄埔区；2019年，黄埔区新龙镇正式成立。

新龙镇是广州开发区（黄埔区）唯一的建制镇。下辖11个行政村和2个社区，户籍人口4.32万人（农业户口3.84万人、居民户口4758人），流动人口9803人。耕地面积1237.67万平方米，养殖水面面积105.2万平方米，林地面积3429.06万平方米，森林覆盖率为53.54%；有水库1座（柯木窿水库），库容55.2万立方米。河流有金坑河、平岗河，水系呈扇形分布；有黄埔区第一高峰油麻山，最高峰海拔433.6米。民俗文化资源丰富，代表性非物质文化遗产有舞貔貅、客家山歌等。

### 2.区位优越

新时代改革开放及开发区区划调整之后，广州开发区（黄埔区）新龙镇迎来最优空间区位条件。新龙镇位于粤港澳大湾区核心区域，属于中国—新加坡合作的广州知识城规划建设的核心板块，是广州东部中心打造“现代活力核”的重要引擎之一，是一个典型的都市镇。

新龙镇面积为75.87平方公里，东连增城区，北靠龙湖街道，西邻白云区，南接长岭街道、永和街道。2020年，国务院批复《中新广州知识城总体发展规划（2020—2035年）》，新龙镇全域纳入中新广州知识城。

新龙镇地处广州活力创新轴与东部中心交汇处，串联中新广州知识城、广州科学城、广州科教城，是广州东部中心北门户、协同东部中心发展的重要枢纽，是中新广州知识城南部副中心。3条轨道交通（地铁21号线、14号线，新白广城轨线）、4条高速公路（广河高速、花莞高速、增天高速、从埔高速）、6条主干道经过新龙镇，15分钟可抵达广州白云国际机场，20分钟可抵达广州科学城，30分钟直达广州主城区，1小时通达粤港澳大湾区。新龙镇与白云区钟落潭镇，增城区中新镇，黄埔区龙湖街、长岭街、永和街，帽峰山风景名胜区等涉农区域相毗邻，联动发展的条件较为成熟。

**3.经济依托强大**

黄埔区辖区的广州开发区是中国首批国家级经济技术开发区（1984年），广州高新区是中国首批国家级高新技术产业开发区（1991年）。广州开发区（高新区）全区拥有广州知识城（与新加坡合作）、广州科学城、广州海丝城、广州国际生物岛（简称“三城一岛”）四大战略性发展平台。2023年，全区实现地区生产总值4310亿元，规模以上工业企业累计完成产值8600亿元，战略性新兴产业产值占广州市的50%以上，拥有跨国公司4200家、世界500强企业超180家、科技型企业2万家、上市公司82家，财税总收入连续6年超千亿元，人均地区生产总值近5万美元。

正是依托广州大都市及工业实力雄厚、科技创新带动强劲的中国头部开发区——广州开发区，新龙镇具备了经济发展的优越条件。作为中新广州知识城的核心组团之一，新龙镇经济体量快速增长，兼具工业制造、科技服务、都市农业产业综合发展的优势条件。特别是新龙镇拥有“一山两河”（油麻山、金坑河、平岗河）等自然禀赋，拥有麦村村、大坦村、福山村、金坑村、洋田村等现代农业发展载体，都市型农业综合体发展模式日渐成熟，在国家级重大发展平台中更显独特。

新龙镇依托中新广州知识城品牌，全力打造知识城“一核两心”中的新龙片区中心。依托国家重大平台和重大装置，大力发展先进制造业、战略性新兴产业，同时发展现代化高端农业和生产性服务业，形成一二三产业联动发展态势。随着航空轮胎大科学装置区一期完成建设，科教创新园逐步投入使用，新能源汽车创新园、生物安全园、福洞新型储能材料产业园、福山循环经济产业园等多个重点产业和科技创新项目落地生根，新龙镇“一区五园”的产业格局显现，连续3年固定资产投资达到100多亿元。新龙镇先后被评为广东省城乡融合发展试点、广东省休闲农业与乡村旅游示范镇、广东省“百千万工程”首批典型镇、广州市文明镇。广州知识城片区为国家级双边合作项目、中新合作“3 + 1”旗舰项目，将建设具有全球影响力的国家知识中心，着力打造知识创造新高地、国际人才自由港、湾区创新策源地、开放合作示范区，成为粤港澳大湾区高质量发展重要引擎。矗立在新龙镇的两座酷似大轮胎的建筑便是致力于攻克航空轮胎关键核心技术难题的“国之重器”——航空轮胎大科学中心，它是国内首个航空轮胎动力学大科学装置。

新龙镇既有关键核心科技（航空轮胎），又有现代支柱工业（新能源汽车），还有特色都市农业（麦村新貌），一二三产业协同发展、融合推进，正在以“都市型工业 + 都市型农业 + 都市型生态”书写广东首善都市型大镇。新龙镇还以培育典型镇与美丽圩镇省级示范样板为目标，努力成为让村民富起来、让镇村美起来、让民风好起来、让发展快起来的城乡融合都市型重镇。

### （二）不断完善新型工业化与城镇化互动发展思路

基于良好的地理区位、自然生态基础，新龙镇审时度势、抢抓机遇，依托广州开发区的强大平台和中新广州知识城的重大发展机遇，确立了以新型工业化与城镇化互动发展为抓手，加速实施“百千万工程”的新思路。通过高科技引领、新产业立镇、新模式强镇的战略布局，新龙镇正努力闯出一条新型工业化、农业工业化、新型城镇化相辅相成、城乡融合发展的现代化都市镇发展之路。

**1.确立以新质生产力引领的城乡高质量融合发展新路**

新龙镇抢抓新质生产力发展机遇，充分发挥广州大都市、开发区大平台优势，以重大平台为支撑，推动区域发展能级全面跃升。

坚持以高科技引领、新产业立镇、新模式强镇，实施以新质生产力为引领的发展思路，实现城乡融合、三产互动、区域联动发展。新龙镇的三产融合互动以科技创新为突破点，不断加强科技创新和产业创新区域协同，加强科技创新和产业创新深度融合。通过布局建设大科学装置区、科教创新园、万谷科技园，聚集各类创新资源。其中，新质生产力关键人才2000余名；2023年黄埔材料研究院新增孵化企业16家；获得授权发明专利61件；西安电子科技大学广州研究院支持教师在岗创业，成立6家公司，其中1家公司估值过亿元，2家公司估值过千万元。广州万谷科技产业园占地5.5万平方米，正在导入战略性新兴产业，将成为广州知识城新龙镇的一个重要科技园区。

在三产融合发展中，新龙镇打造人才培育链条，激发创新活力，健全稳定农民就业服务机制，全面强化农民就业扶持政策和服务措施。推进村居就业综合服务平台“就业驿站”建设，发挥新龙镇首批两个就业驿站的辐射效应，多形式提供政策咨询、职业介绍、集中招聘等就业服务。积极开展专项招聘活动，拓展灵活就业和新业态就业法律援助工作站促进农民灵活就业的作用，深化“互联网+”就业服务，维护好超龄农民工就业权益和企业用工需求。镇政府谋划推动新科技、新产业、新模式，不断优化人才政策、完善人才服务体系，为都市型城镇建设及高端产业发展提供了有力支撑。

**2.确立崇尚自然的绿美生态建设新路**

新龙镇有着丰厚的自然资源“家底”。在进一步优化国土空间功能布局上，新龙镇创新“全域土地综合整治+统筹规划+城市更新+乡村振兴”统筹实施路径，精准配置资源要素。划定1000亩耕地集中整治区、盘活27亩闲置宅基地，整村搬迁释放土地3000余亩；2023年完成征地1842

亩，收地 1357亩，保障小鹏汽车等10多个重大项目的用地需求。

充分挖掘和利用绿水青山资源，将其转化为环境优势和经济优势，让绿水青山源源不断地带来金山银山，让老百姓从中受益。新龙镇辖区的广州市福禾花溪农业公园项目规划用地1000亩，利用美丽生态资源环境，以生态种养为基础，打造都市型商务高端农场，成为广州市乡村振兴农旅综合示范项目。

结合典型镇美丽圩镇"七个一"建设任务，新龙镇实施特色风貌提升活动。如今，新龙镇的麦村村、天池、油麻山、广汕路、金坑河、平岗河、金坑水库、帝鼎荔枝公园等景点都成为游客打卡点。麦村村是全省"百千万工程"典型村，也是广东省生态农业与乡村旅游的示范点。自"百千万工程"实施以来，新龙镇着力推动麦村村的产业发展，实施人居环境整治行动，对乡村风貌进行整治，人居环境取得突破性改观。新龙镇还计划在麦村村推动30多亩历史征地留用地落地，打造一个精品文旅田园综合体，预计每年为该村增收300万元以上。

**3.强化有为政府引领功能的城乡融合新路**

新龙镇在推进征拆改造过程中，充分发挥政府超前引领作用，于2021年印发实施《新龙镇旧村改造清零大会战十二项措施》，抽调100多名党员干部下村倾力动迁，当年实现全镇9个项目完成签约20185栋，完成率94.5%，签约率全部突破90%，3个项目签约率超过95%，拆迁量在全区排名前列。在重点项目征拆过程中，调动各部门精兵强将，启动区、镇、村、社四级联动，采取"5＋2""白＋黑""晚上班后会""周末督导会"等超常规措施，仅用200余天就攻克了广汕公路扩建及广汕立交工程，展现了"新龙速度"。

立足处于广州科学城到广州知识城核心区重要节点的区位优势，新龙镇优化布局轨道交通、高快速路网，畅通对外联系通道，加快推进新白广城际轨道、从埔高速、增天高速、科知快速、开放大道等高快速路征拆建设，打通连接广河高速的主干道看守所配套道路，加速科教创新园内基础设施建设和腾龙大道建设等。提升智慧交通服务水平。以百度自动驾驶、小鹏智能汽车等项目为依托，制定完善的市政公用设施智能化规范和标准；以物联感知、移动互联、人工智能等技术为支撑，构建实时感知、瞬时响应、智能决策的新型智能交通体系。推动智慧城市公共交通建设，打造绿色、智慧、便捷的一体化公共交通网络，公共交通出行达到整体出行比例的55%以上，全面建成粤港澳大湾区城市1小时、广州主城30分钟的交通圈和生活圈。

有为镇政府激发城乡融合新路子。近年来，新龙镇城乡基础设施一体化加快发展，农村基础设施与中新广州知识城高标准对接进程加快，科学规划编制中新广州知识城、黄埔区乡村建设、行政村庄规划，城市交通路网都市化、城乡公共配套设施一体化国际化稳步推进。

## 二、全力打造“百千万工程”城乡融合新样板

新龙镇立足本镇资源禀赋，充分放大发展优势条件，依托中新广州知识城重大发展平台，乘着“百千万工程”东风，因地制宜，突出特色，找准关键，狠抓“党建、服务、管理，征拆、改造、建设”和乡村振兴两条工作主线，坚持重点项目和城市更新双轮驱动城乡融合，奋力推动新龙镇高质量发展。

### （一）以新型产城融合赋能城乡融合

所谓新型产城融合，就是基于当代新型产业与新型城镇融为一体的考虑，大力推进高端产业与现代职住平衡的发展模式。新龙镇以《广东省中新广州知识城条例》全面实施为契机，积极推动《〈中新广州知识城总体发展规划（2020—2035年）〉实施方案》《中新广州知识城“十四五”发展规划（2021—2025年）》落地实施，加快新龙镇总体统筹规划和新龙镇副中心规划编制落地，建设中新广州知识城南部副中心，承接其创新发展需求，打造国际一流的基础科研承载中心、国家知识经济转换试验平台、

引领技术升级的创新型产业园区、宜居宜业产城融合新区。

围绕区域综合交通枢纽建设，进行产城功能融合布局，重点发展新一代信息技术、人工智能、生物安全等产业，以城市更新为重要抓手，盘活低效用地，改善居住、交通等设施，配套建设优质教育、医疗、体育、文化设施，提供高品质公共服务，营造生活、生产融合发展的城乡交流空间与生活环境，促进人口集聚发展，加快建成区域性城市副中心。围绕新龙镇副中心建设，镇龙站综合交通枢纽一体化工程取得重要进展，“1城际+2地铁+3主干公路”立体化交通网络体系基本建成，将充分发挥该项目作为广州市东部综合交通枢纽的功能作用，将其打造成区域门户节点与综合交通服务中心。

片区范围内中泰天境、越秀星汇城TOD、镇龙村留用地项目（财富广场）基本建成，创汇绿谷项目、新龙新城正在加快建设，新能源汽车产业园将于年内完工。结合镇龙村东片区和西片区2个旧村改造项目，优化提升城市基础服务设施，镇龙村东片区旧改安置区9号地块动工，初步构建由镇龙西站、镇龙站、镇龙北站3个TOD开发组团形成的新龙副中心。调整优化耕地布局，争取省市支持耕地进出平衡试点。推动留用地落地，弥补旧改土地规模指标不足，开展集中整治恢复耕地试点，通过进出平衡的正向优化方式，对零散分布的长期稳定耕地进行规整，实现耕地保护和开发建设的“双统筹”。新龙镇首个留用地项目财富广场已经封顶并开始招商，该项目每年将为村集体增加收入约500万元。2023年，通过全域土地综合整治，增加连片耕地600亩。

坚持产业强镇，建成中新广州知识城“一核两心多园”的总体空间布局，加快打造中新广州知识城新龙副中心，实现“一区五园”（大科学装置区，新能源汽车创新园、科教创新园、生物安全园、福山循环产业园、福洞新型储能材料产业园）产业建设蓬勃发展。加快航空轮胎大科学中心二期、三期及配套区建设，推进康耐登、万谷科技、创意园升级改造，各项专业化园区建设取得突破。

## （二）以新型更新改造加速城乡融合

新型更新改造出于尊重自然生态与产业发展的考量，防止大拆大建与无序更新，坚持基于新型产业化与城镇化的发展原则，谋求新型城乡融合发展。新龙镇不断以“新龙速度”刷新征地新纪录，全力保障产业项目落地，加速推进镇域经济发展。镇班子成员带领广大干部苦干实干，仅用200余天就攻克了广汕公路（新龙段）扩建及广汕立交建设工程；10天完成小鹏智能汽车智造园西区和航空轮胎项目423亩征地工作，36天完成2个苗圃、49穴山坟、54栋房屋的拆迁工作，全面具备交地施工条件；7天完成区应急局配套项目全部113.807亩征地协议签约工作，14天完成福洞收储地块项目征地1039亩统筹签约。快速完成宝能新能源汽车产业园交地1500亩，3个月完成大科学装置、国际数字创汇绿谷、科教创新园、生物安全园等“5·28”“9·28”集中动工项目征拆任务，为产业园区落地生根保驾护航。一个月时间完成增天高速项目征地737亩，清理从埔高速金坑林场60亩林地，大科学装置二期、科教创新园1069亩土地顺利交付。倒排时间节点，加快实施动迁，克服补偿方式不同、标准不一致、交地时间急迫等难点，提前完成电网项目约26公里、700亩征借地工作，确保了广州知识城电网战略布局和新白广城际的通车节点。

近4年来，新龙镇建成项目28个，在建项目52个。通过“优空间、育新能”形成经济社会高质量发展的强劲势头，“一区五园”高质量产业项目持续推进。国内首个航空轮胎大科学装置一期已完成建设，科教创新园已逐步投入使用，新能源汽车创新园、生物安全园、福洞新型储能材料产业园等多个重点产业和科技创新项目落地生根。

新龙镇延展全镇一二三产业发展链条，一产挖掘潜力、二产制造创新、三产服务升级，形成融合发展的链条，充分发挥产业集聚效应，为经济腾飞注入强劲动力。现代农业产业园特色圈让麦村实现可持续发展，以政府搭台、国企担当、社会参与的模式，全力打造现代农业产业园特色圈，相继引入10个特色产业项目（含5个现代农业产业园），让农产品的产业链延伸至一二三产业各个环节，满足接触农产品的各个企业的利益需求。探索建立麦村数字乡村小程序，以“企业＋农户”“合作＋订单”“认领＋配送”模式推广，真正实现“都市型工业＋都市型农业”发展新格局。

## （三）以“一村一策”特色助推乡村振兴

旧村改造是新龙镇的工作重点，也是实现人民对美好生活期待的重要途径。新龙镇秉持工业化思维，巧妙运用产业融合策略，“一村一策”全力推进旧村改造工作，旨在打造一村一特色的新格局。其中，2条村将蜕变为特色精品村，2条村进行整村搬迁，7条村实施全面旧村改造。经过几年的精心规划与优化调整，旧村改造工作取得显著进展。全镇7条村共有20197栋房屋完成签约，签约率高达94.54%，拆除面积达359.91万平方米，拆除率达73.77%，其中3个项目的签约率更是突破95%。目前，洋田、镇龙西、镇龙东、金坑村邓屋片区、九楼、迳头等地旧村改造正在如火如荼地进行。改造完成后，村集体物业将增加33.22万平方米，村社集体收入更是有望增加15738.91万元。

在整村搬迁方面，新龙镇成功启动了停滞7年的福山、福洞整村搬迁项目。该项目涉及31个经济社899户共计1553栋房屋。截至2023年，已完成确认补偿1230栋，确认率高达79.20%。与此同时，新龙新城安置区建设同步开展，其中3个地块已动工建设，部分楼栋预计年内封顶。搬迁完成后，预计将释放2000余亩土地，为省道378线扩建工程立项建设以及蓝岛生物基地、天赐高科、危废品一期等项目的引进奠定坚实的基础。这些项目的建成投产，预计每年可为村社集体增加收入约500万元。

在打造特色精品村方面，新龙镇自2020年起便着手开展麦村特色精品示范村建设，完成了317栋房屋的外立面整饰，拓宽并美化了3条主干道，还建成了1个小公园。同时，成功流转土地上千亩，建成了开益产业园、麦麦农场、蓝莓基地等特色农业产业园。麦村留用地田园综合体项目进入招商街道。麦村村先后获得“广州粤菜师傅名村”、广州市休闲农业和乡村旅游示范点等荣誉。更重要的是，村集体收入较2018年翻了三番，增至232万元。2023年，新龙镇全力打造大坦村岭南特色美丽乡村精品示范村，编制大坦实用性村庄规划，开展全域土地整合，实施“保、留、改、拆、建”，优化农房建设，对村庄道路、景观及公共配套设施进行升级改造，加强历史风貌建筑保护和文化传承，壮大经济发展。目前，全镇各村集体经济年收入均已突破100万元，实现了集体经济收入的跨越式增长。

### （四）以“绿”“美”“强”融合推进城乡融合

新龙镇围绕生态和产业优势，以绿美广东建设为指引，着力把绿水青山转化成金山银山，再转化为一二三产业的生态底色，实施都市农业、现代工业、特色服务业“绿”“美”“强”联动互动发展。

一是推动全域公园城市建设。建成新龙公园、文昌阁公园，新增绿道11公里，实现林相改造20亩。开展“美丽家园”建设行动，坚持镇委书记、镇长每周一集中巡查督导，全面开展环境整治，整治“六乱”6000余起。“三大革命”“六乱”整治等4项人居环境整治攻坚任务基本完成，干净整洁、规范有序的美丽新龙镇建设初见成效。

二是围绕产业化提升，以新龙镇自然山水为基底，通过开展生态治理，串联各个网红景点，沿线布局各类乡村产业项目，加快绿水青山向金山银山的转化，推动村集体和村民收入“水涨船高”。先后建成油麻山生态公园、麦村精品村，完成金坑河、平岗河整治，崭新的绿道串联起全镇主要路口。深化“一村一品”建设，建成洋田有机蔬菜、麦村精品果蔬、福洞“帝鼎”荔枝、金坑“萝岗橙”等现代农业产业园，推动麦村无土栽培产业园、洋田村生态农业创新谷等项目建设。以金坑河为纽带，结合“一河两岸”山水林田园，打造“金坑碧水”新乡村示范带。油麻山和麦村、天池成为广州市新晋网红打卡点，新龙镇、麦村村获评省、市级休闲农业和乡村旅游示范镇/点。

三是充分发挥产业和科教资源优势，以高科技及现代工业提高乡村建设水平。自从引入高科技产业项目航空大轮胎产业链后，新龙镇已经建成科麦走廊，打通航空轮胎大科学装置与麦村、大坦村连接通道，充分盘活闲置宅基地，推动留用地落地，丰富产业服务载体，打造科学家后花园、湾区科创服务第一村。推动示范带沿线村庄为科创产业提供配套服务，助力乡村实现“产业兴旺、生态宜居、乡风文明、治理有效、生活富裕”。这些举措大大推动了城乡融合发展。

## 三、城乡融合助推镇域经济全面升级

新龙镇在城乡融合进程中，通过主动承接国家战略、聚焦征拆改造建设、做好规划引领，推动特色型城乡融合发展，镇域经济社会发展取得了“四个跃升”。

### （一）以新平台强城乡融合，实现产业能级跃升

新龙镇利用纳入中新广州知识城的契机，实现产业能级跃升。从规划边缘跃升为国家级国际合作平台中新广州知识城的副中心，大科学装置区、科教创新园、生物安全园、智能智造创新园、福山循环产业园等“一区五园”的产业格局初步奠定。

引入航空大轮胎产业链，加速建设广州万谷科技产业园，持续深化三产融合，促进农业、工业和服务业的协同发展，实现产业结构优化升级、镇域经济发展能级提升。

狠抓传统农业转型升级，塑造都市休闲农业、智慧农业发展示范园，建设洋田村生态农业创新谷，建设高端农业生产基地，打造“帝进奉”荔枝、金坑“知识橙”等特色农产品品牌，进一步发展壮大集体经济。推进农业亩均效益改革，引入广州开投农业科技发展有限公司，建设麦村开益无土栽培精品科技农业产业园。加强土地流转和规模开发，推进2400亩高

标准农田建设，引进一批现代农业项目和田园综合体，推动土地高效化、田园美观化、农业旅游化。加强维育洋田野生稻自然保护区，大力推广市名优特产“增城丝苗米”，实施品种、品质、品牌工程，全面拓展现代农业科普示范区引领带动作用。

## （二）以新骨架建城乡融合，实现基础设施跃升

新龙镇初步构建“346”交通骨架，已开通或在建3条轨道交通线路（地铁21号线、14号线，新白广城轨线）、4条高速公路（广河高速、花莞高速、增天高速、从埔高速）、6条主干道（广汕公路、知识大道、知新路、永九快速KC11段、南香路、科知快速），镇龙站综合交通枢纽一体化工程取得重要进展。2021年，全镇固定资产投资额达122.79亿元，历史上首次突破百亿元规模。此后几年，新龙镇固定资产投资额连续突破百亿元。近5年来，建成项目28个，在建项目45个，完成征地项目32个。征拆工作连续5年在全区各镇（街）排名第一。

新龙镇致力于实现区域经济社会的健康稳定发展，注重生态环境保护和资源合理利用，建设宜居宜业的现代化城镇。

以全域高质量发展为目标，全要素推进农用地、建设用地、生态保护修复和历史文化保护综合整治。编制全域土地整治方案，统筹全域耕地布局，按照“以进定出、先进后出”原则，划定永久基本农田储备区，有序推进永久基本农田布局优化。开展建设用地整治，推动点状供地、集体经营性建设用地入市，稳步推动“房地一体”农村宅基地和集体建设用地确权登记，推进存量建设用地建房工作。科学谋划留用地落地，全面盘点梳理镇内历史留用地台账，推动欠账留用地指标取得核定函，加快推进麦村35亩留用地、大坦村80亩留用地落地，为特色精品酒店、生态科创园等项目提供用地保障。

打破区域建设壁垒，建立“项目—单元—镇域”三级统筹实施路径，探索超大城市乡镇全域更新实施统筹新模式、新机制，全域全要素引领空

间发展“一盘棋”，向上衔接区级国土空间总体规划及中新广州知识城总体发展规划，向下协调城市更新、重点产业、民生工程、基础设施等项目需求，横向串联用地资源、功能布局、公共服务设施、区域交通、消防电力、绿地系统等六大专项，推动土地利用空间布局优化、公共服务设施提标扩面、市政公用设施提级扩能、道路交通设施提质升级，助力城市更新实施、乡村振兴发展，引导城乡空间合理有序融合，支撑新龙镇内各个项目落地实施。

城市更新坚持“分片分类分步、科学平稳有序、传承历史文脉”，构建政府统筹、市场实施的按需补偿机制，推动旧村改造项目实现成本共担、设施共建、利益共享的创新分配机制。以“镇政府＋区职能部门＋村社＋项目实施方＋技术支撑单位”为路径，推动旧村改造与乡村振兴差异化发展，统筹落实公共服务设施及市政发展，实现共享与交通互补。

## （三）以新特色文旅促城乡融合，实现生态文明跃升

新龙镇主动出击，发挥镇域特色，策划打造广州东部生态旅游新乡村示范带，以打造示范带为抓手推动生态文明跃升。完成金坑河、平岗河整治，油麻山、麦村成为生态旅游热点路线、网红打卡点。

加快推动美丽乡村建设，创建广东省休闲农业与乡村旅游示范镇和示范村，重点推动麦村、大坦村岭南特色美丽乡村精品示范村创建，打造湾区科创服务村。连片编制大坦村、麦村实用性村庄规划，落实全域土地综合整治目标，统筹优化山水林田村空间布局，着力构建“一户一处景、一村一幅画、一带一风光、一镇一天地”美丽乡村格局。强化区域发展联动依托新龙镇“三分城田七分山水”的自然禀赋，以大山河、金坑河为脉络修建大坦村沿河碧道，联动“金坑碧水”美丽乡村示范带沿河碧道创建20公里大乡村休闲环线，加快推动示范带沿线村庄为科创产业提供配套服务，助力乡村实现产业兴旺、生态宜居、乡风文明、治理有效、生活富裕。

建设绿色低碳、和谐共生的绿美圩镇。以油麻山、金坑河等山河自然要素为生态本底，沿广汕公路、九龙大道旅游发展轴打造“金坑碧水”美丽乡村示范带，大力推动山水农旅、生态康养、绿色休闲相结合的绿美圩镇建设，并通过建设现代科技与生态融合的油麻山空中栈道，进一步完善森林公园绿道系统。注重提高公园与山、丘、河、湖、塘、岛、溪等特色生态区域的风貌协调性，结合碧道、绿道建设，打造全长约35公里的新龙镇幸福游径，全面涵盖油麻山、金坑河、平岗河等主要自然景观节点，并串联麦村、大坦村，形成山水相连、自然景观与人文景观相得益彰的风景长廊。将青山、碧水、美园串珠成链、联网成片，让城市与绿色交织共生，塑造绿色低碳经济新范式。

## （四）以新制度谋城乡融合，实现改革能级跃升

持续推进城乡融合发展，离不开镇域经济制度创新。新龙镇弘扬开发区精神，全力推进有利于三产融合发展的区域制度创新环境建设。

全面解决旧村改造通过拆旧复垦进行土地整备的问题，为三产融合发展提供承载空间。大部分旧村改造项目涉及拆旧复垦、腾挪用地。拆旧复垦后产生的建设用地指标，用于建新区范围内的非建设用地，办理用地报批。探索关于旧改项目拆旧复垦增减挂钩实施路径，拟拆旧复垦部分无论位于城镇开发边界内还是位于城镇开发边界外均可进行拆旧复垦腾挪工作，通过拆旧复垦增减挂钩路径将其转换为建设用地。

全力解决旧村改造安置区首开先建的问题。黄埔区作为广东省旧改创新试点，旧村改造探索先拆后批、快拆快建模式，村民急盼首开先建，早日回迁。在首开区的选址符合“两规”的前提下，将“首开先建”纳入信任筹建，为安置区建设开通绿色通道，允许在报批过程中先行用地，不视为违法用地。

全力解决休闲农业与乡村旅游的用地瓶颈问题，进一步明确点状供地项目的准入标准，对需要通过点状供地的乡村振兴项目予以大力支持，

支持城市周边地区扩大非基本农田范围的设施农用地的功能和用途，将其调整为农旅设施用地，以解决休闲农业与乡村旅游配套设施难以落地的问题，助力乡村产业振兴，壮大农村集体经济。

## 四、新龙启示

新龙镇全力以赴将“百千万工程”转化为让村民富起来、让环境美起来、让管理好起来、让发展快起来的具体行动，取得显著成效。新龙镇丰富的实践经验为广东新型城镇化发展提供了重要借鉴。

### （一）镇域城乡融合的前提是有思路、求突破

镇域城乡融合必须坚持顶层设计为上，用“奋进之魂”夯实发展根基。镇域经济发展高位统筹、高点定位，把提升镇域经济战略作为新时代高质量发展的重要目标和任务，走高品质发展之路。镇域发展定位是各个镇结合地区战略与当地镇域实际，寻求镇域产业、形象、品牌差异化的竞争战略，使镇域集中资源投入，形成清晰的发展决策、发展方向、发展优势。特别是要全力推进镇域经济城乡融合发展，形成镇域地方特色。以因地制宜、专业化发展为导向，结合镇域区位特点、产业基础，各镇从先进制造、科技创新、现代农业、数字经济等方面选择产业融合突进方向，形成一个镇域聚焦一两个产业，以特色产业联动其他产业，在镇域内形成多链协同的产业组团引领镇域三产融合发展的产业专业化组团式发展。镇域要善于利用自身自然、文化、地理禀赋，把生态资源、创新产业、文化产品做精做细，打造特色IP和特色名片。与此同时，城乡融合必须坚持机制创新为先，用“改革之力”破解发展难题，打通“区职能部门—镇域内设机构—镇域事业单位”运行轨道，着力构建边界清晰、分工合理、权责一致、协同高效的新型“条块关系”，赋予表现出色的镇域更大的事权、财权、土地收益权，强化镇（街）创先争优的激励与约束，进一步激发镇域三产融合与城乡融合新活力。

## （二）镇域城乡融合的关键是找准模式和路径

城乡融合发展是解决县域镇域经济问题的重要路径。镇域城乡融合的关键是找准模式，应致力于新型园区发展模式——以新质生产力引领镇域高质量发展，包括建设高质量的新型工业园区、新型农业园区、新型服务业园区。将镇域产业园区作为产业发展的空间集聚载体，以园区竞争力提升辐射带动镇（街）发展。从引入企业到引入产业链，重点发展高新技术产业，优先保证龙头创新企业用地需求，引入小鹏汽车、航空轮胎、新型储能等关键项目，大力发展总部经济，吸引产业链上下游企业集中落户，逐步成为先进制造业、都市农业、高新技术产业互动发展最集聚的中心镇区，推动“园区 + 街镇”同频共振、同向发力、同步发展。同时，大力发展以多赢发展推动“小企业”实现“大发展”的四元结构模式，即以“镇政府–社区（村）经济组织–镇属集体经济组织–乡镇企业”为链条，充分发挥镇（街）政策优势，镇属村属集体经济组织掌握的土地、劳动力、资本、基建配套等经济资源优势，全方位推动企业社区发展。

## （三）镇域城乡融合的核心是造平台、抓产业

镇域要发展，必须根据镇域区位及资源禀赋，主动作为、主动出击，抢抓各类国家战略机遇，整合各方资源，构建适合本镇域发展的重大平台、特色平台，聚合各方资源，加快自身高质量发展。新龙镇注重加强区域产业融合开发利用治理的规划设计，以科学规划为引导，较好地推动了各产业间的协同发展和优化升级。通过健全的规划设计，新龙镇实现了产业结构优化和经济效益最大化。新龙镇还积极完善新时代中心城镇开发的制度管理体系，建立健全了各项制度和政策，加强了对城镇发展的规范和管理。这为新龙镇的经济社会发展提供了有力保障，为打造现代化城镇奠定了坚实的基础。镇域经济发展要始终抢抓机遇建产业，必须把坚持高质量发展作为新时代的硬道理。只有始终立足地方资源禀赋、善于借助重大

平台、主动践行国家战略、狠抓特色产业、实施融合发展，才能找准镇域产业经济发展路子。

## 第二节 安铺镇：特色小镇做强城乡融合“大文章”

安铺镇位于湛江市廉江市的西南部，地处雷州半岛九洲江下游，毗邻北部湾，历史悠久，文化底蕴深厚，是廉江市工业、商业和文化重镇，与中山市小榄镇、顺德区容奇镇、东莞市石龙镇并称为“广东四大古镇”。曾入选全国综合实力千强镇、首批广东省旅游风情小镇，先后荣获“中国十大最具影响力美食名镇”“广东省城镇化集成技术应用示范试点镇”“广东省教育强镇”“广东省宜居示范城镇”“广东旅游美食之乡”等称号。

安铺镇总面积81.2平方公里，城区面积12平方公里，下辖18个村委会和13个居委会，自然村187条，总人口11.52万人。

近年来，安铺镇特色小镇建设成效显著，城镇面貌焕然一新，产业结构不断优化，经济实力持续增强，居民生活水平显著提高。安铺镇还摸索出“工业带动旅游，旅游助推工业”的新路径，推动“工业＋旅游”融合发展。自“百千万工程”实施以来，安铺镇聚焦“1＋4＋7＋9＋N”美丽圩镇建设要求，集聚各方面力量，坚持高标准规划、高层次推动、高效率落实，全力以赴打造广东省“百千万工程”首批典型镇，让百年商埠魅力再现。

### 一、界连城乡，融合发展有基础

安铺镇是“百千万工程”建设典型镇，镇政府因地制宜，先行先试，逐步探索出“建设特色小镇，做强城乡融合‘大文章’”的发展思路。

## （一）充分认识自身发展的基础与条件

### 1.历史悠久，底蕴深厚

廉江市安铺镇与中山市小榄镇、顺德区容奇镇、东莞市石龙镇并称为“广东四大古镇”，清嘉庆年间就是一个繁华的集贸中心。安铺镇有着千年的历史文化积淀，岭南建筑风格突出，中山公园、文笔塔、关帝庙、河海特色骑楼等历史文化古迹引人入胜；安铺八音、安铺白戏、安铺锣鼓等民间艺术源远流长，闹元宵、赛龙舟等传统民俗活动丰富多彩。安铺镇还连续多年举办美食文化节等，一系列精彩的民俗活动擦亮了民俗文化旅游名片。安铺镇荣获“全国卫生模范镇”“省体育之乡”“中国十大最具影响力美食名镇”“广东省城镇化集成技术应用示范试点镇”“湛江市技术创新专业镇”等称号，一连串金字招牌背后彰显的是安铺镇经济社会发展的蓬勃生机和活力。

### 2.区位优越，交通发达

安铺镇位于廉江市西南部，东连横山镇，南毗遂溪县，西濒北部湾，北接营仔镇，距离湛江市区约40公里，距离遂溪县城约20公里，距离廉江市区约30公里，距离湛江机场约50公里，距离湛江港约60公里。安铺镇境内有国道325线、省道270线、省道271线等公路穿越，有湛江至茂名、湛江至海口等高速公路连接，有湛江至茂名、湛江至海口等铁路规划建设，有九洲江水运通道贯通，形成陆、海、空、铁四位一体的立体交通网络，为安铺镇的产业发展和对外开放提供了便捷的条件。

### 3.经济繁荣，特色鲜明

作为廉江市的中心镇之一，安铺镇被视为廉江市乃至湛江市经济发展的重要引擎和示范窗口。安铺镇是第二批全国特色小镇之一，以“智农食谷”为主题，积极打造特色主导产业，促进城乡融合发展，为当地经济的持续增长和社会的稳定繁荣作出了积极贡献。安铺镇有工业企业349家，其中年产值超千万元的企业18家、超亿元的企业1家，规模以上企业15家，限额以上贸易企业10家。安铺镇通过提升农业科技水平和食品加工技术，实现农产品增值，推动农村经济转型升级。在产业布局上，安铺镇以家具、食品、现代物流、商贸、休闲、娱乐等为特色主导产业，形成了多元化的产业结构。家具产业以其独特的工艺和设计风格在市场上备受青睐，食品产业则以其优质的农产品为原料，打造了一系列广受欢迎的食品品牌。同时，现代物流和商贸、休闲、娱乐等行业也在镇上逐渐兴起，为当地居民提供了更多的就业机会和生活便利。在城乡融合发展方面，安铺镇形成了产业“特而强”、功能“聚而合”、形态“优而美”、机制“新而活”的发展新格局。通过深化城乡融合，安铺镇实现了城乡资源的共享和优化配置，加速了农村产业结构的优化和城市产业的升级。安铺镇通过推动农村旅游和休闲观光业的发展，提升了农村地区的文化品位和生活品质，助力乡村振兴战略的实施。安铺镇重视生态环境保护和社会民生改善。通过大力推进生态环境保护工作，安铺镇不仅保护了当地的自然资源，还提升了城乡居民的生活环境。同时，安铺镇加大了对教育、医疗、文化等公共服务设施建设的投入，提高了农村居民的生活品质和幸福指数，实现了经济增长与民生改善的良性循环。

**4.资源丰富，前景广阔**

安铺镇资源禀赋丰富，产业基础雄厚。境内水源充足，九洲江自东向西横贯镇境，有龙潭河、黄盘河、龙桥河等河流，有2座小型水库，2座中型水闸。安铺镇的耕地面积为3286.2公顷，其中水田面积1759.7公顷、林地面积734公顷。安铺镇种植作物主要有水稻、番薯、花生、甘蔗、蔬菜等，养殖畜禽主要有鸡、鸭、猪、牛等，海水养殖主要有对虾等，淡水养殖主要有单雄性罗非鱼、罗氏沼虾等。安铺镇的工业以家具、食品、现代物流、商贸、休闲、娱乐等为主，形成了一批具有市场竞争力和品牌影响力的企业和产品，如华强家具、安铺鸡、安铺年糕、安铺白切鸡等，为安铺镇的经济社会发展提供了强有力的支撑。

### （二）建设特色小镇，推进“百千万工程”

安铺镇根据自身的地理优势、资源优势和产业基础，形成大力发展特色产业，建设“智农食谷”特色小镇，推动农业、工业和服务业深度融合的整体发展思路。安铺镇注重挖掘和传承当地的历史文化，将文化元素融入城镇建设中，打造具有独特魅力的文化品牌，以点带面、连线成片，以特色小城镇做强三产融合“大文章”。

## 二、涵育动能，融合发展促升级

安铺镇坚持把发展作为第一要务，大力推进产业转型升级，积极培育发展新动能，不断提高发展质量和效益，全面推进城乡融合。安铺镇以创建全国特色小镇为契机，高规划、高标准、高质量全面推进特色小镇建设，努力将其建设成产业“特而强”、功能“聚而合”、形态“优而美”、机制“新而活”的“智农食谷”全国特色小镇。近年来，安铺镇坚持举全镇之力，以头号力度推进“百千万工程”典型镇建设，以头号担当全力以赴打造典型镇“安铺样板”，主要采取了以下发展措施。

### （一）高标准规划，提升城镇品质

安铺镇以创建全国特色小镇为契机，锚定城乡融合与乡村振兴、新型城镇化目标，高规划、高标准、高质量全面推进特色小镇建设，投资98万元完成《廉江市安铺（横山）镇总体规划（2018—2035年）》的修编和《湛江市廉江市安铺镇典型镇（中心镇）建设规划（2023—2025 年）》的编制，确立了建设“宜商宜游宜业宜居的现代化特色滨海小城市”的总体目标。投资近900万元完成整体城市设计、老城片区控制性详细规划、特色小镇核心区控制性详细规划、产业规划等，明确安铺镇的发展定位、空间布局、功能分区、建设控制等，为安铺镇的城乡融合发展提供了科学指导和规范保障。安铺镇加快推进城镇基础设施建设，投资1.2亿元完成了骑楼街道、中山公园、文笔塔公园、街心公园、滨江景观带等城市品质提升工程，投资1.5亿元完成了城市道路、排水、照明、绿化等城市功能完善工程，投资1.8亿元完成了城市污水处理厂、垃圾填埋场、垃圾转运站等城市环境改善工程，有效提升了安铺镇的城市品位和宜居水平。

## （二）创新改革机制，激发发展动力

安铺镇坚持以改革创新为动力，不断优化发展环境，积极探索城乡融合发展的新路径，建设食品小作坊集中加工示范区，推动安铺鸡申报注册地理标志证明商标，打造安铺鸡特色文化产业园等项目，为发展现代农业产业提供区域商标品牌支撑，进一步擦亮特色农产品和美食文化品牌。安铺镇还注重生态环境治理、文化传承保护、体制机制创新等各项工作有序推进，城镇环境持续优化，城镇品位持续提升，为安铺镇的可持续发展奠定了坚实的基础。

一方面是干部冲锋在前，清拆整治势如破竹。坚持以不破不立的气魄开展声势浩大的清拆整治行动，全镇500多名镇村干部、3700多名党员下沉一线，率先示范，带头开展人居环境清拆整治工作。成立党员突击攻坚组，逐街逐巷清理，逐点逐片突破，对破损危房、乱搭建等依法进行清拆。累计出动工作人员5000余人次，依法拆除危房36栋、乱搭建300多处，总面积超过3万平方米。

另一方面是广泛动员宣传，群众热情空前高涨。开展全方位、多渠道、深层次宣传动员，并把每周的周一、周三、周五定为全民清扫日，发动群众参与人居环境整治超过3万人次。开展“最美志愿者家庭”“最美志愿者”评选活动和“聚焦‘百千万工程’我心目中的安铺”青少年绘画比赛。广泛动员社会力量，发动乡贤捐助36台电动车开展“百骑进百巷”人居环境整治巡查，结对企业广东广基建设集团有限公司捐赠60万元建设古镇驿站停车场。“人人参与、全民共建”的氛围正在加速形成。

## （三）转型升级产业，增强经济活力

没有落后的产业，只有落后的思维和技术。安铺镇坚持把发展作为第一要务，大力推进产业转型升级，积极培育新动能，不断提高发展质量和效益。安铺镇持续加大招商引资力度，2023年全镇共引进投资项目13个，签约金额达9.02亿元。完成食品工业产业园征地，正在推进园区规划建设。推动莲香世家等本土企业发展壮大；打造广东省丝苗米品牌，水稻种植面积达6万亩；博教禾虫养殖扩展至2000余亩，年产值达5万千克；国峰水产养殖面积400多亩。打造水泥厂创意园、古镇金街等10个美食集聚地。安铺镇以“智农食谷”为主题，打造了家具、食品、现代物流、商贸、休闲、娱乐等特色主导产业，形成了华强家具、安铺鸡、安铺年糕、安铺白切鸡等一批具有市场竞争力和品牌影响力的企业和产品，为安铺镇的经济社会发展提供了强有力的支撑。安铺镇还积极引进和培育了一批新兴产业项目，如中蕴集团的“智农食谷”特色小镇物流板块项目、广东丝苗米品牌项目、“渔光互补”综合体项目等，为安铺镇的产业发展注入了新的活力。

## （四）打出创意品牌，加速城乡融合

安铺镇深化产业与旅游、文化、生态的多元融合，旨在以文旅激活经济潜力，挖掘并传承农耕、航海、商贸、美食及红色文化等独特资源。该镇不仅讲好了“安铺故事”，丰富了旅游的文化内涵，提升了旅游品质与吸引力，更走出了一条特色文化创新的发展道路，开创了全新的发展格局。连续多年举办的美食文化节等民俗活动，已成为展示安铺镇民俗文化的重要名片，也赢得“全国卫生模范镇”“省体育之乡”“中国十大最具影响力美食名镇”等一系列荣誉称号，充分展现了安铺镇经济社会发展的旺盛活力。

面对时代的快速发展和企业竞争的加剧，安铺镇积极应对港口优势的逐渐减弱和镇属企业的淘汰挑战，从工业强镇成功转型为以文旅、商业为主的粤西旅游大镇，同时也遗留下了一些空置的厂房资源。近年来，安铺镇政府抓住机遇，主动作为，成立了专门的工作组来整合这些闲置资源。通过工改商、工改工等创新模式，成功地将这些空置的厂房重新整合，并全面盘活，发展成为充满创意的产业园区，让这些旧址焕发出新的生机。

贯日文化创意产业园便是一个典型的例子。该产业园总占地面积140亩，建筑面积3.5万平方米，是一个以古船木文化为主题，以“工业带动旅游，旅游助推工业”为发展模式，集办公、休闲、美食、观光、购物于一体的产业园区，目标是成为安铺镇副中心。这里是周边群众休闲娱乐的好去处，是游客们领略安铺古船木文化和美食文化的打卡地，是创业者们为梦想奋斗的大舞台，是优秀民营企业的孵化器，更是推动安铺镇高质量发展的重要载体。安铺粮所美食坊和水泥厂创意园同样值得一提。前者通过巧妙地融入粮仓元素和各个年代的特色，打造出了一个充满历史韵味的美食打卡地；后者则将一个废弃的水泥厂变身为一个集休闲、娱乐、教育等多功能于一体的创意园区，为市民提供了便捷的服务和丰富的休闲体验。这些创意园区的成功打造，不仅盘活了闲置资源，更为安铺镇的发展注入了新的活力，使其成为周边地区的新名片。

## 三、凸显特色，融合发展成效优

安铺镇作为广东省“百千万工程”创先类典型镇之一，积极响应乡村振兴战略，以创建全国特色小镇为契机，高规划、高标准、高质量全面推进安铺全国特色小镇建设，在城乡区域协调发展上取得突出成效。

### （一）城乡融合成效显著

一方面，安铺镇特色小镇建设紧密结合当地的资源优势和产业基础，通过发展特色产业、提升公共服务水平、改善生态环境等方式，打造了一个具有鲜明特色的小城镇。通过挖掘和利用当地的资源优势，结合现代农业、文化旅游等新兴产业，安铺镇成功打造了一个具有鲜明特色的产业体系。这种以特色产业为引领的发展模式，不仅提升了镇域经济实力，也促进了农村产业转型升级，为城乡融合发展奠定了坚实的产业基础。安铺镇特色小镇建设注重基础设施和公共服务的完善，通过加大投入，改善交通、水利、电力等基础设施条件，提升教育、医疗、文化等公共服务水平，为城乡居民提供了更加便捷、更加舒适的生活环境。安铺镇加快推进项目建设，完成河湛大道、体育路、安顺大道、河边街等“白改黑”工程，全镇完成道路“白改黑”面积超4.5万平方米，新铺设污水管网70公里，新建公共停车场4个，新增停车位140个。美丽圩镇“七个一”建设提档升级，完成入口通道标识主题公园主体建设，建成古镇绿道二期，通道沿线增设“百千万工程”宣传灯旗，完成灯光亮化和景观绿化改造提升；建成总面积1100平方米的集历史沿革、规划展示、建设成效、特色展示、休闲会客等功能于一体的古镇驿站（美丽圩镇客厅），并配套停车功能区；完成面积7000平方米的农贸市场升级改造和周边环境提升，建成具有安铺骑楼风格的临时摆卖区交易平台，对沿街商铺披檐、外墙进行统一风貌改造；建成安铺碧道1.5公里，建成观潮长廊、休闲栈道、健身步道以及2个休闲平台，增设河边停车功能区，并将国资老房屋改造成休闲娱乐场所。大力推进镇村绿化，坚持见缝插“绿”，增绿补绿13000多棵，建设西坡古树公园、游泳池主题公园，推动西坡村、坡贞塘村2个典型村示范建设，延伸打造10公里绿美生态长廊，打造“开门见绿、移步换景”绿美安铺。这种因地制宜以提高乡村建设水平为核心的城乡融合发展模式，不仅促进了当地经济的快速增长，也带动了周边地区协同发展，为乡村振兴提供了强有力的支撑。

另一方面，安铺镇特色小镇建设注重文化传承与创新，深入挖掘和弘扬当地的历史文化，将文化元素融入城镇建设的方方面面。这不仅丰富了城镇的文化内涵，也提升了城镇的文化品位，为乡村振兴注入了新的活力。截至2024年3月，安铺食品小作坊正集中力量进行加工示范区建设，贯日文化创意产业园、水泥厂创意园、古镇食街、活力美食城、粮所美食坊、古镇金街、关帝庙小食街、骑楼老街特色美食圈、不夜天美食城等10

个美食集聚地陆续完工投用。

安铺镇在特色小镇建设中，坚持以改革创新为动力，不断优化发展环境，激发发展活力。安铺镇积极探索城乡融合发展的新路径，建设食品小作坊集中加工示范区，推动安铺鸡申报注册地理标志证明商标，打造安铺鸡特色文化产业园等项目，为发展现代农业产业提供区域商标品牌支撑，进一步擦亮特色农产品和美食文化品牌。安铺镇还注重产业与旅游、文化、生态等的融合发展，通过打造贯日文化创意产业园、安铺食品小作坊集中加工示范区、安铺鸡特色文化产业园等项目，为安铺镇的特色小镇建设增添了新的亮点。同时，充分体现了政府、企业和社会各界的协作与配合。政府加强政策支持和引导，企业提供资金和技术支持，社会各界积极参与建设和管理，形成合力推进的良好局面。这种多元主体参与的模式，为特色小镇建设注入了新的活力和动力。安铺镇的创新模式，为广东省特色小镇建设提供了新的思路，彰显了广东省特色小镇建设的创新模式。

### （二）展望前景无限美好

安铺镇在城乡融合发展中，坚持以人民为中心，不断提升民生福祉。展望未来，安铺镇特色小镇建设将继续发挥引领和示范作用，推动城乡关系更加和谐，实现共同富裕。

一是抓特色产业发展。以食品工业园、预制菜产业园区等为载体，加快招商引资，盘活利用旧厂房，引进质量好、效益高的工业企业。做大做强食品产业，致力于打造廉江百亿食品产业集群龙头。培育广东省丝苗米、博教禾虫等一批农产品品牌，打造“圩镇—安铺河碧道—生态水产养殖基地—万亩农业产业观光带—圩镇”环形生态旅游观光带，展示安铺镇特色产业，带动生态农业和文旅发展，促进三产融合发展，为群众提供更多的就业机会，助力乡村振兴。

二是抓人居环境整治。持续推进美丽圩镇“七个一”建设提升，加强圩镇风貌建设管控，加强镇区农房风貌管控，整治违搭乱建现象、三线乱拉乱接等问题。加快推进骑楼老街整体改造工程；整体推进农贸市场周边风貌提升，统一设计，统一风格；对人民大道、工业大道沿线共55栋房屋的外立面进行统一改造提升，推进水流村和洪坡村农房风貌示范点建设工作。发展安铺锣鼓、安铺八音等民间技艺，举办具有安铺特色的春节、元宵、端午等文旅节庆活动，促进乡村文化资源与新产业形态和新消费业态融合发展。广泛实施植树添绿工程，在主干道路两旁增设绿植和花带、打造绿化停车区和立体花圃，推动建设古镇生态绿美公园。

三是抓公共服务提升。坚持镇村一体化发展，着力建设完善的服务圈、兴旺的商业圈、便捷的生活圈。以项目建设为抓手，推动城市更新，完善功能配套，提升圩镇品质，进一步强化圩镇联城带村节点功能。

四是抓社会力量参与。自安铺镇开展“百千万工程”以来，为了更好地凝聚志愿服务力量，号召常青志愿者、“河小青”志愿者、返乡大学生志愿者等志愿群体积极投身典型镇创建工作。例如，为用好用活“银发力量”，为安铺“百千万工程”典型镇建设“引流”“活源”，安铺镇号召数十名身体健康、乐于奉献、较有威望的“银发力量”就近开展监督巡查和劝导纠正工作，协助政府监督在建项目、美丽圩镇建设，开展“百千万工程”宣讲活动。安铺镇广泛宣传动员，调动社会力量参与推动“百千万工程”典型镇建设，努力在全省“百千万工程”典型镇建设中走在前列。

## 四、安铺启示

安铺镇在城乡产业协同中不断创新，通过打造高能级平台，强化了城乡产业的联动发展，构建了共建共享的城乡融合发展共同体。该镇不仅挖掘和传承了丰富的历史文化资源，提升了旅游吸引力，还通过大力推进产业转型升级，培育了新动能，提高了发展质量。依托特色资源，推进了一二三产业的深度融合与协同发展，打造了多个创新的城乡融合发展品牌。安铺镇在推进乡村振兴、新型城镇化和促进城乡融合中展示了独特做法，具有新型城镇化的典型意义，既展现了“百千万工程”的实践力量，也展现了广东省特色小镇建设的创新模式。

## （一）高标准开展顶层设计

安铺镇找准发展着力点，围绕高标准规划，在转型升级产业、打出创意品牌、激发发展动力、提升城镇品质等多方面进行了有效探索，建立了城乡产业协同发展平台、生态产品价值实现机制和农民持续增收机制，坚持农业农村优先发展和城乡融合发展，全面推进乡村振兴和新型城镇化。

安铺镇全力以赴抓好“百千万工程”落实，抓好顶层设计，认真贯彻实施，做到谋定而后动，一批可复制、可推广的典型经验正在加快形成，一批城乡融合项目正在加速建设，部分领域已形成一定的品牌效应。特别是强化《廉江市安铺（横山）镇总体规划（2018—2035年）》修编，落实《湛江市廉江市安铺镇典型镇（中心镇）建设规划（2023—2025 年）》，加速建设“宜商宜游宜业宜居的现代化特色滨海小城市”，形成了一系列有效率的方法并取得良好成效。安铺镇的经验表明，高标准的规划对于城镇的发展至关重要。通过制定科学、有前瞻性的规划，安铺镇作为一个县属镇，锚定打造“小城市”的目标，明确了其发展定位、空间布局、功能分区和建设控制等，为城乡融合发展提供了科学指导和规范保障。因此，在广东镇域融合发展中，应始终坚持规划先行、谋定而后动，确保规划的科学性和实施的有效性，以规划引领和推动镇域发展。

## （二）促进实现生态产品价值

安铺镇依托得天独厚的自然资源，打通了历史文化与自然资源向资产资本转化的渠道。其成功也归功于不断优化的发展环境及创新改革机制。该镇探索的城乡融合发展新路径，特别是产业与旅游、文化、生态的深度融合，为广东镇域发展注入了绿色发展新活力，通过改善基础设施、提升城镇品位及宜居水平，显著提高了民生福祉。因此，在广东镇域融合发展中，应注重改善民生，提高人民的幸福感和获得感。

## （三）以三产融合促进产业转型升级创新发展

安铺镇在城乡产业协同发展中不断创新，通过打造高能级平台，强化城乡产业联动发展，形成共建共享的城乡融合发展共同体。安铺镇依托特色优势资源，不断推进农村一二三产业深度融合、协同发展，有效打出了多个创意型城乡融合发展品牌。安铺镇挖掘和传承丰富的历史文化资源，提升了旅游魅力，形成了特色文化和旅游的融合发展模式。这表明，文化是城镇发展的重要资源和优势。因此，在广东镇域融合发展中，应充分利用各镇独有的文化资源，通过文化传承与创新，推动文化与旅游、产业等的深度融合，提升城镇的品位和吸引力。安铺镇通过大力推进产业转型升级，培育新动能，提高了发展质量和效益。特色主导产业的培育和新兴产业项目的引进为安铺镇经济社会发展提供了强有力的支撑。这一点告诉我们，在推动广东镇域融合发展时，必须注重产业结构的优化升级，通过引进和培育具有竞争力的产业，增强经济活力和发展动力。

# 第六章

# 文旅融合探索高质量发展新模式

## 第一节　茶山镇：文旅融合焕发名镇新活力

茶山镇位于东莞市中北部，坐落于东江支流寒溪河畔，地处广深港澳科技创新走廊，2017年被纳入松山湖片区统筹组团发展。茶山镇总面积45.4平方公里，下辖16个村和2个社区。截至2023年末，常住人口约30万人，户籍人口约6.6万人。茶山镇是全国文明镇、国家卫生镇、中国食品名镇、广东省"维稳工作示范点"、广东省园林城镇、广东省生态镇、广东省教育强镇、广东省休闲农业与乡村旅游示范镇，广东省"百千万工程"首批典型镇。茶山镇位列2023年度全国千强镇第68名。

茶山镇把整个镇域作为文旅融合"大景区"打造，促进城市品质产值和内涵双提升，使得"田园变公园""盆景成风景"。茶山镇以其特有的改革创新打出了文旅融合品牌，这使得老牌名镇焕发出文旅新活力。

### 一、发挥历史文化资源优势，夯实文旅融合发展基地

茶山镇历史悠久，人文底蕴深厚。据《茶山乡志》记载，南北朝梁武帝（502—549年）时，有僧人于铁炉岭建雁塔寺，寺僧沿山种茶，因此得名茶山。茶山镇是元朝官员何真的封地，也是清朝文顺乡的所在地。茶山

镇拥有南社村、超朗村两个国家级传统村落，以及东岳庙、雁塔寺、麦屋古村等众多历史文化遗迹，是广东省“百千万工程”首批典型镇，也是东莞市的文化名镇。茶山镇先后涌现出抗元英雄叶永清、理学家林光、建威将军谢遇奇等杰出人物。拥有南社明清古村落、牛过蓢古村落、东岳庙等历史古迹，华美食品、莞府腊味文化生活馆等工业旅游景点，以及茶园游会、茶山公仔、茶山绸衣灯公、南社九大簋、广式月饼制作技艺、南社斋醮、茶园松糕制作技艺、白眉拳、茶山腊肠制作技艺、巢础制作技艺等10项非遗项目。其中，南社明清古村落先后获得中国历史文化名村、全国重点文物保护单位、全国乡村旅游重点村、国家4A级旅游景区、全国文明村等14项国字号荣誉称号及广东省文旅融合发展示范区、广东省文化和旅游特色村等16项省级荣誉称号，并于2020年被写入《粤港澳大湾区文化和旅游发展规划》，成为国家战略的组成部分。

近年来，茶山镇依托丰富的历史文化资源，主动融入粤港澳大湾区建设，以打造粤港澳大湾区传统文化实践地为目标，不断提升竞争力和影响力，在粤港澳大湾区建设中实现“弯道超车”。大力推动城市品质提升，完成45.8万平方米彩色林建设，新建改建公厕73座，完成东岳公园、茶山公园、新城公园等32个公园的建设和升级改造，建成街头小景56个，全镇绿地率达47.3%。深化京山渠、茶山内河等内河涌整治，建成碧道18.31公里，科学布局4座分散式一体化污水处理设施，补齐污水处理能力缺口，天蓝地绿水清成为常态。大力实施乡村振兴战略和“百千万工程”，完成一批人居环境改善项目，涌现出红色寒溪水、书香粟边、龙狮刘黄、生态博头、友善冲美、孝德南社等各具特色的乡村新名片，全镇所有村区达到干净整洁村、美丽宜居村标准，南社村、超朗村、寒溪水村成为东莞市首批特色精品示范村，博头、冲美、粟边村培育成为东莞市特色精品村。

茶山镇区位优势明显，交通发达便捷。茶山镇距离东莞市区约10公里，距离广州、香港均约70公里，区位优势明显，交通发达便捷。铁路及轨道交通方面，东莞火车站位于茶山镇与石龙镇交界处，是广深线东莞境内功能最完善、办理客车对数最多、旅客发送量最大、能够直接服务于东莞中心城区的车站。东莞火车站路线以广深城际铁路为主，兼顾部分长途旅客列车，实现动车、地铁、高铁无缝对接，在东莞火车站搭乘动车约30分钟可以直达广州，50分钟可以直达深圳，1小时左右可以直达香港，形成穗莞深港“一小时生活圈”。轨道交通2号线以东莞火车站为起点，以虎门火车站为终点，途经石龙、茶山、东城、莞城、南城、厚街、虎门。公路方面，从茶山镇通过的省道有2条、县道有3条、村道有75条。莞龙路、石大路、环城路、生态园大道等公路与铁路、轨道交通相结合，使茶山镇与珠三角周边城市紧密联系在一起。

生态方面，茶山镇是东莞市的重要生态屏障和绿色水库，地处东江南支流的上游，拥有寒溪水等水资源，水质达到国家Ⅱ类标准。茶山镇的森林覆盖率达到50.6%，是东莞市森林覆盖率最高的镇区之一。茶山镇还拥有东莞市最大的生态园，占地面积达10.5平方公里，是东莞市的重要生态示范区和生态教育基地。

茶山镇是东莞市的农业大镇，拥有广东省最大的荔枝基地之一，以及一批香港和台湾的现代农业项目。茶山镇也是东莞市的工业强镇，拥有玩具、制衣、电子、五金、食品等30多个行业，形成了以玩具业为代表的产业特色。茶山镇还是东莞市的创新活跃镇，拥有东莞市唯一的国家级高新技术企业孵化器，以及一批具有自主知识产权和创新能力的科技企业。2023年，全镇实现地区生产总值210.73亿元。茶山镇企业众多、经济发达、食品产业实力较强，有大型食品饮料生产企业及配套企业约80家，其中有全球著名的烹调品生产企业雀巢美极、全国著名的月饼生产企业华美食品、零食生产企业新盟食品、香港休闲食品制造商嘉顿、香港知名餐饮品牌太兴饮食集团等。镇内设有集食品研发培训、食品检测、电商创业服务于一体的食品专业镇创新服务平台，食品安全满意度测评名列全市前茅。2021年入选东莞市食品饮料产业集群核心区。茶山镇还是创新创业名城，吸引了全球10多个国家和地区的外商前来投资，拥有外资企业262家，投资总额13.35亿美元，从业人员2.8万人，基本形成以电子、服装、五金、玩具等产业为支柱的外向型现代化产业体系。民营经济发展壮大，全镇共有市场主体约3.3万家（户）。其中，民营企业约1.3万家，个体工商户约1.9万户。全镇共有高新技术企业243家。茶山镇全力支持企业开拓市场，积极开展“乐购茶山”促消费活动，茶园商城直播基地获评首批东莞市示范型电子商务直播基地。

茶山镇是基层善治名镇，全镇政务服务事项全面进驻政务服务中心，实现“一门集中”“一窗通办”，切实打通企业办事“最后一公里”。全镇教育质量稳步提升，共有中小学13所、幼儿园28所，其中12年一贯制学校1所。近年来，茶山镇投入6亿余元，对全镇公办中小学校进行扩容提质建设，公办学校户籍人口小学和初中的入读率分别达到95%和90%。全镇有二级甲等综合性医院1家，社区卫生服务机构“一中心八站点”完成标准化建设，真正形成“15分钟健康服务圈”。茶山医院与中山三院、暨大附一院建立了5个紧密型医学专科联盟，市民群众在茶山医院即可享受省内顶尖医疗团队的诊疗服务，同时具有临床护理、骨外科（手外科）、重症医学科、泌尿外科、脾胃病科5个市级临床重点专科，中医护理1个市级特色专科。民生服务保障扩面增效，特殊群体帮扶服务实现全覆盖。传承和发扬新时代“枫桥经验”，成功创建全省首批“维稳工作示范点”，探索实施“全科网格1＋5＋N”精细化管理模式，打通“智网工程”与“驻点联系”两大系统，问题隐患处置率从59%提高到100%，2023年获颁广东省首批“平安鼎”。

茶山镇拥有良好的文旅融合发展基础与条件，通过充分挖掘其厚重的历史文化底蕴资源，借用优越的自然生态优势，形成以文旅融合发展为特色，以建立现代产业体系为目标的“百千万工程”推进思路。目前，茶山镇多条文旅线路入选广东省乡村旅游精品线路、“走读红色东莞”主题旅游线路、东莞市亲子研学游线路，茶园游会入选国家级非物质文化遗产代表性项目名录，累计吸引国内外游客近500万人次。

## 二、强化规划统筹、科技赋能，推进文旅融合发展

茶山镇独具文旅资源的亮点，有力吸引来自四方的游客，通过实地体验总结出一条茶山镇旅游路线：上午游南社古村落，中午到牛过蓢品松糕，下午去寒溪水听故事，接着到太兴茶餐厅文化体验馆吃下午茶，再到华美工业景点体验糕点DIY，傍晚去上元稻田公园感受稻花香，晚上回南社体验美食和民宿。茶山镇抢抓广东“百千万工程”机遇，全面推进文化旅游深度融合，打造粤港澳大湾区优秀传统文化实践高地、特色文旅小镇，形成了以文旅融合赋能高质量发展的“茶山模式”。

### （一）“1+4+N”布局文旅融合发展

茶山镇根据其特有的历史文化资源及工业实力，从顶层设计上谋划了文旅发展“1 + 4 + N”策略。即把南社古村作为“1”个文旅发展核心，融入非遗传承、文化展演、文创美食、民宿体验这“4”大要素，串联辖区寒溪水红色景点、牛过蓢古村落、华美工业景点、上元稻田公园、东岳公园等N个网点，使文化非遗与旅游发展互相促进、相得益彰。其中，南社明清古村落已获“中国历史文化名村”“全国重点文物保护单位”等14项国字号荣誉称号和16项省级荣誉称号。茶山镇深化南社优秀传统文化主题景区建设，围绕“逛古建、听粤曲、赏非遗、品美食”，打造“一古建一特色”“一祠堂一文化”“一路线一体验”模式，形成传统美食制作体验、非遗大讲堂、茶山·南社传统文化月等多个特色文旅体验项目。寒溪水村依托红色革命教育基地，主打红色品牌，打造“红色 + 古村”“红色 + 农业”“红色 + 文创”实践教育精品线路。上元稻田公园以水稻为主题，是茶山镇生态文明实践基地、首批新时代文明实践点之一，已成为全市有名的网红打卡点，东莞乃至周边市区众多游客都前来观赏、拍照，了解农耕文化、体验生活。目前，茶山镇拥有南社明清古村落、牛过蓢古村落、寒溪水村古民居、东岳庙等文化旅游景点10个，茶园游会、南社斋醮、茶山公仔等丰富多彩的特色民俗活动和非遗项目10项，并建成全省首批、全市

首家“两中心融合试点”等文旅综合服务阵地。

## （二）坚持以工业化思维实施文旅名镇策略

茶山镇的工业化路径是打造食品名镇，核心是持续打造特色食品产业品牌，不断加快推动食品饮料产业数字化转型升级，打造升级版“中国食品名镇”。茶山镇是“中国食品名镇”“广东省技术创新专业镇（食品类）”，食品饮料产业是茶山镇的传统优势产业，也是茶山镇的重要经济支柱。茶山镇充分用好工业化思维发展文旅产业，通过加快企业数字化转型升级，加速培育壮大优势产业集群，特别是引进高端文旅产业项目。茶山镇举行湾区传统文化活态体验区项目战略合作协议签约仪式，茶山镇文化旅游开发有限公司与深圳百师园文化产业有限公司签订战略合作协议，打造湾区传统文化活态体验区。茶山镇的一个个景点不仅是一张张旅游名片，更是带动文旅产业发展的有效平台和载体。茶山镇想方设法引进优质文旅产业项目落地，延伸和壮大文旅产业链条，既传承活化传统文化，又助力乡村产业全面振兴。目前，茶山镇已经分别与深圳百师园文化产业有限公司、深圳文化产权交易所等高端文产企业签订战略合作意向书，吸引投资超6亿元，联合打造湾区传统文化活态体验区、东莞茶山古建文化园区等项目，大力开发特色非遗交流展示体验、古建及艺术交易平台、“学研行”系列体验、特色民宿、餐饮娱乐、艺术文创等高端文旅产业项目。湾区传统文化活态体验区位于南社村，计划分三期投资。第一期投入开发的文化项目包括：将宝树楼打造成“东莞市粤港澳大湾区非遗博物馆”，将南贵坊打造成国家级非遗传承人“百师名宿”，将西门市场打造成“非遗集市”，在宝树楼周边空地打造“非遗广场”及“非遗露天舞台”，等等。第二期、第三期将深入打造粤港澳大湾区传统文化旅游目的地。东莞茶山古建文化园区项目位于超朗村，以牛过蓢古村落的抢救、保护、复建、传承、活化、利用为目的，主要围绕汉、唐、宋三朝时代背景，以酒肆、书房、茶社延伸为精品民宿、品牌餐饮、艺术文创为品牌特色，以主题民宿、古建及艺术交易中心、“玉玲珑”玉文化艺术交易中心、砖雕石雕构件交易中心为主要业态，计划建立集国际精品民宿区、餐饮娱乐区、文创中心于一体的文化园区，推动古村活化、产业振兴发展，文旅融合及其产业发展获得生机。

### （三）以数字赋能强化游客互动性和体验感

在“美丽茶山幸福游会”2022年云上茶园游会中，茶山镇创新性地将茶园游会搬到线上，推出一系列集科普、观赏、互动娱乐功能于一体的线上活动项目，吸引了众多市民线上打卡。据统计，云上茶园游会仅H5一项，访问量就达10.5万人次。这是茶山镇推动文旅数字化发展的一次有益尝试。近年来，随着数字化科技的覆盖普及，文旅产业从以往的资源驱动迈向科技创新驱动。茶山镇积极探索利用数字化技术对景区、展览等进行宣传、解读，强化游客的互动性和体验感。茶山镇创新智慧旅游宣传，推进以数字化、网络化、智能化为特征的智慧旅游，开发全市首个掌上旅游、MARO 720全景VR导览，游客只需要打开手机扫一扫二维码，即可在掌上720°游览茶山旅游景点。在“12306”和高铁电视等平台展播茶山文旅信息，2020年8月13日至20日获得500万人次曝光量；2021年1月，茶山文旅高铁电视宣传影响超1709万人，实现品牌曝光与引导旅游双重效果。茶山镇推出能带走的茶山文旅手信，联合镇内景点及大型商场推出“茶山故事”“茶园故事”“南社故事”系列，以及莞香手信、东莞南社百岁茶等手信，参加高端专业展会，推广南社明清古村落、华美食品、莞府腊味、太兴茶餐厅及茶园商城等本土特色产品。

## 三、成效与展望

茶山镇依托优越的区位条件，保持定力、凝心聚力、攻坚克难、乘势笃行，实施“百千万工程”，交出了一份“稳中有进、稳中向好”的高质量发展合格答卷，2023年茶山镇产业转型升级迈上新台阶，“科技创新+

先进制造”达到新水平，“百千万工程”展现新气象，民生福祉增进实现新提升，社会保持和谐稳定新局面。2023年，茶山镇连续9年获评东莞市领导班子工作优秀镇（街），获得7个全市单打冠军，综合实力排名全国千强镇第68位、广东百强镇第24位。

### （一）加快数字化转型，文旅融合持续深化

茶山镇距今已有1500年左右的历史。南社明清古村落始建于南宋，至今已有800多年的历史。村内现存的古建筑以明清古建筑为主，占地面积11万平方米，是我国迄今保存较为完好的明清古建筑群之一。古村落现存祠堂30间，古民居250多间，构成具有浓郁珠江三角洲特色的文化景观，保留了大量石雕、砖雕、木雕、灰塑及陶塑建筑构件，具有较高的艺术价值。南社明清古村落先后获得“国家4A级旅游景区”“全国特色景观旅游名村”“全国重点文物保护单位”“中国景观村落”“中国民族优秀建筑——魅力名村”“中国历史文化名村”“中国传统村落”“广东省古村落”“广东省旅游特色村”“广东省最美乡村”“广东省最具史迹典范村落”“东莞文物八景南社遗韵”“东莞市国民旅游休闲计划示范单位”“东莞新十景”等称号。

近年来，茶山镇针对文旅、食品和玩具等特色产业，通过加快数字化转型升级、实施融合发展策略、加速培育壮大优势产业集群，推动食品饮料产业不断集聚发展，培育多家品牌企业成为全国食品饮料行业细分市场的龙头。可以说，茶山镇的文旅融合、数字化产业转型之路，为东莞市乃至广东省的传统产业转型升级和数字经济发展树立了典范。

### （二）深入推进新型工业化，助力高质量发展

茶山镇坚持“激活存量、扩大增量”两手抓，聚焦“科技创新＋先进制造”，全力推进新型工业化，狠抓传统产业数字化转型升级，还大力发展战略性新兴产业。茶山镇是“中国食品名镇”“广东省技术创新专业镇

（食品类）”，食品饮料产业是茶山镇的特色产业和传统优势产业，也是茶山镇的重要经济支柱。目前，全镇拥有食品及相关配套企业85家，食品行业产品涉及糖果、饼干、点心、调味品等15个大类2000多个品种，食品行业从业人员约3万人，初步形成了以制造、销售及其他产业配套为一体的食品产业集群。全镇食品企业共有国内各类名牌称号6个，其中中国驰名商标1个、广东省著名商标3个、绿色食品2个。电子信息产业也是茶山镇的重点产业，2013年茶山镇被中国电子商会授予“中国电子信息产业名镇”荣誉称号。全镇现有电子生产企业286家，包括蔼司蒂电工材料、特新集团、森玛仕格里菲电路等世界知名企业，主要生产电子元器件、半导体、电路板制造、通信产品零配件等，为华为、小米、TCL、康佳等知名品牌提供供应链产品。近年来，茶山镇深入推进高质量产业招商三年行动计划，围绕新一代信息技术、高端装备制造、电子信息等重点产业，物色招引优质龙头企业，加快培育具有生态主导力的大型链主企业，推动产业链相关企业聚集，让更多高附加值产业链企业在茶山镇发展壮大，打造推动高质量发展的新增长极。

## （三）以拓空间为抓手，发展壮大新型农村集体经济

茶山镇为了解决留用地核定和兑现落地难的问题，全面摸查梳理全镇11个村2023年以前未核定留用地情况，推动各村将1000亩历史留用地纳入旧改项目开发建设，留用地项目落地已初见成效。浩瀚原电子城、龙智茂实业有限公司等项目是通过村企合作的方式进行开发的，为村集体和村民带来了更多的收益和福利，实现了村企共赢、城乡共同富裕。茶山镇的村企合作之路，为东莞市农村集体经济的发展和农民增收提供了路径。

展望未来，茶山镇将以“百千万工程”为统领，坚决破除发展中的一系列瓶颈问题，千方百计稳增长、促投资、推项目，实现镇村经济再上一个新台阶。茶山镇将以打造东莞市食品饮料产业集群核心区为契机，加大品牌宣传力度，强化资源要素共享，做大做实文旅融合发展，以昂扬和奋

斗担当的姿态开启现代化茶山建设新征程。

## 四、茶山启示

茶山镇依托文旅融合推动高质量发展的经验与启示，对其他镇域来说具有重要的借鉴意义。主要体现在以下三个方面：

### （一）挖掘与传承历史文化是文旅融合的基石

茶山镇深刻认识到历史文化是文旅融合发展的灵魂。茶山镇通过深入挖掘南社明清古村落、东岳庙等历史文化遗产，成功打造了一批具有地方特色的文旅品牌，不仅吸引了大量游客前来观光游览，也提升了镇域的文化软实力。同时，茶山镇注重历史文化的传承与创新，通过举办各类文化活动，让传统文化在现代社会中焕发出新的活力。这一经验启示各地区在文旅融合发展中，要深入挖掘和传承历史文化，打造具有地方特色的文旅品牌，提升镇域的文化影响力。

### （二）联动发展是实现文旅融合的关键

茶山镇通过推出“1 + 4 + N”规划布局，将各个文旅景点和网点有机串联起来，形成了文旅融合发展的良好态势。在推动文旅融合时，应注重镇域内各文旅资源的整合与联动，形成优势互补、共同发展的格局。通过加强区域合作，打破行政壁垒，实现资源共享和互利共赢，推动镇域文旅产业整体提升。

### （三）数字化为文旅融合注入新动能

茶山镇文旅融合的成效展现了数字化和科技化在推动高质量发展中的重要作用。茶山镇积极运用数字化技术提升游客的互动性和体验感，同时以科技化为抓手实施文旅融合策略。在推动文旅融合时，应充分利用现代科技手段提升文旅产业的创新能力和服务水平，通过数字化、智能化等技术手段的应用，提高文化旅游产品的科技含量和附加值，为游客提供更加便捷、高效、优质的文旅体验。

## 第二节　珠玑镇：农文旅融合赋能古镇新生

珠玑镇隶属广东省韶关市南雄市，位于南雄市中部，距离南雄市城区9公里，东接邓坊镇、湖口镇，南邻雄州镇，西通全安镇、帽子峰镇，北邻江西省大余县，总面积222.5平方公里。下辖1个社区、22个行政村。截至2019年末，户籍人口4.61万人，常住人口2.31万人。

明朝时期，珠玑镇分属灵潭都、修仁都。1986年，改为珠玑镇。珠玑镇是广府人的发祥地，是中原通往岭南的重要关隘，是中华民族拓展南疆的中转站，是海上丝绸之路与陆上丝绸之路的连接线。

近年来，珠玑镇坚持以习近平新时代中国特色社会主义思想为指导，全面贯彻党的二十大精神，深入贯彻落实习近平总书记视察广东重要讲话、重要指示精神，全面落实《中共广东省委关于实施“百县千镇万村高质量发展工程” 促进城乡区域协调发展的决定》，按照市委、市政府工作部署，突出抓好基层党建、产业发展、乡村建设、基层治理、生态建设五条主线，立足于珠玑镇独特的文旅资源优势，高标准、高要求、高质量推进珠玑镇各项建设工作。

### 一、立足优势，以农文旅融合全面推进“百千万工程”

珠玑镇地处南粤之北，与江西为邻，昔日是大庾岭南麓昔日的交通重镇。唐代名相张九龄开凿梅关古道后，珠玑镇便成了海上丝绸之路和陆上丝绸之路的连接地，是中原人往珠三角迁徙的必经之地，也是广府文化与客家文化的交汇点。珠玑镇历史文化底蕴深厚，旅游资源、民间艺术种类丰富，传承群体众多，全镇现有55处不可移动文物（其中，全国文物保护单位1处、广东省文物保护单位3处），近年来，先后获得“全国重点镇”“全国文明村镇”“省历史文化名镇”“省著名文化之乡”“省民间文化艺术之乡”等称号。

珠玑镇既有丰厚的传统文化资源，又有得天独厚的绿色资源，还有轰轰烈烈的红色文化资源。位于珠玑镇的珠玑巷是广府人的发祥地，古巷全长只有1500多米，巷子里基本上一栋建筑就是一个姓氏。从珠玑镇迁徙海内外的“珠玑后裔”超过8000万人。

梅关古道是中原通往岭南的重要关隘，是中华民族拓展南疆的中转站，是海上丝绸之路、陆上丝绸之路的连接线。在“一带一路”建设、历史文化遗产活化、文化旅游兴起、南粤古驿道保护利用等新形势下，湮没在历史中的古驿道重新引起了关注。梅关古道被纳入广东省六号绿道、南粤古驿道保护利用示范段，入选“全国红色旅游经典景区名录”。珠玑镇开展了古驿道沿线地区的环境整治，保护修复沿线自然生态环境、古驿道本体及沿线建筑遗存。2016年6月，梅关古道被评为“中国十大古道”的“最佳保护古道”。

珠玑镇是国家长征文化公园广东段的核心区所在地，这里的山山水水见证了革命者火红的峥嵘岁月与万丈豪情。在风起云涌的革命战争年代，孙中山领导的两次北伐皆由此挥师北上；毛泽东、朱德也曾率红四军转战梅岭，组织了著名的水口战役；陈毅、项英在这里领导了艰苦卓绝的三年游击战争，脍炙人口的《梅岭三章》就是陈毅在珠玑梅岭创作的诗篇。

珠玑镇一直以来都是产粮大镇，是广东省“一村一品、一镇一业”优质稻专业镇、南雄市丝苗米省级现代农业产业园建设核心区，耕地资源丰富，水源条件成熟，粮食品种优异，常年优质稻的播种面积在4.14万亩以上，主要品种为常规优质稻“米香粘”，该品种亩产为450～550千克。2020年珠玑镇农村居民人均可支配收入达26580元，比2019年增长5.5%；全镇优质稻产业总产值为17920万元，占全镇农业生产总值的40%以上；全镇优质稻从业农户数量在13000人左右，占常住农户数的55.01%以上，且近3年优质稻产业从业人员人均可支配收入增长率均超过10%。全镇优质稻产业呈现出机械化率高、绿色种植、高产高效、产业融合发展势头强劲等特点。珠玑镇多年来与粮油企业紧密合作发展优质稻规模种植，形成“公司＋农户”的生产经营模式，带动农民亩均增收200元。目前，全镇有生产企业8家，家庭农场12家，优质稻合作社19家，有社员96户。2023年11月，珠玑镇顺利入选广东省“百千万工程”首批110个典型镇名单。

在乡村高质量发展建设过程中，珠玑镇以“百千万工程”为抓手，统筹推进新型城镇化、新农村建设、休闲农业与乡村旅游示范带建设，深入挖掘历史文化内涵，延续传统古朴风貌，壮大文化旅游产业，提升宜居环境品质，围绕“打造优质文旅名镇、强而美中心镇样板、南雄城乡融合服务核心”发展定位，力争打造农文旅融合发展、强而美的省级典型中心镇样板，成为美丽的粤北明珠。

## 二、农文旅融合，推动珠玑中心镇高质量发展

珠玑镇历史悠久、文化底蕴深厚，如今正焕发出新的生机与活力，农业、文化、旅游三者紧密融合、相互促进，共同推动着珠玑镇的全面振兴。当前，珠玑镇已研究制定“1364”典型镇培育方案，即围绕高质量发展1个主题，聚焦提升产业发展水平、综合服务水平和综合承载能力3个重点，实施镇域经济发展、圩镇风貌提升、环境秩序整治、基础设施提标、服务功能提质和治理能力增效6项行动，加强组织领导、技术支撑、要素投入和宣传引导4个保障的工作思路，强化乡镇联城带村的节点功能，扎实推进培育省级典型镇建设工作，确保典型镇建设工作高起点谋划，各项建设任务落到实处、作出成效，力争培育农文旅融合发展的省级典型镇。

## （一）夯实文旅强镇定位，激活全域旅游品牌

为实现文旅强镇发展定位，珠玑镇充分考虑自身的资源禀赋、产业基础和市场需求，结合全国乡村旅游重点镇、省历史文化名镇、省休闲农业和农村旅游试点镇建设基础，充分挖掘珠玑古巷、梅关古道的文化价值，整合农文旅资源，融入粤港澳大湾区，连接长三角，推动粤赣区域合作、广东省北部生态发展区合作，探索农文旅融合的名镇绿色发展模式，大力发展历史文化体验、休闲康养、和美乡村旅游，激发全域旅游活力。以姓氏文化为核心，融合多元文化，力争打响“中华文化古驿站，广府原乡大珠玑”文化旅游品牌，力求打造出一个具有鲜明特色和强大竞争力的文旅名镇。

珠玑镇在孕育文旅动能时，坚持科技赋能文化。珠玑元宇宙主要由广府珠玑姓氏文化、文创产品设计作品征集活动、线上艺术长廊三大部分组成，且彼此之间相辅相成，共同构建起一个宏大的数字文化交易平台和体验空间，进而凝聚8000多万广府人后裔的力量，共同推动珠玑文旅产业发展。广府珠玑姓氏文化板块是以南雄珠玑古巷为原型，通过虚拟空间，以数字化手段展示历史上的中原士族经由梅关古道南迁至珠玑古巷，进而在此繁衍生息以及向海外发展的历史脉络。珠玑古巷迁徙出去的姓氏多达186个，繁衍后裔人数为8000多万人。珠玑古巷是全国三大寻根圣地之一，其中所蕴含的姓氏文化、寻根文化、祭祀文化等历久弥新。珠玑元宇宙的打造，不仅能为广大广府人后裔开通线上寻根溯源、祭祀先祖的通道，还将依托珠玑古巷内所蕴含的文化内容，打造系列数字文化藏品，真正实现资源资产价值化。

珠玑镇在增强文旅实力时，坚持擦亮绿色底色。珠玑镇坚持“绿”“美”并重，努力构建“林城相融、林水相映、林路相依、林人和谐”的高品质城乡绿美生态环境。自2023年6月以来，南雄市正式启动梅关古驿道绿美广东生态建设示范点项目，力求建设高质量的绿美广东生态建设综合型示范点，进一步推动城乡高质量发展。梅关古驿道绿美广东生态

建设示范点的建设期为2023—2025年，建设面积为7000亩。该示范点依托珠玑镇的区位优势、文化内涵和资源条件，以梅关古驿道为轴线，以绿美自然为支撑，以生态体验为引领，按照“三色相映、珠联璧合”的规划格局，计划将珠玑镇古驿道梅关段沿线绿色通道品质提升18公里、驿道梅园完善提升400亩、森林质量精准提升5200亩、古树名木保护提升10株、林下经济产业发展提升1400亩，并将城乡一体绿美提升等项目纳入示范点建设范围。

## （二）创新强镇富村模式，持续壮大集体经济

珠玑镇充分发挥强镇富村公司和驻镇帮镇扶村工作队的作用，持续壮大村集体经济。以强镇富村公司为抓手，推动资源资产价值化，做好“土特产”文章，推动传统农业向现代农业转型。2023年以来，强镇富村公司营收达546.5万元，实现收益35.3万元。通过发挥东莞南城驻镇帮镇扶村工作队的资源优势，积极盘活镇村集体建设用地、村小、荒地等闲置资源，开展“万企兴万村、万名乡贤帮千村”活动，因村制宜搭建平台，成功引进以三盛科技、正和电子为代表的乡村振兴车间，建立“公司＋车间＋村民”的运作模式，带动800余人实现家门口就业，月均收入为2000～2500元。制定“一村一策”壮大村集体经济方案，22个行政村均有高附加值产业项目，并实现全部村集体经济收入10万元以上。

为巩固拓展脱贫攻坚成果，进一步做好乡村振兴工作，推动镇域经济高质量发展，珠玑镇创新推出“抱团取暖”合作模式，通过实行强镇富村公司合作模式，组织镇域内的22个行政村集体经济合作联合社及1个社区共同出资注册成立南雄市福珠农业发展有限公司（简称“福珠公司”）。福珠公司成立后，通过打造“福珠农业”珠玑自有品牌，与农副产品种植养殖合作社及专业户直接合作，实现产销一体，2023年已实现创收559.34万元。此外，福珠公司还善用珠玑镇的文旅项目、特色美食、乡土文化、红色资源等资源，串联镇内景区、餐饮行业资源，打造珠玑精品旅游线路，

以制作、发放“景区+餐饮”套票等形式创造经济效益。未来，福珠公司将规范化流转闲置土地，通过流转农户闲置土地、闲置资产等方式，探索村集体固定资产管理利用模式，将资源资产集中利用，统筹发展项目或进行招商引资，盘活利用好闲置资源资产，投资发展产业项目。福珠公司还将被打造为珠玑镇区域性龙头企业，利用珠玑镇红色和绿色生态资源优势，发展民宿经济、休闲观光农业、农家乐等休闲旅游产业，带动村集体经济发展。

珠玑镇通过创新项目引进方式，采取登门招商、以商招商、乡贤招商等方式，成立农业、文旅、工业三个招商专班，一大批产业项目陆续动工投产。2023年以来，已谋划近期及中远期产业项目26个，计划投资额为10.94亿元，年完成投资额2.54亿元，累计完成投资额4.33亿元。汇浦现代化药食同源加工仓储中心等8个项目已完工投产，总投资1.96亿元；南雄市珠玑镇祇芫村商品鸡场建设项目等13个在建项目预计2024年可全面完工投产。此外，2024年上半年可实施项目2个，计划投资额737万元；拟实施项目3项，计划投资额5.45亿元。此外，通过梳理“一清单两图两表”，摸清家底，整合盘活资源资产，加大要素服务保障力度，珠玑镇引进建设了南雄市南药产业园、三佳村农业公园等产业项目，有效提升了镇域经济发展潜力。截至目前，珠玑镇招商签约项目为19个，合同投资额达5.71亿元，其中新增产业项目10个，总投资额达1.28亿元；在谈项目4个，计划投资3.8亿元；新增4家企业上规上限。

珠玑镇利用丰富的农文旅资源，抓住研学热潮，开发文旅研学合作，既增加了地方收入又有力地传播了当地文化。2023年，梅关古道第一次迎来大规模研学活动，旨在让青少年重走红军路，感悟红军精神，磨炼意志，传承红色革命文化。珠玑镇立足历史文化底蕴深厚的资源优势，积极抢抓机遇，主动融入、积极对接粤港澳大湾区，通过强镇富村公司与大型旅行社、学校、研学机构的合作，把粤港澳大湾区中小学生引到珠玑镇观光、研学。强镇富村公司是珠玑镇增强农文旅融合实力的一着妙手，通过串联景区、餐饮行业等资源，打造珠玑镇精品旅游线路，在增强文化竞争力的同时实现了盈利。为了激发镇域经济发展新活力，强镇富村公司紧抓高质量发展机遇，主动改革、主动作为、主动销售，深化公司运营模式、积极对接开发公司项目、提升农产品销路，激发农业农村发展的内生动力，助力珠玑镇乡村产业振兴。

在强镇富村新模式下，珠玑镇带领各村积极行动起来，村集体收入的增加也为“绿”“美”并进提供了不竭动力。在珠玑镇灵潭村，一座座小洋楼错落有致，灵潭驿站古色古香，两岸柳树成荫、鸟语花香。吃饭、赏景、遛娃在这里可一站式搞定；一座网红民宿——寄心小院，周边环境幽静，树木葱茏、鲜花烂漫……以“红色文化”“古城风貌”“休闲农业”为特色的乡村旅游画卷正在这里徐徐展开。灵潭村还先后获评“全国乡村旅游重点村”“中国美丽休闲乡村”等称号，同时也是农房风貌管控提升和农村人居环境整治提升试点村。2023年以来，灵潭村集中资源建设宜居宜业和美乡村，积极开展“三清三拆三整治”，稳慎推进农村宅基地制度改革，规范农房建设管理，加快基础设施建设，着力提升人居环境，用实际行动促进农村增“颜值”、提“气质”、升“品质”。同时，集中发力做强村集体经济，引进多方主体参与建设，以“公司+村集体+村民”发展模式，成立南雄市济福生态农业有限公司，打造光伏、烤烟、腐竹加工、民宿农家乐、红色教育培训中心（南岭干部学院教学点）等五大产业。同时，以发展特色产业为抓手，打造“企业+车间+农户”乡村振兴车间，有力推进三产融合发展，推动美丽乡村转化为美丽经济，2023年村集体经济收入超100万元。

## （三）引入乡村振兴车间，实现村民就业增收

为了实现村民在家门口就业增收，珠玑镇共引进5间乡村振兴车间，并制定出台乡村振兴车间建设奖补方案，推动珠玑镇电子加工业、食品加工业、手工制造业等产业的发展，带动周边村民就业，促进周边村民增收，

为乡村振兴发展注入新的活力与动力。比如，珠玑镇乡村振兴车间三盛电子加工厂带动当地村民近200人就业。为了扶持乡村振兴车间扩产提效，珠玑镇及时跟踪了解该项目建设诉求，为其答疑解困，深度介入协调企业和当地政府部门的沟通工作，积极争取各级政府政策支持，做好保障企业稳定生产经营的基础工作。为推动镇级农业公司运营做大做强，珠玑镇充分挖掘南雄及韶关本地优质农产品市场信息，主动对接东莞盟大等直播带货公司，探索推动镇级农业公司持续经营和发展壮大的有效路径。

烟叶种植是珠玑镇的农业产业支柱之一，珠玑镇通过发挥村党组织书记“头雁”作用、加强金融支持等，提振烟农信心，助力烟叶种植产业不断做强，烟农持续增收，2023年全面完成黄烟1.59万担收购任务。同时，珠玑花果田园综合体是该镇荒坡地改造成果，自2020年建设以来共流转了2000多亩荒坡地，将打造成一个集果树种植、采摘观光、产品加工于一体的一二三产业融合发展示范点。

珠玑镇大力发展高效能、高附加值农业产业。2023年，珠玑镇在建养殖产业项目7个，其中珠玑村仙塘生猪高效养殖等3个高效养殖产业项目已完工投产，累计投资4600万元；南雄市珠玑镇祇芫村商品鸡场建设项目等4个项目正在建设，投资额为1.28亿元。2023年，全镇生猪存栏环比增长4.34%，出栏同比增长75.72%；活家禽存栏同比增长111.82%，活家禽出栏同比增长252.2%，均呈增长趋势。

珠玑镇将继续坚持以“百千万工程”为引领，重点抓好美丽圩镇“七个一”建设，锚定“一年开局起步、三年初见成效、五年显著变化、十年根本改变”的工作目标，以圩镇建成区为重点，全面做大做强，带动高质量发展。

### （四）全面推进综合改革，治理创新赋能发展

2023年以来，珠玑镇不断提升基层治理效能，增强群众安全感。以建设“1+6+N”工作体系为重要抓手，坚持筑牢综治中心“一阵地”，

拧紧基层政法单位和基层社会治理队伍“两股力量”。充分发挥村民小组党组织领导功能，不断完善村规民约，全覆盖建立村级党群理事会，推动村小组事务有效治理，实现村民的自我管理、教育和服务。进一步完善新时代文明实践站（所）功能，深入实施乡村振兴积分制和清单制、亲情连线、非遗民俗等系列活动，引导党员干部、社会组织、人民群众多方联动积极投身于村庄人居环境整治工作中，构建共建共治共享基层治理格局。

珠玑镇创新开展乡村振兴“比学赶超”活动，营造赛龙夺锦的浓厚氛围，重点抓好产业发展、村庄整治、乡风文明、乡村治理等工作，进一步增强乡村发展内生动力。通过开展“比学赶超”活动，组织镇班子成员和22个村支部书记到各村进行实地考察，互相学习，并依照村党组织建设情况、人居环境建设情况、产业发展情况对各村进行评分，铆足“比”的劲头、增强“学”的主动、激发“赶”的动力、强化“超”的追求。2023年，珠玑镇共举办两个季度“比学赶超”活动，覆盖范围达9个村。活动按照科学布局、因地制宜、量力而行、尽力而为的原则，集中精力、统筹资源、凝聚合力，让产业发展更加明晰、人居环境明显改善、乡风文明有效提升、乡村治理体系不断健全，营造互相监督、“比学赶超”的浓厚氛围，全力建设宜居宜业和美乡村，在全市乡村振兴工作中勇争先、当示范。

珠玑镇坚定推行乡村振兴积分制，发挥积分“指挥棒”作用。全镇23个村（社区）分别成立党支部书记任组长的工作领导小组，驻村干部和村干部任组员，实行村小组包片责任制，具体工作落实到人，并在“文明幸福家庭积分评比”试点工作经验的基础上，制定《南雄市珠玑镇乡村振兴积分制实施方案》，通过相关事项量化为积分指标，运用该办法对群众、党员和网格员的行为进行评价并形成积分。积分制突出六个特点：一是党员积分将党员的评分与党员评星定级工作挂钩，一体贯彻落实。二是将全镇“智享珠玑”应用平台的使用情况纳入网格员积分细则，推动平台使用率和网格事件处置率。三是将“大榕树讲堂”品牌纳入网格员积分，高效发挥“大榕树讲堂”推进党的二十大精神、法治政策宣传的积极作用。四是群众积分侧重于对村民的行为进行引导和规范，推动村规民约的制定和执行。五是由强镇富村公司（福珠公司）在各村设立“流动积分兑换超市”，解决商品兑换难的问题，并增加强镇富村公司运营收益。六是将本村捐资捐物、奖教奖学、投资置业的乡贤纳入积分对象，并在年底进行精神奖励，以此激发乡贤在乡村振兴工作中的积极作用。目前，每季度均有3200多户、400多名党员、300多名网格员参与乡村振兴积分制评比，2023年前三季度累计兑换积分166万分。通过激励作用和先进的带头作用，珠玑镇全镇各村的风貌有了明显改善，对促进乡村振兴起到有力的助推作用。

## 三、持续发力全域提升，打造优质文旅名镇

打造文旅名镇和创新经济发展模式为珠玑镇的高质量发展打开了全新空间。珠玑镇依托其独特的自然风貌、丰富的历史和民俗风情，大力发展文旅产业，将文化资源转化为经济发源，实现了文化与旅游的深度融合。文旅产业的发展也带动了相关产业的繁荣，如餐饮、住宿、交通等，形成了多元化的产业链条，为当地居民提供了更多的就业机会和收入来源。在打造文旅强镇和创新经济发展模式的过程中，珠玑镇通过科学规划和合理利用资源，实现了经济效益、社会效益和生态效益的协调统一，为当地居民和游客创造了一个宜居宜游的良好环境。

### （一）发展成效

#### 1.生活环境转变提升

珠玑镇，这座历史悠久的古镇，近年来在“百千万工程”的助力下，以农文旅融合为着力点，焕发出新的生机与活力。该镇大力实施环境秩序整治行动，加强基础设施建设，提升公共服务水平，使古镇的环境质量得到显著改善。如今的珠玑镇，经济发展成效显著，农文旅融合气象新，绿美环境宜居宜游，真正实现了古镇焕新颜的华丽转身。

**2.经济发展成效显著**

珠玑镇的经济发展取得令人瞩目的成绩。珠玑镇充分发挥自身资源优势，深入挖掘并整合镇域内姓氏文化资源、红色革命资源、绿色生态资源等各类资源，通过招商引资，大力发展高附加值产业。此举不仅为镇域经济注入了新活力，也有效推动了当地产业结构的优化升级。在招商引资过程中，珠玑镇注重全面统筹资源，建立了一支专业的招商队伍，并形成了“引进一个、建好一个、带来一批”的联动效应。通过精准对接企业需求，提供一站式服务，成功吸引一批优质企业落户。这些企业在镇内投资兴业，不仅带来了先进的技术和管理经验，而且为当地创造了大量的就业机会，有效提升了居民收入水平。

**3.农文旅融合气象新**

作为广府人的发祥地和中原通往岭南的重要关隘，珠玑镇拥有丰富的历史文化遗产和独特的自然景观。近年来，该镇紧紧围绕“打造优质文旅名镇”的发展定位，大力推动文旅融合发展。一方面，珠玑镇加强对历史文化遗产的保护和传承，如修缮古建筑、整理民间传说等，使这些宝贵的文化资源得以延续和发扬光大。另一方面，珠玑镇积极开发旅游资源，打造了一批具有地方特色的旅游景点和线路，如珠玑古巷、三佳农业公园等，吸引了大量游客前来观光旅游。文旅融合发展不仅提升了珠玑镇的知名度和美誉度，也为当地带来了可观的经济收益。通过发展旅游业，农文旅融合发展，珠玑镇成功地将文化资源转化为经济优势，推动了镇域经济的多元化发展。

珠玑镇三佳农业公园是南雄市首个一二三产业融合发展项目，获得“中国乡村旅游金牌农家乐”“广东省3A级农业公园”“广东省中小学综合实践活动教育基地”“韶关市乡村振兴创业创新基地”等荣誉称号。目前，以小龙虾养殖、果树种植为主的第一产业已成规模，以预制菜产业为主的第二产业已建有6000平方米中央厨房，并配套冷库、配餐中心等多种设施，未来还将开发猪肉深加工项目，建设预制菜工厂。项目建成后预计年产值1亿元，税收近1500万元。第三产业以开发研学、科普、培训、游乐等农文旅项目为主。园区已形成约300个就业岗位，让群众实现在家门口就业。

**4.绿美环境宜居宜游**

在环境整治方面，珠玑镇同样成效显著。该镇以打造美丽圩镇为目标，大力实施环境秩序整治行动，加强基础设施建设，提升公共服务水平，使镇容镇貌焕然一新；加强了对圩镇环境的综合整治，包括道路硬化、绿化美化、垃圾处理等。同时，该镇还注重提升居民的环保意识，通过宣传教育、公益活动等方式引导居民养成良好的卫生习惯。这些举措有效改善了圩镇的环境，提升了居民的生活品质。此外，珠玑镇还加大了对农村人居环境的整治力度，推动农村生活污水治理、"厕所革命"等工作取得实效。这些举措不仅改善了农村人居环境条件，也为推进乡村振兴战略奠定了坚实的基础。

## （二）发展前瞻

未来，将围绕打造优质文旅名镇、强而美中心镇样板、南雄城乡融合服务核心的发展定位，打造农文旅融合发展强而美的省级典型中心镇样板。通过实施珠玑镇全域土地综合整治项目，依托区位优势、旅游资源特色，引进房地产开发、酒店餐饮、文旅产业等项目，依托珠玑古巷带动沿线丝苗米、稻香小龙虾、四季花果田园综合体等特色产业发展，形成特色农业产业格局，带动农民增收致富。深入实施绿美生态建设，持续开展人居环境提升行动，推进美丽乡村建设，从森林网络、森林健康、生态福利、生态旅游、生态产业五大方面入手，全面提升珠玑镇人居环境和人民生态福祉，把珠玑镇打造为环境优美、生态宜居的美丽乡镇。

**1.积极争取各类资源**

统筹社会资金、债券资金、财政资金、企业捐赠等资金要素，进一步统一思想认识，不等不靠，积极筹谋各类资金投入。加大向上争取汇报力度，积极争取项目资金支持；充分发挥政府投资的引导和撬动作用，调动更大范围的社会资本投入；进一步增强珠玑镇优势资源的集聚力、辐射力和带动力，千方百计自筹资金投入发展。

**2.加大招商引资力度**

不断优化创新招商引资方式，进一步丰富珠玑镇招商业态。持续完善招商引资优惠政策，加强与意向签约项目方沟通联系，以优质高效服务，夯实招商引资基础，推动项目尽快签约。持续推进“一村一策”壮大村集体经济方案，进一步壮大村集体经济。

**3.进一步优化营商环境**

继续提升服务水平，改进服务方式，对存量企业和新引进企业加大上门服务力度，由“企业点菜”转变为“部门端菜”，实现“全方位保姆式”服务，解决好企业投资前、建设中、投产后的问题，营造优质宽松的营商环境。

**4.加大土地等要素保障力度**

加大统筹协调力度，解决好影响项目开工的根本问题，同时积极与上级部门沟通汇报，争取土地等要素保障支持，全力推动置润矿业、三佳村肉类加工等重点项目建设提速增效。

## 四、珠玑启示

珠玑镇作为广府人的发祥地，具有独特的历史文化背景和旅游资源。镇党委、镇政府充分认识到珠玑镇特有的资源禀赋和文旅优势，坚持高起点规划、高标准建设，依托古镇文化、梅关古道、红色文化等资源优势，打造了一批具有地方特色的文旅项目，吸引了大量游客前来观光旅游，创新开展研学活动，为乡村经济发展注入了新的动力。珠玑镇还注重发挥市场机制的作用，吸引社会资本参与乡村振兴，形成了政府引导、市场主导、社会参与的多元投入格局。

### （一）立足本地优势，注重历史文化保护和传承

在推进文旅融合的过程中，珠玑镇始终坚持“保护为主、抢救第一、合理利用、加强管理”的方针，对古镇建筑、文物古迹、民间艺术等进行有效保护和传承。通过修缮古建筑、挖掘历史文化、举办文化活动等方式，让游客在欣赏美景的同时，也能领略到古镇的历史文化和人文魅力。这种注重历史文化保护和传承的做法，不仅增强了古镇的文化底蕴和吸引力，也为乡村振兴提供了文化支撑。

### （二）加强三产融合，提高文旅产业竞争力

在推进文旅融合的过程中，珠玑镇不仅注重旅游业的发展，还积极推动农业、文化、旅游等产业的深度融合，自觉探索运用现代科技增强文旅综合实力。通过发展休闲农业、乡村旅游、文化创意等产业，延长了产业链，增加了农民收入，促进了乡村经济的多元化发展。这种产业融合发展的模式，既符合新时代乡村全面振兴的战略要求，也为其他地区提供了有益的借鉴和参考。

### （三）坚持“绿”“美”共建，打造高品质乡村休闲环境

珠玑镇镇党委、镇政府坚持绿色发展理念，加强生态环境保护，推进生态文明建设。通过采取环境整治、绿化美化、垃圾分类等措施，改善乡村环境面貌，提升居民生活质量，打造高品质城乡绿美生态环境。同时，珠玑镇还致力于提升乡村的整体风貌和文化内涵，打造具有地方特色的乡村景观，展现乡村的独特魅力和文化底蕴，推动乡村旅游与生态农业、文化产业等相结合，实现经济效益、社会效益和生态效益的有机统一，为村（居）民和游客提供更加优质、健康、舒适的乡村生态环境和休闲体验。

# | 第七章 |

# 三产融合发展开辟高质量发展新路径

## 第一节 里湖镇：三产融合建设宜居宜业中心镇

里湖镇位于普宁市西北部，距市区15公里，毗邻榕江，镇内含榕江、火烧溪、西门溪、引榕渠四水，是著名的果乡、侨乡。总面积84.9平方公里，下辖行政村23个、社区2个。自2010年以来，里湖镇被评为广东省中心镇、揭阳市建设社会主义新农村示范点、揭阳市文明镇、揭阳市卫生镇、揭阳市创文工作先进集体、2023年揭阳市第三批美丽圩镇示范镇之一、广东省“百千万工程”首批典型镇之一。

### 一、因地制宜谋发展

#### （一）发展有本钱

里湖镇是普宁市西部中心镇，毗邻云落镇、梅塘镇、普侨镇、梅林镇、大池农场，与揭西县金和镇、钱坑镇、坪上镇接壤，北临汕湛高速，国道238线穿镇区而过。“百千万工程”背景下，里湖镇正着力推动区域经济中心建设，着力提升中心镇建设品质，全面发挥辐射带动能力。

1.商贸活跃

里湖镇素有“百载商埠”的美誉，是粤东地区乃至全国闻名的凉果产区和集散地，是周边地区重要的物资集散中心。拥有茶叶、服装、水果、杉木、塑料、耕牛、蔬菜、鱼肉菜等10个专业市场，拥有各类商户近4000家，年集贸市场成交额约2.8亿元，吸引普宁市西部各镇和揭西县部分镇居民前来购物、消费。里湖茶叶专业市场是粤东地区最大的茶叶集散地，占地面积150亩，建成楼房式铺面近700间，茶叶及配套茶具、茶制品等产业发展历史悠久。里湖镇茶叶贸易具有稳定的客源和购销关系，与福建、云南、湖南、湖北、浙江以及广东的粤东、粤西、珠江三角洲一带建立了良好的客源基础和购销关系，影响辐射粤东及珠三角地区。

2.产业兴旺

在现代农业方面，农业特色突出，全镇共有小叶茶、蕉柑、风铃木、生猪、肥猪、青榄、嘉宝果、辣椒、炒茶等9个“一村一品”项目。茶叶种植具有一定规模，主要茶叶品种为炒茶，价格从每斤三四十元到几百元不等，白水礤炒茶、五峰山绿茶在粤东地区知名度较高，种植面积超1万亩。此外，里湖镇还成功打造了“源巴稻”大米品牌。

在加工业方面，里湖镇历史上有水果加工的传统，依托本地资源优势和基础条件，以市场为导向，致力于发展凉果加工产业，创造性地走出一条具有自身特色的农业产业化路子，成为粤东地区凉果商品的集散地，规模较大的凉果加工厂主要集中在和平村。

在电子商务方面，2023年4月成立里湖电商协会，并在协会的带动下，有效联动服装、农产品和休闲食品等产业，全镇形成超3000家的电商产业规模，连续8年被评为“中国淘宝镇”，现有新池内、富美、新松、冷美、竹头5个“中国淘宝村”。2023年，电商年交易总额超30亿元，快递业务总量接近1.8亿件。

3.资源丰富

里湖镇温泉、风铃木、森林公园、自然观光、农耕文化体验等均独具特色，具备打造成里湖镇乡村旅游和康养基地特色名片的基础条件。汤头村具有得天独厚的温泉资源，素有“温泉之乡”的美誉，石牌汤头温泉日溢流量4000吨，属淡温泉和氡温泉，含氡量在172.4贝可/升以上，村辖区内共有10家温泉酒店。竹头村拥有936亩省级生态公益林。宅营村、古岭村、白水磜村、麻园村、龙兴村位于里湖镇山区，原始的村居风格保持较好，山清水秀，风景优美。其中宅营村、古岭村地势较高，可以俯瞰里湖镇全景；麻园村拥有1500亩风铃木种植基地，每年开花时节，风光秀丽，是绘画、摄影、休闲的好去处；龙兴村拥有丰富的森林资源，成功入选广东省首批“国家森林乡村”，拥有下营古寨森林公园，与下营古村落相连，已成功打造成网红打卡点。

**4.人文荟萃**

民俗文化多姿多彩。里湖镇有饮誉海内外的河头大锣鼓和配套完备的英歌队、醒狮队、潮乐队等，灯谜、书画、“三棋”等各类民俗活动丰富多彩。镇内有蓬和村“百岁坊”、市级文化保护单位河头村关帝庙等历史文化遗址。

红色资源十分丰富。镇辖区有里湖红色文化公园、汤头村“中国工农红军烈士纪念碑”、里湖革命烈士墓等。同时，河头村是柯华故居所在地，富美村是革命烈士李存穆故居所在地，竹林村是普宁市的革命根据地之一，具备可挖掘的红色革命资源。

## （二）产业有差距

对比全省产业基础好的典型镇，里湖镇创新方式不多，发力不够，整体发展还不够快，和人民群众的期盼仍有一定的距离。

**1.发展环境仍有短板**

里湖镇虽是中心镇，但远离市区，与市区连通的主要道路仅有国道238线，横贯镇中部的主干道相对狭小且易发生交通拥堵，通勤能力有限，缺少其他支线缓解交通压力，改扩建工程尚需时日。虽形成纵横交错的公路网络，但整体层级不高，无法形成交通优势，难以吸引外来投资。里湖镇部分地方人居环境整治不到位，垃圾收集、转运不及时，占道经营、摊位乱摆、违规停车现象时有发生，个别干道交通秩序混乱，且反弹回潮现象明显。镇区管理责任不够明确，精细化管理落实不到位，长效管理机制还没有形成。

**2.经济实力较为薄弱**

里湖镇财政仅能维持基本日常运转，在水利、教育、卫生、交通等基础设施建设方面投入有限，除上级下达的项目专项资金外，其他基本依靠乡贤投资发展，缺乏更多资金用于“百千万工程”各项工作。村集体经济薄弱，多数行政村已将村集体的山地、山林、农田等资源全部承包到户，没有为村集体提留一定的资源，缺乏村集体资产，村集体经济相当薄弱。部分行政村未能有效对下属自然村的资源、资产进行全面统筹，“小村强，主村弱”的现象普遍存在。多数村（居）未形成自己的特色产业，且品牌效应不高，产品附加值低。

**3.建设用地指标不足**

里湖镇城镇范围内稳定利用耕地面积约171公顷，且成片连片地分布在城镇集中建设区外围，导致城镇范围难以外延，发展受到限制。城镇内“三调”建设用地约401公顷，其中大部分为居住用地，公共服务及商业用地占比仅为5%，空间效益较难发挥。部分村的集体土地分散，土地流转、整合难度大，村产业发展受到较大制约。土地指标缺口大、后备资源匮乏，导致迫切需要发展的产业项目难以获得产业设施配套建设用地，一定程度上阻碍了产业多元化发展。

**4.主导产业市场竞争加剧**

里湖茶叶专业市场以批发为主、零售为辅，小档口林立，杂货店、餐饮店间杂其中，缺少茶文化氛围。市场边界不明晰，标识不明显，宣传氛围不够浓厚，品牌效应没有得到很好的发挥，市场管理水平与专业市场体量不相匹配，呈现松散、无人管理的状态。电子商务给传统茶叶市场带来巨大挑战，线下店铺“等客来”的经营模式难以适应当下市场。为加强生态环境保护，凉果加工企业需配套环保处理设施，经营成本大幅增加，利润空间受到挤压，企业数量已由原来的240多家缩减至45家。同时，电商产业发展不均衡，主要依靠“金鲤十八子”等几家头部企业撑起电商销售额，产品以拼多多平台为主阵地，采取薄利多销策略，缺乏可复制性。电商产品以服装为主，对本地凉果、茶叶和名特优农产品辐射带动不够，发展的局限性有待突破。

**5.文旅资源分散难以联动**

里湖镇文旅资源丰富，但实际开发程度有限，各类资源相对分散独立、联动不足，尚未形成完整的旅游体系，亟须探索可行的、具有里湖特色的旅游精品线路，形成以线带面、以面布局的良好态势，全面盘活镇域旅游经济。以汤头温泉为例，温泉养生旅游产品少，消费市场针对性不强，缺少与潮汕本地文化的联动，导致品牌特色不足、知名度低，产业缺乏集聚效应。

### （三）“三产融合”强中心

里湖镇的定位是普宁市西部片区中心、商贸中心、宜居宜游中心镇。根据自身的发展实际和资源优势，里湖镇形成了以产业融合为核心，全面实现三生（生产、生活、生态）融合发展，强化中心镇地位、提升中心镇能级的高质量发展思路。以里湖镇一二三产业融合发展为全镇高质量发展保驾护航：继续维护巩固普宁市、揭西县交界及附近地区物资集散中心的地位；打造闽、赣、湘在粤东地区重要的茶叶集散地；推动凉果加工产业向休闲食品产业转型升级；建设普宁市温泉特色小镇。

## 二、“四融”赋能中心镇

里湖镇举全镇之力推进“百千万工程”，在建机制、抓典型、强产业、谋项目、优环境、重治理等方面攻坚，瞄准目标定位抓落实，发挥比较优势谋发展，稳扎稳打、求真务实，奋力打造普宁市高质量发展示范镇，努力按照“四融”要求，深化区域协同联动，推进城乡融合发展，加快走出一条符合实际、彰显特色的高质量发展之路，打造“百千万工程”里湖样板。

里湖镇成立1个指挥部、5个工作专班、4个工作小组，并抽调4名年轻的业务骨干，专职做好“百千万工程”各项工作，指挥体系高效畅通。聘请专业设计团队，制定《揭阳市普宁市里湖镇“百千万工程”典型镇选树培育建设规划》，并形成“百千万工程”项目库，坚持挂图作战、滚动更新，作战思路清晰、方向明确。

## （一）三产融合强产业

里湖镇开展全产业链创建，推动形成“一产高产、二产高质、三产高标、融合高效”的产业发展格局。

一是做好项目。谋划“百千万工程”项目39个，已完成项目27个。投入1225万元串珠成链建设美丽圩镇“七个一”项目，打造具有里湖特色的出彩风貌带，其中京能里湖光伏项目计划投资7亿元，虎珂山爱国主义教育基地计划投资1.5亿元，为里湖镇经济快速发展奠定了良好的基础。

二是做大第一产业。探索与潮汕职业技术学院、东莞理工学院共建产学研实践基地。引进先进的农业合作社，盘活400亩土地，成功创建“源巴稻大米”品牌，有效壮大冷美村集体经济。以现有9个“一村一品”项目为基础，在全镇差异化种植水稻、玉米、茶叶、鸡骨草、百香果、风铃木等各类产品，采取轮耕模式，保障土地的可持续发展。近年来，普宁市印发《普宁市撂荒耕地复耕复种工作方案》《普宁市农村承包土地经营权流转奖补方案》等文件，累计安排财政资金420.46万元用于土地流转奖补，通过土地流转奖补等方式鼓励撂荒耕地复耕复种，在2022年累计完成复耕复种面积2.65万亩的基础上，2023年完成复耕复种面积1895亩，累计总复耕复种面积约2.84万亩。里湖镇大力推动撂荒耕地复耕复种，完成成片种植经营3340亩，全镇现有种植面积35987亩。大力打造品牌，延长产业链条，提高产品附加值。以成功举办丰收节、茶文化节为契机，扎实推动“双百行动”，依托冷美村水稻示范基地，与东莞理工学院、潮汕职业技术学院等高校和福建省安溪县祥华乡等兄弟单位合作，发展壮大水稻、茶叶产业。发展“一村一品”项目，深挖各村自然资源禀赋，力争“一村一品”项目在全镇23个行政村实现全覆盖。

三是做强第二产业。推动凉果产业转型升级，按照“取缔一批、规范一批、转型一批”的发展思路，扶持发展绿活、阿珊姐等龙头企业，推动凉果产业从粗加工向精包装、育品牌、拓渠道全链条转型升级，提高产品附加值，全力打造休闲食品产业。积极举办展销会、推介会等大型活动，进一步提升里湖休闲食品品牌竞争力。利用外洋片区现有的工业基础，进一步规整、提升，打造村级工业园区；依托和平片区的老旧厂房，通过“工改工”模式进行提档升级，提高土地利用率，切实形成集聚效应；利用田厝寨村近200亩的工业园区，打造连片的通用厂房，为招商引资及增资扩产创造更多优质载体空间。保持项目招引热度，实施招商引资“一把手”工程，发挥乡贤资源优势和东莞驻镇帮镇扶村工作队的扶持作用，主动出击、大招项目、招大项目。

四是做旺第三产业。充分发挥电商协会的纽带作用，促进电商行业规范化、制度化、专业化发展，推动里湖电商产业园落地建设，联动服装、茶叶、休闲食品等产业，2023年新增电商经营个体户647家。提振茶叶市场，围绕做强里湖茶叶市场，推动茶叶市场及周边环境整治提升，谋划打造里湖茶叶小镇，建设茶叶产业园，联动福建省安溪县举办铁观音茶文化节、茶产品展销会，依托乡村振兴人才驿站与广东省农村乡土专家合作开展销售培训，2023年助推茶商每名年均增收2.4万元。改造提升富美农贸市场，对富美农贸市场内及周边路面进行升级改造，保持现状道路横断面，建立分隔区域及摊位标识，增设道路标线和路面标志，新建占地约2500平方米的停车场，预计提升后租金年收入将由现在的30万元提至300万元。

打造特色街区，擦亮“百载商埠”名片，将文化广场改造升级为美丽圩镇“会客厅”，打造文化广场特色街区、西马路特色街区，推进镇区中华路至西马路（引榕北片）道路柏油化工程，增强老市场片区的服务功能，打造富美老骑楼片区。

## （二）镇村融合共致富

一是创新农业发展模式。谋划成立里湖镇农业联盟，加快推动土地连片种植，整合富美村、庵埔村、田中村、蓬和村等近4000亩土地，用于招引设施农业项目，着力构建现代农业产业体系，提高农产品附加值和竞争力，促进农民增收，推动农业高质量发展。因地制宜增设景观带、网红点，配套无动力游乐园、农家乐等，打造具有里湖特色的田园风光。

二是发展“农光互补”项目。推进京能里湖光伏项目，充分利用竹林村、竹头村2000多亩的土地资源，打造“光伏＋花卉”的“农光互补”新发展模式，建设板上发电、板下种植，打造“光伏—生态农业—旅游”特色产业园。

三是成立强镇富村公司。全镇25个村（社区）以资金、土地、人力、技术、市场等资源入股的方式，共同成立强镇富村公司，强化“联村抱团”发展，实现村级资产、资源的优势互补、叠加发力。强镇富村公司现已准备进入正式运营阶段。2023年，全镇23个行政村收入均突破10万元。

## （三）文旅融合显特色

一是促进英歌融合发展。支持富美青年英歌队与泰国英歌队联合申报世界非遗，组建富美少年英歌队，谋划推出英歌舞文创产品。与东莞理工学院达成初步合作意向，组建省级农村科技特派员团队，开展非遗数字化保护及发展传承研究，谋划建设“VR＋英歌”体验馆，丰富英歌文化体验维度。

二是联动发展山区旅游。深入研究“联村抱团”机制，联动汤头温泉、麻园风铃木、下营古村落、白水礤茶园等旅游资源，打造特色旅游精品线路。2023年，该旅游线路节假日期间日均游客超5000人次，其中下营古村落游客人数同比翻番，汤头温泉营业收入同比增长16.7%。

三是探索“茶＋温泉”融合。积极探索文旅融合发展新路径，发挥粤东地区茶叶专业市场的优势，强化温泉与茶的联动，将氡温泉疗养功能与茶叶保健功能结合起来，打造保健疗养主题活动。强化与周边景点的联动，合理利用揭西黄满寨、梅花谷，梅林盘龙禅寺等外部资源，合力打造特色旅游线路，推动里湖镇旅游产业发展。强化与潮汕小吃的联动，将里湖温泉与潮汕美食有机结合，打造当地温泉美食文化。

## （四）三生融合促协调

里湖镇坚持生产、生活、生态协调发展，实现美丽生活、美丽经济、美丽生态融合。

一是促转型。加快推进农业农村现代化，以建设冷美村水稻产学研基地和京能“农光互补”项目为契机，大力发展特色产业，提高经济效益。依托富美村约1500亩田园空间，发展现代农业，对标东坑农业园，打造农业科普教育基地，积极拓展农业旅游，形成四季可赏景、可采摘、可体验农事的农旅景区。统筹集约各类资源，谋划升级改建富美农贸市场和里湖农贸市场，形成“农贸＋商住＋美食餐饮”的商业综合体，助推镇区全面发展。

二是美环境。里湖镇持续优化人居环境，打造品质化美丽圩镇。健全管护机制，建立监督责任机制，按照三级网格体系，实行分片包干，落实日常监督责任，镇15名领导班子成员、157名驻村干部、168名村干部，分别对全镇120个自然村负责，紧盯各区域细节治理；成立环卫站机动队，推动实现“零延时”响应，确保生活垃圾日产日清，有效维护全镇环境卫生；建立全天候巡查机制；扩容市管办并配齐市容巡逻车，落实市管办、执法队以及检查组全天候对人居环境的动态巡查管理。优化交通网络，积极谋划镇区接驳汕湛高速普侨延长线道路建设和国道238线拓宽升级工程，持续推动“四好农村路”建设，2023年推动13条共计16.9公里的道路提升，目前全镇主干道硬底化达100%，镇区道路柏油化达40%，群众出行幸福指数跃升。完善公共配套，镇区喷涂道路标线8.7公里，安装隔离护栏4.7公里，提档升级人行道7.4公里，新增停车位142个，行车有序规范，停车压力得以缓解。强力推进整治，实施“千村万池百里河道清淤行动”，累计清理池塘47个、河道23.7公里、沟渠47.9公里；拆除违规广告、招牌共276处，整治“三线”17.8公里，镇区商户全部规范入户经营；坚持疏堵结合，清理乱摆乱放摊点138个，在富美村规划规范摊位，为流动摊贩提供经营场所。

三是优生态。推进镇、村两级生活污水治理，全面完成农村生活污水治理工作。已建雨污分流管网150.88公里，建成人工湿地10座，设计规模合计870吨/日；建成厌氧池45座，设计规模合计2850吨/日；建成市政污水管网45.5公里，建成城镇污水处理厂1座，设计规模1万吨/日。谋划推进里湖镇污水处理厂扩建提标改造及新增配套管网建设工程项目，建设镇区范围内的污水干支管，总投资1.81亿元。持续打造“一河两岸”美丽宜居风貌带，扎实开展“五边”绿化和“四旁”植树工作，发动广大群众参与绿美生态建设，组织开展植树活动，累计参与人数超过1200人次，投入资金122万元，其中社会资金投入106万元，开展植树活动18场次，绿化植树8041株，水边路边种植长度约28.17公里，新建绿化美化乡村生态小公园6个。开展河道清淤行动，建立里湖镇各村沟渠溪河及寨前池清淤情况台账，镇级河长深入一线靠前指挥，镇水利部门加强指导协调，不断提升农田水利管护水平和农村人居环境质量，目前共投入资金56.2万元，投入人员1982人，清淤总量达8560立方米，生态环境持续向好。

## 三、提级提质成效足

里湖镇紧紧抓住“百千万工程”这一契机，立足本地实际，深挖资源潜力，不断推进经济社会发展。通过系统谋划和整体推进，里湖镇在人气聚集、收入增长、市场繁荣、投资活跃、环境优化等方面取得显著成效。展望未来，里湖镇将继续加力提速、全面突破，按照“四步走”战略，以优风貌、提服务、善治理、促发展为重点，补齐发展短板，努力打造高品质典型镇。

## （一）高品质初见雏形

里湖镇以入选省“百千万工程”典型镇为契机，立足实际、发挥优势，坚持系统谋划、整体推进、重点突破，全面推动“百千万工程”各项部署落地落实，取得初步成效。2023年，全镇共创税收669.59万元，同比增长38.58%；完成固定资产投资2.25亿元，同比增长66.7%。里湖镇的产业以凉果、茶叶、电商、服装生产加工为主导，同时持续推进现代农业发展。

一是人气越来越旺。2021年，里湖镇常住人口7.9万人；2022年，常住人口8.3万人，同比增长5.06%；2023年，常住人口8.7万人，同比增长4.82%。

二是收入越来越高。2022年，各家银行存款余额累计42.73亿元，人均存款3.68万元；2023年，全镇人均银行存款4.16万元，同比增长13%。充分利用集体资源活化集体经济，壮大村集体经济，增加村集体经济收入。2021年全镇23个行政村的集体经济总收入478.41万元，平均每个村集体经济收入20.8万元；2022年23个行政村集体经济总收入510.92万元，平均每个村集体经济收入22.2万元，同比增长6.8%；2023年23个行政村集体经济总收入594.71万元，平均每个村集体经济收入25.8万元，同比增长16.4%。

三是市场越来越好。2021年全镇有市场经营主体2067户；2022年有2913户，同比增长40.93%；2023年有3987户，同比增长36.87%。深入实施“个转企、小升规”主体培育工程，壮大镇域经济。2021年全镇规模以上企业有8家，2022年有9家，同比增长12.5%，2023年有11家，同比增长22.22%；2022年没有限额以上贸易企业，2023年新增限额以上贸易企业4

家，实现从无到有。2021年全镇电商交易总额为16.06亿元，快递业务总量为1.21亿件；2022年全镇电商交易总额为23.04亿元，快递业务总量为1.44亿件，同比分别增长43.5%、19.0%；2023年全镇电商交易总额为31.8亿元，快递业务总量为1.79亿件，同比分别增长38.0%、24.3%。

四是投资越来越多。持续优化营商环境，牢固树立“抓项目就是抓发展，抓优质项目就是推动高质量发展”的理念。2021年重点项目累计投资2.57亿元；2022年累计投资4.07亿元，同比增长58.37%；2023年累计投资5.56亿元，同比增长36.61%。

五是治理越来越优。化解了富美村、庵埔村的百年积怨，并新建起睦邻友好公园。加快完善基础设施配套，近年来建成“四小园”53个，推动2.6公里长的“一河两岸”整治工程；完成道路提升项目13个共24.9公里；累计投入2458.52万元，完成龙兴村、汤头村等8个村的集中供水项目，建成水厂9个，解决了6437户近3万人的生活用水困难问题；投入3400多万元，新建镇中心幼儿园1所，新增学位600多个；累计投入900万元，推动全镇23个村卫生站全部实现规范化建设，与普宁华侨医院形成结对帮扶，打造血液透析、中医理疗等特色专科，升级改造手术室，新增床位62个，就诊人数增长10.7%，营业额增长12.4%。

## （二）补短板全面提质

里湖镇将认真贯彻落实广东省委书记黄坤明同志“加力提速、全面突破”的指示要求，按照“四步走”战略，优风貌、提服务、善治理、促发展，项目化、清单式抓好建设，逐步补齐发展短板，全面建成高品质典型镇。

**1.圩镇风貌提品质，擦亮人居环境底色**

一是补齐人居环境短板。抓好生活垃圾、生活污水、公共厕所“三大革命”和“六乱”整治等四项攻坚任务，打好圩镇人居环境基础。投入350万元，提档升级生活垃圾压缩转运站；推进污水处理厂扩建提标改造工程，日处理量由1万吨提升至1.5万吨，确保污水应收尽收；健全长效管护机制，将全镇所有公厕均纳入保洁范围；抽调精干力量成立市管办，常态化进行巡查，定期开展集中整治行动。

二是加力建设美丽圩镇。聚焦美丽圩镇“七个一”，高品质打造里湖镇入口通道，高质量打造睦邻公园绿美生态小公园，高标准打造西马路美丽示范主街，高水平打造西马路房屋立面提升样板，高层次打造引榕干渠美丽河道，高要求打造井然有序里湖农贸市场，高能级打造里湖金鲤文化广场美丽圩镇“会客厅”。

三是健全多方参与机制。由党委、政府牵头组织专业团队和建设团队进行规划设计，充分发挥人民群众参与者与使用者双重身份作用，听取居民的意见和建议，以提升人民群众生活质感为目标，从多层面、多维度发力，全面提升圩镇风貌，切实增强人民群众的体验感和获得感。

**2.综合服务升能级，提升公共服务成色**

一是完善公共设施建设。升级改造幼儿园、小学、乡镇卫生院、养老服务中心，推进人才驿站服务平台、农产品冷链、图书馆、文化展览馆、青少年活动中心、茶博馆等公共服务设施建设，满足群众教育、就医、养老等基本需求。深化完善商超、便民、冷链、物流等综合服务，切实增强联城带村的节点功能。

二是提升智慧管理水平。增强智慧服务意识，创新服务模式，推进圩镇智慧化养老服务体系、监控安防系统、智慧道路集成化管理平台等建设，提升服务能力，消除资源、服务、群众之间的鸿沟，实现圩镇智慧化管理和精细化管理。

三是健全旅游服务设施。结合石牌汤头温泉、龙兴国家森林乡村等旅游资源，完善旅游标识系统、停车场、公厕等旅游服务配套设施，科学规划旅游线路，做好“文化＋旅游”文章，充分激发乡村资源、生态和文化优势。

**3.文化治理助发展，增添精神文明亮色**

一是传承发扬传统文化。活化利用柯华故居、李存穆故居等红色资源，结合虎珂山爱国主义教育基地项目，打造内涵丰富、红色主题突出、具有里湖特色的红色地标，实现党建教育和爱国主义教育场所由室内向室外延伸。以里湖英歌舞火爆出圈为契机，深度挖掘英歌、潮汕民居、百载商埠等特色文化，通过英歌文化节、英歌文创、英歌旅游线路等形式，强化品牌建设，推动文化联动，丰富体验维度，打造里湖“英歌国潮”。

二是加强精神文明建设。依托图书馆、文化馆（站）、新时代文明实践站等公共文化服务设施，常态化组织开展接地气、有新意、富活力的群众性文化活动，精准对接群众精神文化需求，以高质量的文化供给提升人民群众的文化获得感、幸福感和满意度。

三是创新乡村治理模式。推动多元主体参与，加强对农民组织成员的培养和支持，充分发挥老人理事会、乡贤咨询委员会等农村组织的作用，搭建群众参与治理平台，形成以基层党组织为圆心、群团组织为纽带、各类社会组织为依托的基层工作体系，构建共建共治共谋共议共享的里湖镇治理新模式，推进基层社会治理现代化。

**4.产业发展破瓶颈，彰显经济社会特色**

一是夯实农业产业基础。以里湖镇永久基本农田为基础，引进水肥一体化设施、测土配方施肥、无人机飞防等技术，建设高标准农田示范基地。积极引导发展合作社、家庭农场、种植大户，推广优质水稻品种；同时，统筹兼顾蔬菜水果发展，确保“菜篮子”“果篮子”产品生产和市场供应稳定。

二是推动产业转型升级。推动茶叶、凉果、水稻产业从单一的粗加工模式向生产、包装、销售全链条、精细化模式转变，鼓励企业创新发展，远期建设里湖中小微企业科创园区与集精深加工、特色化包装、多元化销售于一体的预包装休闲食品精深加工产业园。加强与普侨、梅塘等地的协调联动，积极配合建设生命科学产业园，发展医疗卫生健康产业，打造新增长极。

三是增存联动保障用地。谋划开展全域土地综合整治，加快推动“工改工”“三旧”改造；盘活存量低效用地，保障产业项目用地，新增建设用地，提高土地使用效率，唤醒沉睡“资产”；全面优化生产空间、生活空间、生态空间和社会治理空间，提升镇域形象和发展竞争力。

## 四、里湖启示

里湖镇是广东省首批“百千万工程”典型镇中的典型。里湖镇的发展基础，比上不足、比下有余；里湖镇的发展成果，可圈可点、未来可期。里湖镇的发展经验具有一定的普适意义。

### （一）三产融合是镇域发展的必由之路

农业、工业和服务业的深度融合，不仅能优化产业结构、提高经济效益，还能带动就业、增强社会稳定性。里湖镇通过夯实农业产业基础，推动产业转型升级，实现了从传统农业向现代农业的跨越，同时依托丰富的文化资源，大力发展旅游业和文化产业，形成了三产协同发展的良好局面。

### （二）科技创新是镇域发展的强大动力

里湖镇以非遗数字化保护及发展传承研究，丰富英歌文化体验，加强文旅综合实力。鼓励企业创新发展，推动茶叶、凉果、水稻产业从单一的粗加工模式向生产、包装、销售全链条、精细化模式转变，高品质谋划建设中小微企业科创园区和预包装休闲食品精深加工产业园，为镇域经济发展源源不断地注入源头活水。这些创新举措不仅推动了里湖镇的产业升级，也为其他镇域的发展提供了有益借鉴。

### （三）共建共治是镇域发展的治理基础

里湖镇在发展的过程中，注重构建共建共治共享的社会治理格局。通过推动多元主体参与，加强对农民组织成员的培养和支持，搭建群众参与治理平台，形成以基层党组织为圆心、群团组织为纽带、各类社会组织为依托的基层工作体系，构建共建共治共谋共议共享的里湖镇治理新模式，推进基层社会治理现代化。这种模式不仅增强了群众的参与感和获得感，也提升了基层社会治理的效能。里湖镇以现代化社会治理，成功化解了富美村、庵埔村的百年积怨，有效保障了镇域社会和谐稳定，夯实了镇域经济高质量发展的社会基础。

## 第二节　里水镇：打造贯彻新发展理念镇域样本

里水镇位于佛山市南海区东北部，获评“国际安全社区”“中国香水百合名镇”“全国环境优美乡镇”“全国文明镇”“全国安全社区”“国家卫生镇”等称号。2023年，里水镇入选广东省首批“百千万工程”典型镇，辖区两个村（社区）入选广东省首批“百千万工程”典型村。近年来，里水镇全力推进实施“百千万工程”，坚持制造业当家，推进现代农业加快转型，推动文旅产业出新出彩，实现一二三产业加速融合发展。

### 一、融通广佛，推动城乡共美产业共融

里水镇坐拥广佛两大万亿级都市的资源，地理位置优越，其丰富的水系资源和独特的岭南水乡风情，为打造“梦里水乡”旅游品牌奠定了坚实的基础。里水镇通过“一产转型、二产提升、三产优化”的战略，不断推进产业融合发展，成为广佛经济社会融通的先行镇，在工业、农业和文化旅游等方面均取得显著成就。未来，里水镇将继续以三产融合为目标，深化各领域融合发展，实现经济的高质量增长，让居民享受到优美的人居环

境和均衡的公共服务。里水镇正以其独特的魅力和无限的发展潜力，书写着新时代的发展篇章。

### （一）坐享广佛中间带的优越区位

里水镇位于佛山市南海区东北部，东与广州市主城区接壤长达33公里，隔珠江与广州市白云区石井街道相望，南依大沥镇，西靠狮山镇，北接广州市花都区，坐拥广佛两大都市的资源。辖区面积148.36平方公里，总人口超50万人，其中户籍人口20.19万人，下辖40个村（社区）。连续3年居中国镇域高质量发展500强第9位，2023年地区生产总值达480亿元。

### （二）水网密布美誉“梦里水乡”

里水镇境内河网密集，有里水河、西南涌（金溪河）、水口水道三大主干河涌，大小水系220多条，达272公里，因此有“梦里水乡”的美誉。境内旅游资源较为丰富，里水旅游小镇核心旅游景区有郁水园、富寿园、龙情园、书香园和艺术河畔五大主题园，“一河三岸”约9公里水岸贯穿其中，尽显岭南水乡风情。近年来，里水镇以里水河为核心，融入特色人文资源及自然资源，将梦里水乡打造成里水旅游小镇的核心旅游景区，吸引了大批游客前来打卡。

### （三）产业丰富协调发展

里水镇聚焦发展新一代电子信息、新型生物医药、新材料、新能源等战略性新兴产业，工业总产值连续7年超千亿元，拥有高新技术企业641家、省级专精特新企业87家。同时，里水镇拥有华南地区规模最大的蝴蝶兰生产销售中心，全国每四株蝴蝶兰就有一株产自里水镇。“有花就有里水苗、有家就有里水造、有医就有里水药”成为里水产业的金字招牌。

### （四）优美人居环境宜居宜游

里水镇大力开展人居环境整治，将景区景点嵌入里水城乡。通过实施公园化战略、水环境治理，城乡环境实现华丽转身，优美环境一步成景。里水镇具有开展全域旅游的环境优势，通过全域旅游，可以打造出更多好玩的景区，实现农业、工业、文化、旅游全面融合、高质量发展。

### （五）形成以“一产转型、二产提升、三产优化”推进“百千万工程”建设的思路

里水镇以“百千万工程”为总引擎，围绕典型镇培育要求，坚持以“城乡共美、产业共融、家园共管、服务共享”四共理念为导向，围绕“一产转型、二产提升、三产优化”的发展思路，坚持制造业当家，推进现代农业加快转型，推动文旅产业出新出彩，实现三产加速融合发展。推进城乡环境一体化建设、常住人口融合共治、公共服务普惠均衡，打造贯彻新发展理念的镇域样本、广佛经济社会融通先行镇。

## 二、大力推行独特的“四共”发展模式

里水镇以“四共”推动一二三产业深度融合，引领城乡发展新潮流。通过践行“城乡共美、产业共融、家园共管、服务共享”四共理念，里水镇不仅重塑了城乡空间格局，也促进了农业、工业、服务业之间的紧密联动与协同发展。这种跨产业的融合模式，不仅提升了里水镇的经济实力和综合竞争力，也为居民提供了更多元化、更高质量的生活和服务。里水镇正以其独特的“四共”发展模式，展现出新时代城乡融合发展的蓬勃生机与活力。

### （一）坚持城乡共美，重塑城乡发展格局

立足粤港澳大湾区广佛极点，积极打造广佛同城门户。统筹城乡规划，凭借区位优势，推动联城带村，以“一轴一带六片区”重构空间格

局。紧抓全域土地综合整治机遇，创新指标利益平衡机制，打造了全省首个“三券”（地券、房券、绿券）合一的逢涌项目、全市首个社会资本投资参与耕地恢复与建设的华穗耘谷现代农业产业园项目，持续推动城市形态优化、功能品质提升、发展空间拓展。里水镇抢抓机遇，精准发力，全面破解土地利用碎片化问题。两年内完成新增耕地1330亩、集约农用地5117亩，村级工业园综合整治7690亩、拆除改造3277亩，连片产业用地整备1968亩，共有产权保障房建设22.17万平方米，初步实现了建设用地更加连片集中、农用地更加集约高效、生态空间更加山清水秀的目标。

一是多方协同合力攻坚。全镇上下积极响应，镇领导挂帅专题研究，各部门主动作为，村（社区）积极配合，里水突击队累计发动超1.5万人次，投身到广佛西环征地、全域土地综合整治等重点工作中，蹚出“三券”落地的“里水路径”。激励腾退主体积极参与。在全区率先出台镇域地券、房券实施细则，首创指标利益平衡机制，明确将拆旧腾退获得的用地指标按镇政府、土地所有权人2∶8的比例分配，将八成指标分给腾退主体，充分调动腾退主体的积极性，由腾退主体出资复垦复绿。充分调动公有资产（简称“公资”）、村（社区）的积极性，形成政府统筹、公资带头、集体参与的工作格局。2023年，里水镇政府带头将逢涌村边缘地块统租复垦，获得用地指标194亩；公有制企业紧随其后，将福南湾、金山寺等地块腾退成公园，获得用地指标53亩；逢涌村自主出资，腾退废弃矿山，获得用地指标83亩。截至2023年11月，已累计完成低效建设用地腾退1165亩，获得建设用地指标329亩。撬动金融“活水”支持。借助政策性银行融资渠道，利用好农发行300亿元授信额度，将逢涌、沙涌、宏岗共有产权保障房项目打包融资，在拓宽资金渠道的同时，打通房券与共有产权保障房之间的兑换路径。

二是引导农民集体积极参与。主动帮村（社区）算好腾退工作“三盘账”——经济账、生态账、安全账，做通村“两委”班子和项目利益相关方的思想工作。算好经济账。将拆旧建新的新地块收益和原地块收益进行对比，拆旧建新不仅能获得用地指标，而且新地块收益是原地块收益的数倍，原地块的权属依然归村所有，一举数得。例如，逢涌村原南发铸造厂地块收益不足50万元，拆旧建新后，新地块收益将提升到每年360多万元，收入翻了7倍。算好生态账。让村民看见腾退后生态环境的改善，例如，逢涌村自开展建设用地腾退工作后，工厂排污和异味少了，推窗见绿、开门见景，居住环境更加宜居，附近村民交口称赞。算好安全账。老旧、低矮的村级工业园在用电、消防等方面，已经满足不了企业的生产需求，安全事故频发，低效建设用地腾退势在必行。

三是树立标杆示范。针对腾退积极性不高的问题，里水镇主动摸查腾退地块，形成腾退底账，充分挖潜，树立标杆，形成“里水新样本”。采取“全域整治＋生态修复＋低效建设用地腾退”模式。逢涌村积极开展低效建设用地腾退复垦复绿，成为广东省第一个集“三券”于一体的标杆示范，成功吸引北沙村、河村、洲村等多个村（社区）积极参与，有望于2024年再添“三券”。发挥公有制企业的示范引领作用。由镇公资带头对金山寺、里湖新城中轴线、沙涌上沙村油库地块进行腾退复垦，吸引其他实施主体参与腾退，带动盘活闲置地块资源。探索以“毛地”入市，引入社会资本参与腾退。以北沙村鹤暖岗地块腾退项目为试点，借鉴城市更新改造工作中的“毛地”入市政策，激发土地权属人腾退意愿，全力构建腾退工作“里水样本”。改善农村人居环境。动员全民参与水环境治理，持续开展“三清三拆三整治”，其中改造建筑外立面近千幢、公共建筑35栋、厕所216个、市场11个，清拆改造田头棚2900多个，建成“四小园”近千个，农村人居环境整治提升考核全市镇（街）排名第二。提升城市品质。以绿美里水生态建设为主线，提升城乡一体化生态品质，对里广路、大甘路等镇内主干道路进行综合整治和绿化美化，完成象岗岭1000亩林相改造，种植近17万棵香樟、秋枫、三角梅等苗木。

## （二）坚持产业共融，激发转型升级活力

整合工业、农业、文旅等资源，促进一二三产业链条式发展。打造战略性新兴产业高地。制定“高质量发展十大行动”“拼经济促发展五十条措施”等一系列政策，推出产业链供需对接、金融“活水”促发展等“组合拳”，加快佛北战新产业园产业集聚。2023年以来，引进超亿元项目44个，签约投资额170多亿元；坚持科创引领，仝小林院士工作站落户里水镇；先后吸引13个人才团队入驻一环数字科创产业带，落地科创项目60个。推动现代农业转型升级。里水镇按照“一心五带十园”[①]农业产业布局，连线成片、整体推进高水平农业发展，近两年先后集约农用地1.2万亩，引进现代农业项目15个，打造了以蝴蝶兰、香水百合等为代表的“三花一鱼”品牌，成为华南地区最大的蝴蝶兰产销基地、全国最大的锦鲤和龙鱼集散中心。促进农文旅产业融合发展。依托“百里芳华”乡村振兴示范带建设，融入“水上南海”战略，推动“里水花月夜”夜游、水上花市、斯巴达勇士赛等文体活动火爆出圈。实施里水河开放共创计划，积极盘活沿线资产物业，“水乡花园”线路游入选全国乡村旅游精品线路。

里水镇立足粤港澳大湾区广佛极点，以“百千万工程”为引领，以工业化思维推进农业发展，充分发掘传统农业优势，以良好的生态环境资源为基础，大力开发多元化休闲观光项目，全力推进传统农业向高水平农业转型，取得明显成效，农用地地租增至5000元/（亩·年），年度农民分红提高30%～50%。

一是以园为核心，构筑农业发展新格局。科学规划园区发展。里水

① 一心五带十园：一心，即以贤鲁岛和万顷花卉园区为核心区，建设南海区里水镇万亩都市农业公园。五带，即梦里水乡旅游观光带、贤鲁岛环岛与万顷园艺世界旅游观光带、梦里水乡百花园至梦里花田观光带、锦鲤世界至贤鲁岛观光带、理想村至网丁岛观光带。十园，即万顷园艺世界、南海花卉博览园、梦里水乡百花园、梦里花田、大峰千亩美丽渔场、里水蝴蝶兰大观园、鸿景农业种业产业园、华穗耘谷现代农业产业园、灏岚农业蓝莓种植产业园、蔬源农业蔬菜种植产业园。

镇农用地面积约7.65万亩，占全镇总面积的近1/3。通过深入挖掘科技、生产、休闲等元素，规划以现代园艺农业、特色花卉产业、创意农业、高端农业科技研发、观光旅游农业为主要业态的省级现代农业产业园。按照“一心五带十园”农业产业布局，连线成片、整体推进，打造集休闲、文化、生产、科普于一体的现代农业新格局。创新土地集约模式。一方面，推进“土地整治＋农用地整理”模式，鼓励村集体自行进行土地整理再出租，同时发挥国资引领作用，提前介入开展土地整理工作。另一方面，创新引入“土地整治＋高效现代农业”模式，近两年先后集约农用地1.2万亩，引进现代农业产业项目15个，其中现代渔业产业园区3个、一二三产业融合发展园区4个。引入园区特色项目。立足里水镇优势资源禀赋，逐步明确各大农业园区的发展路径，以“种业＋”为着力点，突出主题特色，实现错位发展。例如，鸿景农业种业产业园专注于培育大豆、水稻、玉米新品种苗，大峰水产园区以鳗鱼、淡水鱼苗养殖为主，华穗耘谷现代农业产业园以建设永久基本农田储备区为主，灏岚农业草莓种植产业园以种植高端设施蓝莓为主，有效消除园区发展同质化隐患。

二是以花为媒介，激活农业发展新引擎。促进花卉种植规模化。成立专业合作社，加强对种植农户的技术指导，引导周边农户以“带地入社”的方式实现土地连片发展，由龙头企业为合作社成员提供种植技术指导，组建百合花、蝴蝶兰等农民专业合作社，打造以蝴蝶兰、香水百合等为代表的“三花一鱼”品牌。里水镇是华南地区最大的蝴蝶兰产销基地，种植面积约2000亩，年产销约5500万株，年产值超10亿元；百合花种植面积近1000亩，年产销1100多万枝，年产值1.6亿元，约占全国总产量的1/5。实现花卉观赏品牌化。以万顷园艺世界、梦里水乡百花园、南海花卉博览园、贤鲁岛为载体，打造永不落幕的花市。连续七年举办岭南新春水上花市，成为出圈出彩的文旅IP，进一步提升了花卉品牌的知名度和影响力。推动花卉全球销售。利用“农业＋电商”“农业＋新媒体”发展模式，向国内外网友直播推介百合花、蝴蝶兰等名优农产品，拓宽年宵花销售渠道。积极对接本地种植户出口需求，培育专业花卉出口企业。2024年初，里水镇生产的3000株蝴蝶兰首次通过南海海关出口越南，农产品跨境贸易取得新突破。

三是以乡村为着力点，开辟一二三产业融合发展新路径。打造乡村旅游精品线路。以里水河和金溪河为纽带，将沿河12个品牌村居分别串珠成链，重点发展文创、乡村旅游、农业观光旅游等，打造“南有梦里水乡风情游，北有岭南农业大观园”乡村振兴精品线路，以绿道和水路推动南北地域空间连片、文化载体连片和旅游资源连片，从深度、广度、知名度、美誉度上打响里水旅游观光品牌。布局乡村网红空间。以运营思维引领，盘活村中闲置资产，根据村居品牌精准导入产业业态，构筑网红空间，为乡村文旅产业赋能，其中岭南农业大观园的长屋花房、鲁岗村的骑行驿站、大洲村的美稻里成为乡创基地。同时，立足“买花+赏花+乡村游”三大元素，引导近百家农业企业建立“前店后厂”的生产模式，打造成南北两大旅游线路上必经的网红打卡热点，形成集农业种植、休闲农业与乡村旅游于一体的新型生产经营模式，全面提升农村发展后劲。培育乡村人才队伍。通过成立乡创学院和民宿学院，建设乡创示范基地、乡村创客基地等，培育一批专业的运营人才，提升村民的经营管理水平。此外，积极引导村民改变传统的生产生活方式，鼓励村民依托自家的房舍庭院、乡村风情及深厚的农耕文化底蕴，引导村民大力发展民宿、农家乐、休闲垂钓、采摘体验等观光休闲项目，培育一批农民老板，增加农民收入。

## （三）坚持家园共管，推动全民参与治理

针对跨城流动人口多、治理难度大的实际问题，里水镇探索与广州有关街道跨城共建共治共享，齐心共绘广佛“同心圈”。2023年12月，里水镇与广州市白云区金沙街道签订《金沙街道·里水镇合作共建框架协议》，围绕组织共建、阵地共享、文化共融、经济共促和社会共治五大方面展开合作，推动金沙洲片区经济社会高质量发展，全力打造广佛经济社

会融合先行镇。

一是组织共建。建立两地党群共建沟通联络机制，每季度两地党群服务中心负责人或相关党组织负责人共同参与，定期研究广佛边界难点热点问题，建立日常联动协同机制。定期联合开展党建工作经验交流、党建知识学习、党务知识竞赛、专题党课、政治生日活动、党日活动等活动，营造两地比学赶超的氛围，提升两地党务工作者队伍的能力素质水平。摸查两地跨城工作生活的“候鸟”党员，发挥往返广佛两地工作生活的“候鸟”党员作用。同时，探索组建两地党员志愿服务队，推动开展跨城志愿服务，依托“i志愿”服务平台等实现服务时数互认，为“候鸟”党员参与居住地社会治理提供便利。实行社区学院互联互建培养计划。搭建社区学院共建合作平台，推动两地社区结对共建，开放共享社区学院课程库和导师库。依托社区学院的优势，构建多领域、多层次的合作教育培育模式，培育两地社会治理人才，让基层群众学有所成、学有所用，为助推两地基层善治注入新动能。

二是阵地共享。梳理两地党群服务阵地的建设和使用情况，对空闲的场地资源提前公布并开放预约，推动阵地资源再整合。整合链接两地党校、文化服务中心、妇女之家、儿童园地、青少年宫、幸福院等多方资源，推动资源共享和阵地服务再优化。实行党校红色教育培训计划。通过持续完善两地党校共训体系，共享两地师资和现场教学点，并推出党建精品课程，组织两地党员干部交流轮训，进一步推动基层党建工作，培育高质量党建人才。

三是文化共融。围绕红色文化、优秀传统文化、党群服务等主题，择优选取陈子壮纪念馆、卧云庐、家风家训公园、浔峰阁、中共南三花工委旧址、展旗楼、贤鲁岛、宏岗村等教学点，精心打造两地跨城研学路线。组织两地文体交流活动，共同举办文化展演、体育竞赛，推动两地文化共建和运动深度融合。组织广佛两地艺术体育团体互访演出，开展艺术、体育交流与合作，打造“广佛杯”系列文化体育交流赛事和品牌民俗活动。

开展里水镇本土醒狮表演与潮汕英歌舞相结合的文化民俗巡演活动，以及广佛“青创杯”足球邀请赛、“童心百合”少儿才艺大赛、才艺耀水乡成人才艺大赛等系列赛事，以人文精神引领文化的重构，让广佛居民认同里水、融入里水。联合推广广佛文化旅游资源，设计开发特色文化旅游线路，吸引更多游客。

四是经济共促。促进两地经济交流。加强两地商协会沟通联系，推动两地商协会党组织（企业）结对共建交流，深化合作，实现产业互补、共同发展。促进两地城乡一体化发展。推动两地村企结对共建，聚力“百千万工程”，助力乡村振兴，加快构建广佛两地城乡一体化发展格局。探索产业合作项目，促使里水好物走进千家万户。定期举办里水好物社区圩日或特色产品展览会，向金沙洲片区推出里水好物促销活动，让广佛市民都能享受到价廉质优的里水好物。在广百广场设立里水好物专区，组织广百党支部党员销售团队向往来两地的居民宣传推广里水好物，扩大里水好物的知名度和影响力。

五是社会共治。搭建广佛市民议事厅。依托广佛两地党群服务中心这一平台，收集两地群众高度关注、广泛反映的热点问题，对问题进行分析。每半年召集人大代表、政协委员、专家、乡贤、群众和有关政府部门工作人员展开讨论，共商解决方案。增强基层党组织战斗力。实施提升基层党组织战斗力“1+8”政策体系，通过设置量化指标，将党群服务中心工作纳进村（社区）综合考评，推动村（居）党建和业务深度融合。各村（居）在战斗力考评中被进一步激发了积极性、找准了方向重点，形成了竞标争先的发展态势，赤山村、流潮社区入选首批典型村；岗联村、瑶头村、里水社区等人居环境实现大幅提升。增强乡村振兴合力。发挥直联团队、村（居）党员干部带头作用，发动企业、乡贤等社会力量参与乡村振兴，开展村企结对、村村结对等多种形式的合作共建，创新组建一支乡村美划师团队，为提升乡村风貌赋能。

### （四）坚持服务共享，提升群众幸福指数

提升城乡群众民生福祉，打造优质均衡教育，近三年新增优质公办学位超1万个，足球、粤剧、机器人等学校特色项目全区领先。完善三级医疗服务体系建设，实现群众“小病不出村，大病不出镇”。探索幸福院“公益＋市场”模式，分批建设长者饭堂，工人文化宫、青少年宫开门迎客，居民获得感、幸福感不断提高。打造“善美里水”基层治理品牌，以“党建引领、文化引航、志愿引导”为导向，通过“十美”系列活动营造向善向上氛围，举办各类党群服务活动超过1600场次，开展各类志愿服务活动超过6100场。部署“文化东进”战略，以各种文体活动为切入点，推动广佛两地文化融合、文化认同，进一步增强广佛社区、小区间的向心力和凝聚力。

## 三、三产融合绘蓝图

以三产融合为画笔，一张梦里水乡蓝图正在里水大地绘就。在这片土地上，城乡差距逐渐缩小，一二三产业和谐共舞，社会各界携手共进。展望未来，里水镇将继续坚持以人民为中心的发展思想，立足新发展阶段，贯彻新发展理念，构建新发展格局，通过持续优化城乡环境，提升公共服务水平，加强创新驱动，推动产业高质量发展，不断提高人民群众的获得感、幸福感、安全感，努力将里水镇打造成宜居宜业宜游的现代化梦里水乡。

### （一）一二三产业和谐共舞

里水镇一二三产业的融合发展尤为出彩，除了坚持实体经济为本、制造业当家外，里水镇的传统农业加快转型，文旅产业出新出彩。

#### 1.传统农业转型加快

里水镇打造了万顷园艺世界、南海花卉博览园、华穗耘谷现代农业产业园等现代农业连片项目，集聚了华南地区最大的蝴蝶兰产销中心、国内

最大的中高端锦鲤交易市场，蝴蝶兰、香水百合、三角梅以及观赏鱼“三花一鱼”品牌持续擦亮。近年来，里水镇大力发展观赏渔业，通过土地集中流转，打造大型园区，力促南海花卉博览园转型成为全国最大的观赏鱼养殖和集散中心。观赏鱼年交易额达20亿元，园区形成了观赏鱼种苗研发培育、精品鱼高科技养殖、养殖装备研发制造、进出口隔离检疫、电商直播销售、标准化包装物流的全产业链发展格局。2023年，里水镇实现农林牧渔业总产值33亿元，增长24.5%，总量、增速均为全区第一。集约农用地超6000亩，引入智昊蓝莓等8个高值项目。

里水镇还促使传统产业搭上电商直播快车，目前已引进、培育200多家电商直播观赏鱼销售企业，培育了一大批粉丝量过百万的专业主播，一批批里水锦鲤、龙鱼等正通过直播渠道，“游向”全国各地。同时，里水镇还形成了以南海花卉博览园为核心的观赏鱼养殖集群，年销售量达300万尾。

**2.制造业基础不断夯实**

里水镇形成新型生物医药、新一代电子信息、新材料、智能家电、智能装备、汽车及零配件六大产业集群，2023年全镇工业企业总量近8400家，工业总产值连续7年超千亿元。在创新要素方面，2023年，里水镇发布一环数字科创产业带规划，13个科创人才团队、60个数字科创项目抢先进驻，全社会研发投入占地区生产总值的比重保持全区前列。新增国家知识产权示范企业2家、创新型中小企业78家、高新技术企业140家。

公资系统同样出彩。目前公资总量达123.47亿元，增长14%；对外投资30.12亿元，增长16%；实现营收4.16亿元，增长26%。里水投控成为全市首家AA评级的镇属公司，获得首批融资授信22亿元。全省首个“三券”合一的逢涌项目、全市首个社会资本投资参与耕地恢复与建设的华穗耘谷现代农业产业园项目等，让里水镇的发展有了更大的想象空间。

**3.文旅产业蓬勃发展**

里水镇以梦里水乡国家4A级旅游景区为核心带动，积极融入“水上南海”战略，打造“南有梦里水乡风情游，北有岭南农业大观园”两大精品线路，获评广东省休闲农业与乡村旅游示范镇。培育了“里水花月夜”夜游、贤鲁岛、展旗楼等网红打卡点，岭南新春水上花市、锦龙盛会、赤山跳火光、斯巴达勇士赛火爆出圈，成为具有区域影响力的特色文旅品牌。引入零度科技游船等优质项目6个，全域旅游项目成为华为元服务旅游板块粤港澳大湾区首个合作案例。通过推动全域旅游发展，将景区嵌入整个里水镇城乡全境，将农业、文化、旅游和工业融合起来，旅游内容更加丰富，如二产企业开设产业博物院，一产南海花卉博览园也成为重要景点。

## （二）梦里水乡蓝图在前

千帆竞发勇者胜，百舸争流奋楫先。里水镇以三产融合为目标，锚定打造贯彻新发展理念镇域样本的定位，众志成城、风雨兼程，实干担当、拼搏奋进，奋力推动里水高质量发展再上新台阶，为建设现代化活力新南海作出里水贡献，绘就梦里水乡三产融合壮美蓝图。

**1.以更高政治站位推进“百千万工程”，提升城乡协调发展水平**

以头号工程力度推进“百千万工程”，培育特色鲜明的典型村镇。一是实施产业融合转型、设施服务提升等典型镇建设六大行动，促进城乡区域协调发展。突出赤山村、流潮社区的典型示范作用，按照“一村一策、一村一特色”要求，推动更多村（居）立足发展优势，聚合各方力量，推进“十个一”工程，打造底色更亮、成色更足、特色更鲜明的典型村。二是落实“一轴一带六片区”空间布局，深化全域土地综合整治，积极探索“土地整治＋”新模式、新机制，推进产业用地腾挪盘活。积极推动集体建设用地转为国有建设用地，大力提升土地产出效益。三是加快农村经济转型，积极实施“种业＋”计划，建立农业科技成果转化基地，发力农产品跨境贸易，提高现代农业规模化、高端化、品牌化、标准化水平。探索多元发展路径，建立农村集体土地和物业连片发展机制，推动农村集体经济组织向现代企业转型。强化国资引领，加强项目合作，支持经济薄弱村发展集体经济。

**2.以更宽视野推进广佛全域同城，提升城市发展能级**

立足粤港澳大湾区广佛极点，谋划更广领域、更高水平、更深层次的同城化合作，打造广佛同城门户。一是高标准建设核心城区，加快广佛青创城路网、里湖新城中轴线、南海双语实验学校（青创城校区）等基础设施建设。二是加快对外交通骨架路网建设，积极争取碧江大桥、沉香大桥项目开工建设，全力支持广佛西环（里水段）、里水有轨电车、桂澜路北延线、环镇北路等重点交通设施建设，加强与周边镇（街）的交通衔接。三是积极推动与广州市白云区金沙街道等周边镇（街）开展合作共建，探索党建引领推动广佛协同发展新模式，促进两地城产人文深度融合发展。四是实施“文化东进”战略，以广佛青创城片区为重点区域，举办文化艺术年会等具有区域影响力的文化艺术交流活动，进一步激发城市活力。

**3.以更强力度推进转型升级，提升产业发展动能**

坚持制造业当家，集中资源发展新一代电子信息技术、新型生物医药、新材料、新能源等战略性新兴产业。一是加快推进南海电子信息产业园、中国中药健康产业园等重大产业平台建设，推动优质产业聚集。二是促进巩固佛山力合创新中心、佛山国家火炬创新创业园等平台发展，加强与季华实验室、山东大学深圳研究院、广东省科学院佛山产业技术研究院等大院大所合作，争取更多科创平台落户里水镇。建立科技成果转化机制，推动科创平台与企业有效对接，增强市场竞争力。三是以互联网、大数据、人工智能等新技术提升物流、鞋业等传统产业发展水平。四是深化公有资产企业改革，进一步提升其融资能力、经营能力、盈利能力。五是创新文旅玩法，加快实施里水河开放共创计划，丰富日游、夜游等消费新业态，满足游客多层次消费需求。六是以市场需求为导向，科学配置生产性服务业，充分整合农业、工业、文化、旅游等各类资源，促进一二三产业链条式发展。

**4.以更大决心推进绿美里水生态建设，提升城市发展品质**

坚定不移地加强生态建设和环境治理：一是加快象岗岭林相改造，

对镇内主干道路沿线进行综合整治和绿化美化，强化污染防治攻坚。二是深入实施水环境全流域强统筹大兵团分层次治理，突出河长领治，实施重点河涌“一河一策”突击攻坚，系统推进全民治水。三是优化城市精细治理，全面落实城市品质提升三年行动计划，提升城市环境品质。四是补齐农村基础设施短板，扎实推进农房风貌管控、人居环境整治，建设富有岭南风韵的精美农村。五是常态化开展人居环境提升等志愿服务活动，组建乡村美划师团队，引导机关、学校、企业、文艺协会中的规划、美术人才回归乡村，用智慧、才华为乡村风貌增色添彩。推广“美丽庭院”共建模式，鼓励妇联激发“她力量”，积极参与乡村振兴和“百千万工程”。

**5.以更实举措推动共建共治共享，提升市民幸福感**

坚持以人民为中心，用心用情用力营造一个安全、有序、和谐的幸福家园。一是建设新型智慧城市，强化科技赋能，以云计算、大数据、人工智能等先进技术为支撑，开发“城市大脑”，让城市管理更加高效，选取1～2个村（社区）试点建设未来社区，为居民提供智慧政务、智慧医疗、智慧安保、智慧养老等专业、多元、个性化的一站式在线办事服务，让社区服务更加便捷。二是弘扬善美理念，打造“善美里水”品牌。完善“创熟”（创建熟人社区）工作机制，将城市社区“创熟”经验向农村全域推广。三是推动基础教育集团化办学向纵深发展，强化青少年心理健康全周期管理服务，持续擦亮“上善教育”品牌；加快社区卫生服务中心建设，推动南方医科大学第七附属医院服务优化提升，加强紧密型医联体建设，促进优质医疗资源和医疗服务上下联通对接。

## 四、里水启示

里水镇坚持以三产融合为目标汇聚多方合力，推动镇域高质量发展。从这一成功案例中，我们可以得出以下三点启示。

## （一）以三产融合为引领，都市农业大有可为

里水镇的实践证明，沿着三产融合道路发展，都市农业大有可为，三产融合是推动镇域经济发展的重要途径。通过产业共融，可以实现资源共享、优势互补，进而提高整体效益。例如，该镇积极推动农业、工业与服务业相互渗透，不仅促进了农产品的深加工和品牌建设，还带动了相关服务业的发展。里水镇全方位构建产业共融新体系，为镇域经济注入了新活力。

## （二）立足资源优势，打造特色产业

里水镇依托当地的资源优势，成功打造了一系列特色产业。这不仅提升了镇域经济的竞争力，还增强了该镇的可持续发展能力。例如，该镇利用丰富的农业资源，发展现代农业和休闲农业；依托工业基础，推动制造业转型升级；同时，以梦里水乡国家4A级旅游景区为核心带动，打造精品线路，培育网红景点，推动文旅产业出新出彩。这些举措充分展现了立足资源优势、打造特色产业的重要性。

## （三）注重发挥区位优势，推动城乡协调发展

里水镇发挥居于广佛两大都市中间的独特优势，注重城乡统筹协调发展，努力实现城乡一体化。通过优化城乡规划、提升基础设施、完善公共服务等措施，有效推动了城乡均衡发展，这不仅提升了镇域经济整体水平，还提高了居民的生活质量和获得感、幸福感。

# 第八章

# 驻镇帮镇扶村开启镇域高质量发展新机制

## 第一节　永汉镇：驻镇帮镇扶村出真招见实效

永汉镇隶属于惠州市龙门县，镇域面积216平方公里，建成区3.4平方公里，户籍人口5.4万人，共有22个行政村、2个社区。永汉镇紧靠南昆山国家森林公园，温泉康养产业基础深厚，获得“全国文明村镇”“国家卫生镇”“广东省旅游特色镇”“广东省生态乡镇”等称号，2023年入选广东省首批“百千万工程”典型镇。

永汉镇抢抓“百千万工程”发展机遇，通过打造美丽示范主街，以点带面推进美丽圩镇典型镇建设，跑出美丽圩镇建设“加速度”。驻镇帮镇扶村是广东省委、省政府实施“百千万工程”的有力举措和重要抓手。永汉镇驻镇帮镇扶村工作队主动而为，摸清家底，探索创新，积极把乡村资源转变为乡村发展的源头活水，推动美丽圩镇建设，壮大集体经济，助力探索具有永汉特色的乡村振兴道路，谱写出永汉乡村振兴最美华章。

### 一、把握机遇，形成“大镇迈向小城市，建康养科创新城”的发展新思路

乡镇既是串联城市和农村的关键节点，也是实施“百千万工程”的重

要一环。永汉镇按照省市实施“百千万工程”的工作部署，紧扣高质量发展首要任务，探索出一条建设乡村旅游综合示范带、打造康养科创新城的发展新路。

## （一）区位优势显著、资源禀赋优越、产业基础雄厚

永汉镇位于龙门县西南部，西北紧靠南昆山，西南与广州市增城区毗邻，拥有龙门县“南大门”的区位优势和“林中泉城”的资源禀赋。该镇紧靠南昆山生态旅游区，森林覆盖率达69.19%，生态禀赋优越、温泉资源丰富、交通便利、区位优势明显，是龙门县经济快速发展的区域之一。永汉镇地处珠江三角洲“大三角”的东北边缘，是珠三角都市旅游圈、粤东旅游区和粤北旅游区的接合部，广州都市圈、深圳都市圈的黄金交会点，距离广州市约40公里，距离深圳市、惠州市、东莞市等大中城市均在100公里以内。广河高速从镇内21公里腹地经过，汕湛高速、国道355线等交通主干线与珠三角骨干交通网相连，区位交通便利。地热资源丰富，拥有马星、隔陂、油田三大温泉片区。历史文化悠久，境内文物古迹和古建筑群众多。立足资源优势，永汉镇旅游产业发展势头强劲。目前，永汉镇有国家五星级温泉1个、国家4A级景区2个、国家3A级景区1个。共有景区酒店8家、民宿83家、农家乐约600家，适宜开展帐篷露营、山地越野、泉谷漂流等精彩纷呈的旅游活动。2023年，永汉镇全年累计接待游客345.4万人次，同比增长9.72%；实现旅游收入16.4亿元，同比增长8.45%。

永汉镇拥有较强的经济实力和产业基础，是龙门县的重要经济增长极。2022年，全镇地区生产总值为29.12亿元，同比增长8.9%；总税收收入为2.16亿元，其中本级税收收入为1.13亿元；财政收入为5.38亿元，同比增长278.9%，其中一般公共预算收入为1.39亿元，同比增长57.9%；城乡居民人均可支配收入超过3.1万元。新增经营主体568家，注册资本3.51亿元，新增“个转企”（个体工商户转型升级为企业）22家、“小升规”（小微企业转型升级为规模以上企业）3家。永汉镇是龙门县的重点工业镇和重

要工业生产基地，拥有规模以上工业企业7家，主要涉及食品饮料、电子信息、机械制造、医药化工等行业。永汉镇是龙门县的重要商贸中心、重要物流集散地和商品流通中心，拥有永汉综合市场、永汉茶叶专业市场、永汉农贸市场等一批大型市场。永汉镇是龙门县的重要电商镇，拥有电商企业和个体工商户近2000家。

永汉镇具有较好的创新潜力和发展能力，是龙门县的重要创新平台和示范区。永汉镇聚力推进康养产业。自南昆山温泉大观园这一旅游品牌落户永汉镇后，富力、云顶、保利等高端旅游项目慕名前往永汉镇投资发展，“十三五”期间游客数量增长至1400多万人次。多年来，永汉镇一直深挖本地文化底蕴，做精做特乡村文化旅游。2019年，位于永汉镇鹤湖村的鹤湖围入选第八批全国重点文物保护单位，成为惠州市三个全国文物保护单位之一。永汉镇低冚村被评为广东省文化和旅游特色村，位于永汉镇油田村的嘉义庄是龙门农民画之乡，永汉镇还有文祐王公祠、子轩范公祠、三寨谷造纸遗址等多个省、市级文物保护单位，以及虎头花灯、舞貔貅、梅花拳等多个省、市级非物质文化遗产。目前，永汉镇有省级以上文化和旅游特色村1个，省、市级乡村旅游精品线路各2条。近年来，永汉镇还打造出帐篷露营、山地越野、泉谷漂流等精彩纷呈的旅游项目，实现了乡村旅游有前途、村民生活有奔头的美好愿景。永汉镇大力发展战略性新兴产业，引进和打造了一批高端项目，如惠州市国有油田林场、惠州市生态农业科技园和永汉镇康养科创新城等，打造了龙门县的重要产业转型升级平台。永汉镇积极培育工业互联网生态体系，推动工业互联网平台建设和应用，打造龙门县的重要数字化经济新引擎。

### （二）市内帮扶激发永汉发展新动能

永汉镇善用外力，抢抓发展机遇。根据《广东省乡村振兴驻镇帮镇扶村工作方案》精神和惠州市委、市政府的统一部署，由惠州市委统战部牵头惠州各单位组成永汉镇驻镇帮镇扶村工作队。永汉镇充分利用驻镇帮镇扶村资源，积极引入市属力量，加快推进一批重点项目建设，改善了镇域的基础设施条件，提升了镇域的综合承载能力。永汉镇投入驻镇帮镇扶村资金630万元，打造了一个集蔬菜、肉类、水产、熟食等多种商品于一体的现代化综合市场，为周边居民提供了便捷、优质的购物环境。永汉镇投入驻镇帮镇扶村资金500万元，建设永汉镇农业科技园，集中展示永汉镇的农业特色和成果，为农业科技创新和推广提供平台。此外，永汉镇还加快改造和建设镇域道路、水利、供水、供电、通信、环卫等基础设施，为镇域高质量发展提供坚实的保障。

永汉镇优化产业结构，培育新兴产业。永汉镇紧跟市场需求和发展趋势，积极调整优化产业结构，培育壮大了一批新兴产业，增强了镇域的经济活力和竞争力。例如，永汉镇引进了惠州市国有油田林场项目，利用林场的生态资源发展林下经济，种植茶叶、荔枝、香菇等特色农产品，同时开展生态旅游、康养旅游等服务业，形成了一条完整的产业链。此外，永汉镇还打造出康养科创新城项目，利用温泉资源，发展康养旅游，建设温泉酒店、养老公寓、医疗中心等设施，同时开展科技创新、人才培养等服务业，形成了一条优质的产业链。在驻镇帮镇扶村工作队的大力支持下，充分发挥永汉镇油田村嘉义庄的历史文化和自然资源优势，引入民营企业潮州市玉瑶山庄生态旅游有限公司投资超1亿元，建设嘉义庄农旅综合体项目，对嘉义庄进行系统的资源整合和优化，形成集农业生产、加工、储运、销售和农文旅融合、农业培训等业务于一体的农业全产业链平台。

永汉镇加快推动现代农业发展，打造品牌农业。永汉镇引进惠州市生态农业科技园项目，利用科技手段，发展智慧农业，种植无公害蔬菜、水果、中药材等绿色农产品，同时开展农业科普教育、休闲观光等服务业，形成了一条高效的产业链。2022年，永汉镇完成粮食播种约3.7万亩，产量约1.4万吨。全年经济作物种植面积22870亩，以蔬菜、花生为主。其中花生种植面积5980亩，产量约1171吨；蔬菜种植面积16700亩，产量约31171吨，同比增长6.8%。着力打造“一村一品”，加快推进乡村振兴，打造柑橘、嘉宝果主导产业2个，产业规模520亩，创造产值557万元，联农带农富农效果明显。打造永汉茶叶专业市场，集中展示和销售特色茶叶，如林场茶、石门茶、仁化茶等，提升永汉茶叶的知名度和美誉度。驻镇帮镇扶村工作队积极推进永汉镇相关部门和企业对接市县农业农村局等有关部门，开展番石榴、沃柑、慈姑等“粤字号”的申报工作，全力打造永汉镇特色产品番石榴，协助成立销售公司。永汉镇还打造了永汉电商产业，利用网络平台，销售慈姑、迟菜心、嘉宝果等特色农产品，同时开展电商培训和扶持，拓宽永汉镇农产品的销售渠道，提高永汉镇农产品的销售效益。

### （三）以小城市标准规划建设中心圩镇，努力打造康养科创新城

近年来，永汉镇结合产业定位、优势资源、地方文化内涵等，开展整体规划设计，全面深入实施“产业强镇、乡村振兴、城镇焕新、生态赋能、民生幸福”五大战略，打造集康养度假、生态旅游、科研创意、生活旅居于一体的美丽圩镇。乘着“百千万工程”的东风，永汉镇坚持以建设美丽圩镇为主线，以推进生产、生活、生态三生融合为手段，以壮大新型农村集体经济为重点，全面推进“百千万工程”。因地制宜，完善功能分区，规划构建“两心二轴两片”城镇发展空间格局。具体而言，按长远目标与当下短板，以着力提升人居环境水平、增强公共服务能力、加强产业发展实力为方向，构建一张“创建作战图”，始终秉持找准目标定位、彰显地域特色、可操作性强的原则，着力以小城市标准规划建设中心圩镇，高质量推进美丽圩镇建设。坚持农业农村优先发展，统筹抓好“富民”“兴业”“宜居”，努力实现农业高质高效、乡村宜居宜业、农民富裕富足，绘就看得见青山绿水、安得下幸福生活、留得住美丽乡愁的新时代永汉新画卷。

## 二、“谋、实、新、特”，跑出美丽圩镇建设“加速度”

自“百千万工程”实施以来，永汉镇锚定培育中心镇典型镇目标任务，积极推进新型城镇化建设，加快提升城镇功能和品质，以头号工程的势头和力度，高标准谋划实施了一批惠当前、利长远的基础设施提升项目。聚力打造美丽圩镇，充分挖掘文化内涵，提取地域元素符号，对美丽乡镇入口通道、美丽示范主街、美丽河道、绿美生态小公园等“七个一”[①]节点进行一体化设计与提升改造，绘出美丽圩镇新画卷。2023年，惠州市“百千万工程”指挥部城建专班现场会、惠州市“百千万工程”典型镇村培育现场推进会先后在永汉镇召开。2024年2月，广东省委书记黄坤明率队赴永汉镇开展专题调研，对增龙路微改造项目高度评价：“这种微改造新颖独特，用巧思塑造了小镇独有的味道。”永汉镇紧抓“百千万工程”机遇，坚持在谋、实、新、特上做文章下功夫，奋力跑出美丽圩镇建设“加速度”。

### （一）坚持“谋”字当头，擘画美丽蝶变蓝图

永汉镇成立“百千万工程”指挥部，由镇党委书记担任指挥部总指挥，各位镇领导为成员，高效搭建组织架构，汇聚精干力量，厘清永汉镇发展现状，聚力推进“百千万工程”走深走实。

一是因地制宜，完善功能分区。立足资源禀赋、产业基础、历史人文等地域特色，着力强化城镇建设发展规划，规划构建“两心二轴两片”的城镇发展空间格局。

二是靠前发力，制定项目规划。紧扣长远目标与当下短板，以着力提升人居环境水平、增强公共服务能力、加强产业发展实力为方向，构建一张“创建作战图”，保障美丽圩镇建设全过程高质量推进。

---

① “百千万工程”美丽圩镇建设“七个一”是指一个美丽乡镇入口通道、一条美丽示范主街、一片房屋外立面提升样板、一处美丽圩镇客厅、一个干净整洁农贸市场、一条美丽河道、一个绿美生态小公园。

## （二）坚持“实”字为要，抓实高质量发展

永汉镇坚持以“实”字打底促发展，瞄准方向、真抓实干，保持等不起的紧迫感、慢不得的危机感、坐不住的责任感，以实干挑起高质量发展的千钧重担，扛起绘制永汉镇宏伟蓝图的时代责任。

一是聚焦四项攻坚行动，擦亮人居环境底色。划定“六乱”重点整治片区，持续开展沿街遮阳（雨）棚整治，完成3.2公里的主街“三线”下地工作，巩固提升主街道、农贸市场等重点区域环境卫生，打好“三净六无”美丽基础。

二是专注七个建设任务，强化风貌品质特色。全力打造美丽乡镇入口通道、绿美生态小公园、美丽示范主街、美丽河道，融合AR（增强现实）互动打卡体验，将猫文化融入城市场景，策划增龙路“寻猫之旅”创意活动，打造“永汉生活”城市品牌，激活镇区文旅活力。2024年春节，永汉镇接纳的10.8万人次游客中，有3.7万是被“寻猫之旅”吸引慕名前来的。

三是对标九类建设内容，提升公共设施成色。投入约1.5亿元升级“四路一桥”交通路网，投入约1.7亿元建设龙门县第二人民医院，积极推动永汉镇敬老院改扩建工程，不断完善圩镇托育服务功能，谋划保障房项目等，在圩镇范围打造15分钟生活圈，在区域层面以医疗、养老、客运、物流等服务职能辐射带动周边乡镇。

四是坚持基层共治，增添社会治理亮色。2023年，组织开展党群活动552次，参与绿美龙门生态建设、农房风貌管控提升、人居环境整治等基层治理工作3145人次。积极引导企业参与“千企帮千镇、万企兴万村”行动，已落实结对企业3家，落实结对帮扶项目4个，助力永汉镇高质量发展。

## （三）坚持“新”字争先，抓住品牌升级新流量

一是专业团队齐助力。邀请专业设计团队，结合永汉圩镇文化定位，提取地域元素符号，进行城市视觉一体化设计，让建筑立面美起来、风景立起来、品质升起来，提升圩镇活力。

二是“一户一策”定方案。针对主街提升范围的商铺，进行单独建模，“一户一策”设计方案，针对建筑现状，通过建筑微改造提升品质、户外广告打造视觉地标、灯光亮化烘托夜间氛围，塑造全新的城市形象。

三是主题IP引活力。深入挖掘特色文化，升级打造以南昆山现有国家二级保护动物——豹猫为主题的猫文化城市元素，将猫文化融入城市场景，营造舒适空间氛围，将示范主街打造成网红打卡地，并以生态和健康打造“永汉生活”城市品牌，给广大游客市民焕然一新的街区面貌，持续吸引客流、物流、资金流等资源向圩镇聚集，让圩镇在美起来的基础上旺起来。

四是立足镇域实际做强发展品牌。推动镇域经济发展，关键在于找准特色做大品牌。以“寻猫之旅”为主题的永汉镇美丽圩镇示范主街增龙路段品质提升改造工程，成功将猫文化融入城镇风貌，为旅游业发展带来新机遇，吸引了更多的游客前来参观，并延长了游客停留的时间。增龙路沿线长920米，共有285栋楼房，通过逐一建模，每栋单独出具一套设计方案，对建筑实施微改造、植入灯光点缀，塑造出全新圩镇面貌，改造建筑立面约4.8万平方米。永汉镇积极挖掘本地红色旅游资源，低冚村是抗日战争时期中国共产党建立的革命根据地，也是东江纵队主要活动区域之一，在2017年被列入广东省第一批红色村。通过打造一系列红色旅游景点，如胜利之门、聚和堂宗祠、低冚伏击战战士战斗雕塑等，成功吸引大量游客前来参观游玩。

推动城乡融合发展的落脚点在于增进民生福祉。党的十八大以来，永汉镇坚持为人民服务，不断完善路桥系统、改造城镇风貌、深化防污治水，大大提升了辖区群众的归属感、获得感和幸福感。畅达的区域交通让生活更省心。永汉镇坚持以人民为中心的发展思想，汕湛高速永汉段、国道355线、入城大道、环城路等多个重点交通项目先后建成通车。当前，永汉镇正以永城公路、南油公路、永南公路和增龙公路为骨架，以永汉桥升级改造为核心，进行“四路一桥”项目布局，进一步完善路网系统。

### （四）坚持“特”字施策，“一村一策”集中优势壮大农村集体经济

共同富裕是社会主义的本质要求，推进共同富裕，最艰巨最繁重的任务依然在农村。发展新型农村集体经济，有利于提高农民收入水平、促进农村农民共同富裕，是提升农村公共服务能力、完善乡村治理的有效手段。永汉镇借助“百千万工程”，向存量要空间，在新型农村集体经济的赛道上争先进位。积极探索促进城乡区域协调发展的有效路径，施行“一村一策”，创新村集体增收致富方式，打造村集体经济增收“金钥匙”，加快推进村集体经济增收，建成更多集体经济强村，实现农民增收致富。

一是坚持党建引领，引导新型农村集体经济促进乡村共同富裕。通过有机融合党组织的引领功能、服务功能、规范功能，将村党组织的战斗堡垒作用、主心骨作用具体化为农村农民发展新型农村集体经济、促进乡村共同富裕的整体合力。永汉镇将村党组织作为推动城乡融合的主心骨，党组织在基层社会治理中的领导核心作用进一步突出，成功打造了2个“两规三联一法”示范村。将技术、资金与人才等外部资源与乡村资产、资源与劳务等内部要素有效融合，为发展新型农村集体经济、促进乡村共同富裕提供资源支持。比如，低𡌶村是革命老区村，也曾是省级贫困村，近年来，永汉镇通过抓党建促脱贫攻坚工作，使得该村的村集体经济年平均收入达20万元，比脱贫前翻了10倍。多年来，永汉镇注重加强党对“三农”工作的领导，做到在要素配置、资金投入、公共服务方面“三优先”，通过大力实施“人才下乡、干部返乡、能人回乡”计划，以及“领导包村、干部包组、党员包户”的责任落实体系，镇内2个省级贫困村、3个市级贫困村、10个县级贫困村全部达标出列，脱贫率达100%，解决了“两不愁三保障”等民生问题。

二是坚持利益联结，构建新型农村集体经济利益关键链条。农村集体经济组织通过收益分红、劳务报酬、征收补偿等利益分配方式，与村民共

享新型农村集体经济的利益增值，以有效的利益激励，为村民自觉参与集体行动提供外生动力与物质保障，进而推动利益联结机制的可持续运行。永汉镇通过村企联合、村村合作、联合经营等方式，推进村企、村民、村村之间建立利益联结平台。永汉镇还通过开展“农民夜校”工作，为农户提供农业技术、电商技能、创业指导等培训，同时提供就业信息、创业扶持、社会保障等服务，帮助他们提升技能和素质、拓宽就业和创业的渠道、实现持续增收。打造发展新平台。一方面，利用自身专业性强、信息渠道广、职能权威的优势，整合各方资源，带动村民共建共富；另一方面，为乡村内部、村企之间、村村之间提供沟通桥梁，提升各主体间互信程度，进而推动新型农村集体经济的整体性与协同性发展。永汉镇坚持以人民为中心，大力发展村集体经济，促进农民增收和脱贫。比如，永汉镇通过开展驻镇帮镇扶村工作，为贫困村和贫困户提供资金、技术、项目、就业等方面的帮扶，帮助他们发展产业、增加收入，实现稳定脱贫。

三是坚持创新发展，实现新型农村集体经济促进乡村共同富裕。充分尊重农民主体地位，追求农村农民利益最大化，在“共有”基础上，拓展至“共建、共治、共享”多重维度，形成发展成果转化机制。比如，永汉镇拥有丰富的温泉资源、良好的生态环境和厚重的红色文化，是龙门县的旅游大镇。为进一步吸引游客消费，永汉镇引入了“寻猫之旅”文旅主题IP，把传统乡村街道打造成吸引游客的聚集地。乡村振兴的关键是产业振兴，永汉镇通过发展产业、改善分配与优化治理的方式，发展新型农村集体经济促进共同富裕。永汉镇以产村市景融合为手段，延伸乡村产业链，推动产业结构与市场需求相结合，以集体资源要素和多样化增收机制，赋能乡村产业高质量发展。永汉镇通过开展“一村一品”工作，为农户提供优质的种苗、肥料、农药等生产资料，同时提供技术指导、市场对接、品牌推广等服务，帮助他们种植特色农产品，提高农产品的质量和价格，实现增收致富。

## 三、建设"三个一流"的"永汉样板"

党的十八大以来，永汉镇以党建统领为核心，以乡村振兴为重点，以重大项目为抓手，以全域旅游为支撑，以实现"三个一流"为目标，取得了非凡的经济社会发展成果。从镇域经济发展来看，永汉镇凭借丰富的温泉资源、良好的生态环境和深厚的红色文化，获得"全国文明镇""国家卫生镇""广东省旅游特色镇""广东省生态乡镇"等诸多荣誉称号。驻镇帮镇扶村是广东实施"百千万工程"的重要举措。作为广东驻镇帮镇扶村典型案例，永汉镇始终紧扣"百千万工程"要务，根据镇域发展实际，充分利用政策红利，走出了一条具有重要典型示范效应的新型城镇化发展道路。

### （一）以一流党建促发展，乡村振兴阔步走

2022年春节期间，在永汉镇低冚村的柑橘园里，成熟的桔子压满枝条，村民手捧柑橘喜上眉梢。"现在我们住上了新房，开上了轿车，日子越过越好。"这是每一位低冚村村民的心声。

2017年，贫困村低冚村被列入广东省第一批红色村党建示范工程建设点，经过多年发展，低冚村走出了一条高质量发展的乡村振兴路。近年来，村集体经济年平均收入达20万元，比脱贫前翻了10倍。低冚村欣欣向荣的新面貌，正是永汉镇抓党建促脱贫攻坚工作取得重大成效的一个缩影。

永汉镇坚持发挥党建引领乡村振兴的突出作用，推动实现农业稳步发展。初步数据显示，截至2022年8月，全镇粮食作物种植面积3.62万亩，总产量1.56万吨；园林水果种植面积8198亩，总产量9770吨。打造柑橘、嘉宝果"一村一品"2个，产业规模520亩，村民人均可支配收入4.8万元/年。

与此同时，永汉镇乡村风貌焕然一新，乡村治理实现提质增效。近年来，永汉镇陆续投入资金1.35亿元打造"三生体验·康养农旅"乡村振兴综合示范带，覆盖沿线5个村庄，乡村宜居水平得到有效提升；通过深化实

施“两规三联一法”乡村治理模式，党组织在基层社会治理中的领导核心作用进一步突出，成功打造了2个“两规三联一法”示范村。

## （二）以一流服务暖民心，城镇品质大提升

美丽的城镇风貌让生活更舒心。近年来，永汉镇多方位推进城镇风貌改造，河东开发区升级改造工程基本完工，新建区内道路6.2公里，污水管道4.2公里、雨水管道3.8公里，旧区旧貌换新颜。永汉绿道建设序时推进，完成绿道建设6.7公里，新建景观台4座、庭院灯66盏，“一河两岸”初见雏形。实施中心街道道路提升改造工程，重点提升改造圩镇的46条主要道路，道路总长约12公里。

良好的生态环境让生活更放心。永汉镇党委、政府高度重视城镇生态环境工作，2022年初规划城东、城西、城南、上埔、永南路、增龙路六大片区污水管网建设项目，预计建设污水管网10.28公里，接管入户4000余户。从源头上实施污水治理，进一步实现城镇生活污水处理全覆盖，不断推动永汉镇生态文明建设再上新台阶。

## （三）以一流资源筑业态，文旅产业大跨越

永汉镇拥有马星、隔陂、油田三大温泉片区，地热资源丰富。境内的文物古迹和古建筑群众多，历史文化悠久。

聚力推进康养产业。自龙门南昆山温泉大观园这一旅游品牌落户永汉镇后，富力、云顶、保利、碧桂园等一批批高端旅游项目慕名来到永汉镇投资发展。目前，永汉镇有国家五星级温泉1个、国家4A级景区2个、国家3A级景区1个。“十二五”期间接待游客800多万人次，“十三五”期间增长至1400多万人次。近年受新冠疫情影响，旅游人数有所减少，但2021年全年接待游客达到125.7万人次。如今，永汉镇正着力加强温泉地热水资源统一供应、规范管理，促进生态温泉旅游产业可持续发展。

创新发展乡村文旅。多年来，永汉镇一直深挖植根于此的文化底蕴，

做精做特乡村文旅。2019年，鹤湖围入选第八批全国重点文物保护单位，成为惠州市三个全国文物保护单位之一。低冚村被评为广东省文化和旅游特色村，油田村嘉义庄是龙门农民画之乡，永汉镇还有文祐王公祠、子轩范公祠、三寨谷造纸遗址等多个省、市级文物保护单位，以及虎头花灯、舞貔貅、梅花拳等多个省、市级非物质文化遗产。目前，永汉镇有省级以上文化和旅游特色村1个，省、市级乡村旅游精品线路各2条。温泉与乡村旅游结合发展出“温泉+农旅”的旅游新业态，带动全镇发展农家乐近600家、民宿约100家。近年来还有帐篷露营、山地越野、泉谷漂流、研学游等精彩纷呈的旅游新体验，实现了乡村旅游有前途、村民生活有奔头的美好愿景。

## 四、永汉启示

富县兴村，必先强镇。永汉镇着力构建镇域融通发展格局，充分发挥乡镇连接城市与乡村的节点和纽带作用，持续深化放权赋能强镇，构建镇域经济发展新格局，促进乡村振兴、推动城乡融合。推进驻镇帮镇扶村工作是广东促进乡村振兴、协调解决区域与城乡发展不平衡的重要抓手和具体实践。从“驻村帮扶”到“驻镇帮镇扶村”，广东开足马力图“镇兴”、奋发有为扬“镇威”，助推永汉镇保护生态、绿色生产、绿色生活的三生融合发展。

在探索驻镇帮镇扶村的过程中，永汉镇的发展实践提供了一系列有益的经验与启示。这些经验与启示不仅对永汉镇未来的发展具有重要指导意义，也为其他地区发展提供了可借鉴的范例。

### （一）驻镇帮镇扶村切勿“千镇一面”，必须立足镇域实际找准发展路径

根据《广东省乡村振兴驻镇帮镇扶村工作方案》，驻镇帮镇扶村工作明确了“五个提升”的主要任务，包括提升脱贫攻坚成果水平、提升镇

村公共基础设施水平、提升镇域公共服务能力、提升乡村产业发展水平，以及提升抓党建促乡村振兴水平，通过补短板、强弱项，全面推进强镇兴村。立足各镇村发展基础和资源禀赋，明确发展定位，针对不同类型的镇村，制定实施差别化政策，引导镇村走特色发展、错位发展之路，推动镇村各尽所能、各展所长。发挥县城、圩镇的集聚作用，推动人口、产业、资源要素适度集中，科学把握开发时序，梯次推进、有序展开，实现高水平保护、高效能利用、高质量发展。从实际出发，尊重规律、稳扎稳打，树立正确的政绩观，力戒形式主义、官僚主义、教条主义，确保工作成效经得起历史和人民检验。从过去“驻村帮扶”向“驻镇帮镇扶村带富”转变，是将帮扶对象、帮扶力量、帮扶资源从行政村上提一级到乡镇，能更好地发挥乡镇上连县、下接村、再接广大人民群众的纽带作用。这就要求各镇不搞同质化，立足本镇实际，深刻分析镇域资源禀赋，谋划驻镇帮镇扶村带富策略并加以推进实施。

## （二）建设小城市忌大忌空，必须立足镇域实际确立发展策略

不论什么时候，都要矢志不渝地贯彻落实以人民为中心的发展思想，相信群众、发动群众、依靠群众，把工作的着力点放在发展城乡经济、改善环境、保障民生、富民增收上，让全体居民共享改革发展成果。从区域发展视角看，大项目大发展、小项目小发展、没项目没发展，寻求并确立好的发展项目就成为镇域经济发展的关键。形成以工补农、以城带乡、工农互促、城乡互补的发展格局，推进城乡一体化发展；加强县级纵向支持，推动资源要素精准对接、优化配置；加强各镇村横向协作，中心镇坚持拓展纵深，坚持优势互补、合作共赢。永汉镇从实际出发，整合各类资源，从镇级层面统筹镇村发展，集中力量办大事，使得绿色产业、康养产业发展规模更庞大、更有竞争力。永汉镇紧临南昆山国家森林公园，拥有丰富的生态资源和温泉资源，是广东重要的生态旅游和康养旅游基地，构

建“两心二轴两片”城镇发展空间格局，构建一张“创建作战图”，从镇级层面统筹镇村产业发展、基础设施和公共服务体系建设，全面增强乡镇的集聚辐射能力，深入推进各项目建设，有力提升县镇村协同发展、共同发展水平。

### （三）强镇兴村的关键在于资源优化，将村优势串珠成链，打造小城镇产业集群

过去建立一个主导产业，或各自为政，或同质类似，或鱼目混珠。永汉镇通过构建“城—镇—村”的振兴架构和“产—园—人”的联动机制，以产业入园区、以园区扩镇容、以城镇带人动、以人动带地转，大力推进镇域土地集约化、产业园区化、人口集聚化，从而形成产业聚集、园镇一体、城乡融合的新发展格局。如今，永汉镇通过引进惠州市国有油田林场项目，引入惠州市生态农业科技园项目，发展智慧农业及品牌农业，打造永汉茶叶专业市场，开展生态旅游和健康养老服务业，形成多条完整的产业链，为镇域经济发展注入强大活力。

## 第二节　南丰镇：凝聚合力打造县域商贸强镇

南丰镇位于肇庆市封开县北部，东临怀集县，南接封开县的莲都镇，西与大玉口镇、都平镇相邻，北靠金装镇及广西的铺门镇，是广东省首批中心镇之一。南丰镇坚持以习近平新时代中国特色社会主义思想为指导，围绕强镇兴村，形成“抓项目、强企业、兴产业”的基本发展思路，在驻南丰镇帮镇扶村工作队的有力帮扶下，巩固拓展脱贫攻坚成果，强化帮扶责任，统筹协调全面发展镇域产业，做大做强特色农业、绿色能源产业及文旅产业，加快推进城乡一体化进程，打造宜居宜业的美丽乡村典范。

南丰镇展现出一幅强镇兴村的生动实景，探索出一条推动区域协调发

展、实现镇域经济高质量发展的有效路径，被评为2023年广东“百千万工程”典型镇，驻南丰镇帮镇扶村工作队获评“肇庆市驻镇帮镇扶村先进集体”，开明村、侯村村2个重点村被评为广东“百千万工程”典型村。

## 一、把握大机遇，聚合力，引龙头

南丰镇是肇庆连接广西的重要节点镇，农林资源丰富，是肇庆市重要的商品粮基地，是粤港澳大湾区的“菜篮子”“米袋子”。这里山清水秀，贺江自北向南流过，山水相依、风景优美；祠堂、寺庙、广府特色民居等历史遗迹众多，人文底蕴深厚，以“开建县治所在地”而闻名。自广东实施“百千万工程”以来，南丰镇把握驻镇帮镇扶村大机遇，围绕强镇兴村目标，补短板、强弱项，夯实高质量发展“硬支撑”，锚定县域副中心，建设商贸强镇，积极探索镇域经济社会高质量发展的“南丰样板”。

### （一）充分发挥禀赋优势

南丰镇拥有优越的区位条件优势。发源于广西的贺江环南丰镇而过，南丰镇既是交通航道、天然养殖场，又蕴含巨大的发电潜力。南丰镇交通发达，省道封怀公路越镇而过，贯穿两广，东连怀集县，南接321国道，北通广西。南丰镇从明清开始，就是两广三县（贺县、怀集、封开）八镇（长安、金装、大玉口、都平、莲都、桥头、铺门、信都）以及贺江两岸商品物资的集散地。2021年12月，南丰镇城区面积为2.5平方公里，全镇总面积为306平方公里，下辖金楼、汶塘、小洞等30个村民委员会和南丰、街道2个社区居民委员会，总人口10.4万多人。

南丰镇拥有深厚的文化底蕴优势。南丰镇又称开建古镇，历史悠久，人杰地灵，原属旧开建县驻地，开建县因开江而得名。坐落于粤桂之交的封开，被视为岭南土著文化发祥地和粤语发源地，素有“岭南古都、两广明珠”的美誉。早在南朝宋元嘉三年（426年），此地就设置了开建郡，两广第一位状元莫宣卿在此长大。开建古城于1985年被列为县级文物保护单位，镇内文物古迹有开建古城、莲塘庙、李姓大宗祠、乡贤莫公祠、乡贤牌坊、酒井桥、酒井、大岗古井、士佳书屋、盘古庙、玄妙观等，有省级文物保护单位1个、县级文物保护单位11个。

南丰镇拥有丰富的资源。现初步探明膨润土贮藏量为1亿吨，石英砂、铜各约1亿吨，特别是沙冲圆珠山铜钼矿产值超1200亿元。南丰镇作为广东省首批中心镇之一，是封开县北部片区的文化中心、商贸中心、政治中心。南丰镇拥有水田面积逾4.3万亩，年产优质稻谷4万多吨，是肇庆市重要的商品粮基地，并形成蔬菜、水果、水产等一系列生产基地，大白菜、芹菜、番石榴、沙田柚、粉葛和柑橘远近闻名，畅销省内外。

近年来，南丰镇通过开展广东“双转移”和驻镇帮镇扶村工作，成功承接了珠江三角洲地区部分产业转移，推动南丰镇工商企业迅速发展，第一产业、第二产业和第三产业的发展进入一个新阶段。驻南丰镇帮镇扶村工作队主动作为，乘势而上，聚焦“五个提升”工作任务，开展帮扶项目40项，帮扶工作成效显著。

### （二）形成“抓项目、强企业、兴产业”的高质量发展思路

南丰镇按照上级党委、政府的有关要求，立足自身资源优势和地域特色，汇聚上级部门、企业、社会等多方力量，乘势而上，保持时不我待的紧迫感，以头号力度扎实深入推进“百千万工程”，力求建设成为县域副中心、商贸强镇、封开北部三镇连片领头羊。在具体实施上，南丰镇坚持以发展实体经济为导向，秉持“抓项目、强企业、兴产业”的发展思路，推动防洪工程、老城区改造等一批重大项目建设，不断完善功能配套；利用资源优势，借助多方力量引育龙头企业，做强特色农业和绿色能源产业；切实有效增强南丰镇人口的集聚功能、综合承载功能和综合服务能力，推动南丰镇发展成区域商贸中心、就业中心、服务中心，打造美丽圩镇、共同富裕的“南丰样板”。南丰镇通过这种驻镇帮镇扶村机制，为全

省实现乡村全面振兴和城乡区域协调发展贡献力量。

南丰镇在促进特色农业、绿色能源产业、富民产业等方面提质增效，谋划一批新项目、建设一批大项目，一步一个脚印把强镇兴村的美好蓝图变成实景画。同时，南丰镇整合利用镇内历史文化资源，用好开建文化、状元文化、贺江码头文化等名片，合理利用祠堂、古城墙、古村落，打造一条精品文旅线路，拓展文旅新产业。南丰镇一体推进强镇兴村建设，力争把农业做大、乡村做美、城镇做旺，奋力打造高质量县域副中心。

## 二、探索新机制，因地制宜打造“南丰样板”

广东探索驻镇帮镇扶村新机制，有效促进了镇域经济发展，成为广东实施“百千万工程”的有力抓手，这集中体现在肇庆市南丰镇开展创造性工作的举措之中。驻南丰镇帮镇扶村工作队自2021年进驻以来，通过调查研究，坚持立足南丰镇资源优势，围绕产业发展、富民增收、自治共治等方面，多渠道探索壮大农村集体经济，以投资入股和建设分布式光伏等方式提高农村集体收入，取得良好成效。

### （一）打响南丰镇“菜篮子”品牌

2021年以来，为发展农业产业、推动全面乡村振兴，南丰镇以省乡村振兴驻镇帮镇扶村工作为重要契机，大力推进土地流转，积极引进有实力的农业企业，发展优质蔬菜和优质水稻集约化、规模化种植，建立立足开明村、辐射周边的粤港澳大湾区（封开南丰）“菜篮子”生产基地。

粤港澳大湾区（封开南丰）“菜篮子”生产基地采取“村党支部 + 公司 + 农户”模式。镇村负责推动土地流转和提供相关配套服务；公司按照相关标准种植安全、可追溯的优质蔬菜和优质水稻；聘请本村劳动力，优先聘请脱贫群众和家庭经济条件相对较差的群众到基地从事生产劳动，并通过技术指导和协议收购等方式辐射带动周边农户发展蔬菜和水稻种植。通过党建引领，持续推进农产品规模化、产业化、品牌化、特色化，让产品特色更特、优势更优；利用撂荒耕地，已经建成粤港澳大湾区“菜篮子”优质蔬菜种植基地1000多亩。南丰镇优质蔬菜种植基地建成后，形成了良好的经济效益和社会效益。一是稳供给。南丰镇每年外销粮食和蔬菜约5000吨，主要供应粤港澳大湾区市场，保障和丰富了人民群众的“米袋子”和“菜篮子”。二是保耕地。对近200亩撂荒耕地和半撂荒耕地进行复垦和综合利用，推动落实耕地保护红线政策和实现藏粮于地。三是促就业。为农村留守劳动力在本地就业拓宽出路，预计为村民创造100个在家门口就业岗位。四是带增收。每年为村民带来土地租金、劳动用工等收入100多万元，每年为村集体带来管理服务费和分红收益等10多万元，有效地促进了村民和村集体增收。这一系列举措成为村民增收的渠道和致富的重要载体，南丰镇走出了一条党建赋能、农业增收、群众致富的新路。

### （二）优化产业结构，促进产业融合

驻南丰镇帮镇扶村工作队的深入指导和持续支持，为南丰镇实现乡村全面振兴注入新的活力。驻南丰镇帮镇扶村工作队紧密结合南丰镇的实际情况，以构建现代乡村产业体系为核心，积极推动三次产业融合发展。通过充分挖掘、利用本地资源，优化产业结构，创新发展模式，南丰镇逐步走上一条具有地方特色的高质量发展之路，展现出新时代城乡区域协调发展的蓬勃生机与无限潜力。

**1.发展大农业，积极推动乡村产业发展**

驻南丰镇帮镇扶村工作队坚持挖潜资源优势，促进现代产业布局加快成形、特色农业产业做大做强，打造粤港澳大湾区“菜篮子”生产基地。目前已成功打造了羽衣甘蓝、香糯茄子、苹果丝瓜、青梗散花菜、秋葵、苦瓜等10多种高质量蔬菜产品，以及红薯、玉米、南药、优质丝苗米等特色农产品。“菜篮子”生产基地成为村民增收的渠道和致富的重要载体。

**2.做强做大肉牛养殖产业**

探索、挖掘乡村资源优势，因地制宜发展优势产业，力求抓住产业

兴旺的“牛鼻子”。南丰镇积极推动乡村产业发展，创新性地采用“村级经济联合社+农户自筹+银行贷款+社会捐助+财政奖补+保险担保”的“六位一体”资金筹集方式，发展首批100头肉牛养殖与牧草、苗木种植的种养循环经济和特色产业集群。2023年12月，开明村肉牛养殖示范基地首批40头肉牛进场养殖，2024年初完成首批100头肉牛养殖规模。按照目前的市场行情，养殖1头肉牛的利润为1000～2000元，养殖100头肉牛可增收10万～20万元。同时，南丰镇还通过收购秸秆带动农户增收。

**3.推进光伏、风电等绿色能源产业**

南丰镇建设“农光互补”“渔光互补”示范项目，积极争取引进第三方企业打造发展“板下经济”，将自然资源优势转化为经济发展动能，为乡村经济注入稳定财源。探索“光伏+”产业增长点。位于南丰镇侯村村的50MW农渔光互补项目，采用“板上光伏发电，板下种养产业”的复合利用模式，打造“光伏+罗氏虾+黑鬃鹅”“光伏+黑鬃鹅”“光伏+鲫鱼+黑鬃鹅”的复合型光伏区，形成“上层光伏发电，下层渔业养殖”的双重效益模式。该项目在提供清洁能源的同时，极大地提高了土地资源的开发价值和利用价值，助力绿色发展。当地村委会持续推进“光伏+”产业，并探索发展渔业养殖和光伏发电互补的新模式，做大乡村产业，补齐发展短板，推动乡村经济快速发展，实现经济效益和社会效益双赢。南丰镇拟推动企业投资近2亿元打造集中式地面光伏和“农光互补”“渔光互补”等“光伏+”产业，向地方政府缴纳各类税费总计约1亿元，积极创新利益联结机制，通过政府投资入股、利益分红的形式，推动光伏入股分红模式落地实施，每年将可向地方政府分红150万元。大力发展特色种养产业，推动杏花鸡、黑山羊、油栗、黄庆笋等特色农产品规模化、标准化种养，打造粤港澳大湾区优质安全农副产品重要集散基地。

**4.以品牌做好乡村“土特产”文章**

南丰镇支持发展家庭农场、农村合作社等新型经营主体，引进农产品种植企业，推动农业规模化、产业化生产，着力打造杏花鸡、开明土味、肉牛养殖、丝苗米种植等现代化农业示范基地，提升品牌的知名度和市场竞争力。同时，加快推进农产品交易流通平台、农村物流体系建设，引进农产品加工、畜禽养殖加工企业，延长农副产品衍生链条，提高农产品的附加值。

**5.大力推动乡村农文旅融合发展**

立足南丰镇得天独厚的自然资源优势和历史文化优势，深入挖掘乡村多元价值，建设军事夏令营野外基地，基地配套学农研学、文旅功能，打造乡村旅游融合发展新品牌。连线连片打造乡村旅游产业示范带、沿贺江岸线、历史文化遗址遗产、红色旅游景点等，形成一批以农业体验、农家乐、生态观光休闲等为主题的精品乡村旅游线路和田园综合体。文旅示范带旅游扶贫重点村基本实现“八小工程”全覆盖，打造了2条精品乡村旅游线路、4家3A级以上乡村旅游景区、8家乡村旅游特色民宿和20家星级农家乐。

**6.大力发展农产品加工和电商物流企业**

南丰镇做大做强林产化工、禽畜屠宰加工、粮油、茶叶等特色农产品加工产业，打造一批知名品牌农（林）副产品，积极培育发展“互联网+农业”，大力发展特色农产品电商，引进一批冷链物流企业，推动一二三产业融合发展。

## （三）全面探索资源贫乏型农村集体增收之路

南丰镇开明村位于广东省西北部两广交界地区，是资源贫乏型农村。全村有14个村民小组，共3200余人。为发展壮大村集体经济，驻南丰镇帮镇扶村工作队与村“两委”密切配合，探索发展壮大村级集体经济的有效途径。

**1.念好“金、凤、有、蛋”四字诀**

一是念好“金”字诀。点石成“金”，挖掘盘活“沉睡”资源。山林和水库等“沉睡”资源往往是农村集体经济发展的第一块“金疙瘩”。通过出租山林并把季节性灌溉的水库挂到农村集体“三资”平台，每年为农村集体增收约3万元。积极发掘和利用隐性资源，比如利用村委会办公楼顶及村委广场，建设村集体分布式光伏发电项目，建成后每年为农村集体增收约8万元。

二是念好“凤”字诀。筑巢引“凤”，争取引入外部资源。开明村积极推动土地流转约500亩，引进优质农业龙头企业，建成首期优质蔬菜和水稻种植基地230余亩。农村集体不仅解决了村内撂荒地问题，还通过每年参与服务管理，收取管理和服务费约8万元。

三是念好“有”字诀。无中生“有”，培育发展新型资源。驻南丰镇帮镇扶村工作队和村“两委”组织和发动群众40余户成立封开县开明农业农民专业合作社，发展杏花鸡养殖、肉牛养殖和水产养殖等产业。农村集体通过入股合作社参与分红，累计分红收益超过5万元。

四是念好“蛋”字诀。借鸡下“蛋”，统筹用好内部资源。开明村创新性地采取“园林企业＋村集体＋土地权属人”模式，推进“一村千树，绿美乡村”建设。目前，开明村已种植具有较高经济价值的园林苗木5000余棵，不仅绿化美化了村庄，还将为农村集体带来约5万元的年收益。

自驻村帮扶以来，开明村农村集体收入从2021年的2万元增加到2022年的10.2万元、2023年的28.8万元，为资源贫乏型农村走共同富裕之路提供了示范借鉴。

**2.建设“一村千树，花美乡村”**

驻南丰镇帮镇扶村工作队针对人居环境整治、“三清三拆”过程中产生的闲置地块，探索推进“一村千树，花美乡村”治理模式。驻南丰镇帮镇扶村工作队通过“村集体＋土地权属人＋园林苗木公司”模式，在开明村先行开展试点。

开明村通过种植经济苗木，进一步引导村民积极参与推动农村人居环境整治，提升美丽乡村建设质量，同时拓宽农村集体增收渠道和带动村民增收致富。驻南丰镇帮镇扶村工作队与开明村党支部积极动员宣传，争取公益基金捐助，在村内种植了5000多棵经济价值较高的园林苗木，不仅有效改善了村内人居环境，还推动了苗木产业的发展。预计3～5年后，苗木可分批出售，农村集体每年可分享收益约5万元。

推广种植经济苗木产生了巨大的成效。一是生态效益。该项目充分利用村内“三清三拆”后出现的大面积的边角地、废弃地、荒山地、拆违地、庭院地、路边地等“六块地”，种植观赏性高的园林苗木，采用循环种植模式，保留部分苗木，有效地改善村内杂草丛生的现状，美化村内环境，巩固农村人居环境整治成果，推动美丽乡村建设。二是经济效益。一方面，增加了农村集体和村民小组的收入。农村集体负责养护4000棵苗木，预计每年出售约800棵（同时补种800棵），可实现长期循环种植和出售，估算每年盈利32万元，可为农村集体及村民小组分别带来年收入19.2万元和12.8万元。另一方面，增加了村民收入。村民负责养护1000棵苗木，这些苗木5年内至少可为村民带来种植收益25万元。同时，为养护4000棵苗木，村内长期增加2个公益性工作岗位，按照每人每月1500元计算，每年可增加村民工资性收入3.6万元。

## 三、县域副中心成效凸显，镇域经济步入快车道

在驻南丰镇帮镇扶村工作队的大力帮扶下，南丰镇不断坚持新机制、探索新办法，坚持党建引领固根本，推动高质量打造封开县县域副中心，其根本在于加快推进农村集体经济发展壮大、增加农民收入，推动镇域经济快速健康发展。

### （一）多渠道消费帮扶助力乡村振兴成效彰显

为支持帮扶地区的特色产业发展，驻南丰镇帮镇扶村工作队将消费帮扶作为巩固拓展脱贫攻坚成果与乡村振兴有效衔接的重要抓手。

充分利用自身优势。通过多举措、多渠道、多平台，积极对接帮扶单位、龙头企业、农业公司等，线上线下帮助销售农副产品，调动社会各界

参与消费帮扶的积极性，已累计消费帮扶172.5万元。

发挥帮扶单位作用结对销货。积极发动、协调帮扶单位及职工通过福利发放、食堂采购、个人购买等方式定点采购农副产品，解决开明村、侯村村等农副产品生产、流通的难点和堵点，累计帮扶136万元。

积极参加各类展销会。参加2023年省乡村振兴消费帮扶农产品“6·30”展销会、2023年第十二届广东现代农业博览会等大型展览活动，向全国展示封开县的优质特色农产品。展会累计销售额达6.5万元，产生了良好的社会效益和经济效益，拓宽了农村农副产品的销路。

“双程序”推动电商产业“加速跑”。成立封开县开明农业农民专业合作社和南丰镇镇兴农贸有限公司，分别打造“开明土味”“南丰优品汇”农产品电商平台，包装打造杏花鸡、清水鸭、丝苗米、南丰米粉等18种南丰镇特色农产品，通过“双程序”实现消费帮扶67万余元。

培育村内农户发展封开杏花鸡庭院养殖，收购镇域内村民滞销的农产品，进行统一销售，形成联农带农机制；推动线上消费帮扶助农，为农产品搭建一个小程序平台，打造一个实实在在的助农销售及区域品牌宣传阵地，引导农民拓宽销售渠道，帮助农产品踏上线上产业路，助推农业装上“数字化羽翼”；助力镇域农产品品牌推广，通过挖掘当地莫宣卿状元文化、南丰镇新农人故事等方式，推出“开明状元”封开杏花鸡、南丰米粉、南丰鸭蛋粉、南丰腐竹等镇域“土特产”品牌；通过线上线下推广，有力提升了“开明状元”封开杏花鸡的知名度和品牌影响力。

同时，南丰镇坚决做好防止返贫动态监测和常态化帮扶，扎实推进驻镇帮镇扶村，实施“五个一”工程，开展“千企帮千镇、万企兴万村”行动，通过产业帮扶、就业帮扶、消费帮扶等方法，持续巩固拓展脱贫攻坚成果；落实生产奖补、以工代赈、公益性岗位、农产品销售等帮扶措施，拓宽农村低收入人口增收渠道，坚决防止出现规模性返贫。

### （二）“积分超市”激活乡村治理，“一池春水”打响南丰镇治理品牌

驻南丰镇帮镇扶村工作队深入推进开明村农村人居环境整治工作，不断改善村容村貌和环境卫生，以及推进移风易俗和建设文明乡风。2023年11月，南丰镇开明村建设“积分超市”，结合开明村的实际情况，实施“网格化+积分制”治理模式，实行会员制，引进“便宅家”品牌超市，建立“日常消费+积分换物”运营机制，打造“村两委+村民合作社+连锁品牌+积分超市”合作新模式。该模式率先将超市与数字化乡村建设紧密结合，深入应用“粤治美”数字平台与无人机巡查技术，积极地将乡村“治”理转变为乡村“智”理。

通过个性化定制各类模块，将“乡村治理+规则学习+服务村民+互相监督”等功能集中在“粤治美”数字平台，让村民实时了解村内事、积分动态等信息。以无人机代替人工进行人居环境巡查，能够更快、更清晰地获得全景影像资料及更全面地进行智能化分析，大幅提高了巡查效率和整改实效，实现人居环境整治“快、准、全”。

“积分超市”启动资金及日常运营资金来源于结对单位、爱心企业等捐资成立的“善治开明”公益基金，经营所得作为农村集体经济资金并持续支持“积分超市”运作。截至2023年底，全村群众200多户第一批次加入积分制会员，发放积分7359分。“积分超市”在乡村治理中起到了积极作用：一方面，能为群众提供便民服务，满足村民日益增长的生活需求，持续增加农村集体经济收入，切实提升村民的获得感、幸福感；另一方面，能引导村民“自己的事自己办”，充分激发和调动村民参与基层治理的积极性、主动性，有效引导村民参与乡村产业建设、村容村貌治理、移风易俗等具体活动，引领村民融入乡村振兴实践，强化村民的环境卫生治理意识，有效地改善人居环境，将思想引领和物质奖励有效结合，促进开明村和美乡村建设。

南丰镇引入多元社会力量打造多层次公共服务保障机制，持续提升镇村公共服务的便利性；积极对接社会资本和财政资金，支持建设中医康复理疗中心、村镇医生培训中心、医养结合试点等基层医疗设施，提升基层医疗服务保障水平；引入“双师课堂”项目，为南丰镇小学的学生提供“线上 + 线下”教育服务和硬件基础设施帮扶；组织在校大学生为中小学生提供志愿者支教服务；配合县镇在开明村建设智美乡村治理中心，引入和应用数字化手段处理村内人、物、事的日常管理和服务，切实提升治理效能。

## （三）持续加强公共基础设施建设、提升公共服务水平，为乡村振兴蓄势赋能

南丰镇多措并举补齐镇村基础设施和人居环境短板，提升镇村基础设施完备性；持续推进美丽乡村重点县示范带建设，民华灌区、防洪堤等群众急难愁盼的重大民生项目建设，发挥重大基础设施对农民生产生活的支撑作用；积极创建绿美广东生态建设示范点，建设“一个绿美公园 + 一条示范带 + 三条绿美大道 + N个口袋公园”，以开明村为重点推进“一湖一兰一谷一村一路”绿美乡村建设。

南丰镇积极推动旧城改造、骑楼街改造及封开县北部三镇连片美丽乡村示范带建设，积极完善村内干路、支路、巷道硬底化建设，加快推进农村污水管网铺设，新建简易污水处理终端设施，深入开展“三清三拆三整治”，持续巩固“厕所革命”成果，健全生活垃圾收运处置体系，有序地推进生活污水治理、村庄清洁绿化，大力推动黑臭水体实现动态清零，争取让更多的行政村达到美丽宜居村标准，实现南丰镇从“脏乱差”到“洁净美”的蝶变。

南丰镇以交通运输基础设施为抓手，积极推进南丰镇贺江二桥的施工建设，全力配合推动惠肇高速（封开段）建设，加快构建快捷顺畅的交通网络体系。以产业园区基础设施为载体，着力改善工业集聚区水、电、

气、路、通信等基础设施，以园区要素集聚推动产业集聚发展，打造承接粤港澳大湾区产业有序梯度转移的新样板。

南丰镇围绕民生保障，全面提升公共服务水平。在医疗领域，积极引进公益基金会在封开县第二人民医院捐建脑卒中中心。截至2023年底，封开县第二人民医院接诊脑卒中病人97例，规范溶栓48例；积极对接公益基金会捐建村镇医生培训中心，持续开展乡村医生理论培训班和乡村医生技能培训班，累计覆盖基层医生1200余人次。推动建设医养结合中心，为老年人提供养老、康复、医疗等多样化服务。自2023年医养结合中心投入使用以来，共有19名老人住院康养。在教育领域，积极引进社会资本打造乡村云端学校，让山区的孩子有机会享受到大城市的优质教育资源；积极对接公益基金会和爱心企业给乡村小学捐建教育基础设施，让更多的山区孩子拥有良好的受教育环境，推动乡村教育高质量发展。

## 四、南丰启示

驻镇帮镇扶村工作机制把镇域作为乡村振兴的抓手，发挥镇域连县接村的作用，为实现城乡融合提供了新路径。这种驻镇帮镇扶村机制，在欠发达地区帮扶成效显著。

“南丰样板”表明，驻镇帮镇扶村是促进美丽圩镇建设、发展富民产业、促进镇域经济融合发展的有效机制，其成功在于“合”：一是聚合多方力量，加强统筹协调，加强帮扶责任，促进产业发展；二是推动新型农村集体经济合作发展，创新“六位一体”利益联结机制，形成富民产业发展的利益共同体；三是整合农村特色资源，发展特色产业。通过明确目标导向、创新发展动力、完善推进机制，带动全镇美丽圩镇建设实现整体提升。“南丰样板”可学习、可借鉴、可推广，对于广东各地镇域经济发展具有重要启迪。

## （一）帮扶聚合力，兜牢防返贫底线扎实有效

齐心合力坚决防止返贫。南丰镇的脱贫攻坚成果来之不易，必须巩固拓展好，建立防止返贫的安全屏障。

按照做好巩固拓展脱贫攻坚成果与乡村振兴有效衔接的工作要求，驻南丰镇帮镇扶村工作队和镇委、镇政府通过分片包干、定期走访等方式持续加强对脱贫不稳定户等监测对象的动态监测。经过持续努力，南丰镇防止返贫致贫监测对象已全部达到风险消除帮扶效果。

南丰镇统筹发挥产业帮扶、就业帮扶、消费帮扶成效，扶持南丰镇优质粮食蔬菜种植、畜禽养殖加工与“光伏+”综合能源创新示范项目，完善吸纳农户积极参与乡村产业发展的利益联结机制，全方位促进农民增收和村集体经济发展。全镇31个村集体经济的经营性收入超10万元。

南丰镇发展镇域产业，探索乡村经济，使得镇村产业发展多面开花。积极推进优质水稻蔬菜种植基地建设，高标准打造粤港澳大湾区优质水稻蔬菜种植基地，为农户创造在家门口就业岗位；推动相关企业成为市级农业龙头企业并协助申报省级农业龙头企业，推动农业电商产业园在南丰镇建成落地，助力农产品销售流通走上快车道。继续推进肉牛养殖项目，采用“村级经济联合社+农户自筹+银行贷款+社会捐助+财政奖补+保险担保”的“六位一体”资金筹集方式，实现从零散养殖到适度规模养殖的重要转变。

## （二）帮扶促合作，壮大集体经济抓发展扎实有效

南丰镇精准施策，引入多元社会力量打造多层次公共服务保障机制，充分发挥基础设施对镇域经济发展的支撑作用。驻南丰镇帮镇扶村工作队助力南丰镇编制《美丽圩镇建设实施方案》，聚焦美丽圩镇“七个一”建设，针对人居环境整治、“三清三拆”过程中产生的闲置地块，探索推进“一村千树，花美乡村”乡村治理模式，通过“村集体+土地权属人+园林苗木公司”模式，在开明村先行开展试点种植经济苗木，拓宽农村集体

增收渠道，带动村民增收致富。同时，南丰镇持续提升镇域服务功能和居住品质，引导村民积极参与推动农村人居环境整治，打造省级美丽圩镇“南丰样板”。

南丰镇重点打造“绿色能源牌”。2022年以来，驻南丰镇帮镇扶村工作队深入学习宣传贯彻党的二十大精神，全面推进“华电粤彩”行动，紧紧结合市、县制定的三镇连片发展政策，立足乡村资源优势，积极谋划布局光伏产业在乡村振兴中的新角色、新发展，大力发展绿色能源产业，积极推动建设“渔光互补”、光伏亭、光伏车位、屋顶光伏等“光伏＋”项目，让农村闲置空间实现变废为宝，为村民致富、农村集体增收提供了稳定财源，为乡村建设提供了绿色动力，让南丰镇成功入选全省绿美光伏示范镇。

南丰镇推动发展绿色能源产业，进一步推动了农村的经济效益、社会效益和生态效益的协同发展，响应了建设美丽生态宜居乡村的要求，巩固拓展了脱贫攻坚成果，成为全面推进乡村振兴的重要抓手。

### （三）帮扶促融合，富民特色产业大发展

狠抓新文旅，打造南丰镇特色文旅品牌。南丰镇积极将骑楼街打造为特色旅游圈、商业圈和生活圈，带动经济发展，展现古城文化的丰富内涵，提升城镇品牌和美丽圩镇形象，增强群众的获得感和幸福感，推动地方经济焕发新活力。

南丰镇通过深入挖掘镇域古村落、古寺庙、古城墙等“十古”文化，实施“十古”保护及旅游开发工程，推进开明村炮楼、开建人民自卫大队指挥部驻地等红色革命基地建设项目，依托莫宣卿历史名人资源，打造状元文化纪念广场，全力做好“十古”文化挖掘与保护工作，亮化骑楼街千年古埠文化名片，结合商业综合体建设，打造文化研学游精品旅游线路。发展“旅游＋农业”业态，完善竹荪基地、杏花鸡产业基地等基地旅游服务设施，利用足食村古屋建设风水间民宿项目，打造“现代农业＋休闲旅

游 + 田园社区”田园综合体。发展“旅游 + 体育”业态，承办“2023肇庆·封开农文旅体龙三格斗邀请赛”，聚焦“体育旅游”和“乡村振兴”两大特色，吸引广大体育运动爱好者参与，为南丰镇提升形象和文化软实力提供良好的契机。

南丰镇通过“体育 + 旅游 + 农产品”等方式，充分发挥体育、文化、旅游资源优势，不断丰富文旅IP内涵，吸引更多游客前来观光旅游，打造乡村旅游强力消费引擎，为南丰镇经济高质量发展贡献更多力量。

# 结束语

## 为“再造一个新广东”贡献高质量发展“镇”能量

党的二十大报告指出，要坚持以推动高质量发展为主题，着力推进城乡融合和区域协调发展，推动经济实现质的有效提升和量的合理增长。在广东近18万平方公里的土地上，1612个乡镇（街道）星罗棋布、交织成网，各镇的自然资源差别较大，发展基础不尽相同，城乡区域发展不平衡不充分的问题长期存在，已经成为广东高质量发展的突出短板。

广东省委、省政府准确把握时代脉搏，立足广东独特的历史方位和条件，创造性实施“百千万工程”，提出要以县域经济为抓手，以做强乡镇为节点，以和美乡村为基础，加速绘就城乡区域协调发展的中国式现代化广东新图景。“百千万工程”必将为“再造一个新广东”注入强大动力。在工程推进过程中，提升镇域经济发展水平非常关键，它将成为广东实现高质量发展的重要支撑。为了充分挖掘和发挥镇域经济的巨大潜力，我们必须紧紧把握镇域经济融合发展的逻辑，积极培育镇域经济高质量发展的内生动力，不断焕发广东千镇振兴助力广东走在中国式现代化前列的“镇”能量。

## 一、深刻认识镇域经济融合发展的逻辑

镇域经济作为区域经济的一种特定形式，深受空间布局、资源特点和产业结构的影响。镇域经济串联农村与城镇，城乡交融的特性为产业和市场的共享与协同提供了基础。随着交通网络日益完善，镇域经济辐射效应和影响力逐渐扩大，强化了城乡间的经济纽带功能。镇域经济融合发展实现了镇域经济发展的效率变革、质量变革和动力变革。

就效率变革而言，随着市场竞争不断加剧，提高全要素生产率成为当务之急。为此，需要集中力量消除影响效率提高的制度性与结构性障碍，确保市场在资源配置中发挥决定性作用，同时，让政府有效地发挥作用，从而激发企业活力、优化供需匹配，大幅提升整体经济发展效率。此外，还需要努力减少无效供给，降低实体经济成本以及减少交易成本，为企业的高效运营创造更加有利的条件。因此，从实践逻辑看，通过镇域三产融合，可以增强企业正的外部性，实现规模经济与范围经济，提高运营效率，倡导绿色发展，进一步促进资源优化配置，为企业注入新动能，提升技术效率、资源利用效率和盈利能力，从而推动整个产业效率提升。

就质量变革而言，镇域经济有效发展的关键条件之一在于以生产、生活与生态的有机融合（三生融合）促进镇域经济的质量变革。三生融合是实现高质量发展的倒逼机制，可以促使国土空间布局革新，注重生态环境保护，实现镇域经济的集约、绿色、循环、可持续发展。因此，从历史逻辑看，镇域经济发展到较高阶段，才有需求与能力去实现三生融合，这也正是广东镇域经济迈向高质量发展的必由之路。

就动力变革而言，城乡融合促进了多主体、多部门、多层级和多维度的互动和系统演进，加快了农业农村现代化和镇域发展的动力变革。通过城乡资源要素更充分流动与更优化配置，镇域经济竞争力和创新能力大幅提升，进而加强了城乡之间的产业协同和产业链整合，有利于发展特色产业和新兴产业，推动农村产业升级和农民增收。因此，从理论逻辑看，镇

域城乡融合、基本公共服务一体化可以促进全要素生产率提升，形成破解城乡二元结构的最大动力。

镇域经济融合发展是一个综合演进的过程，通过加强城乡之间的经济联系和互动，促进产业升级和城乡一体化，实现镇域经济可持续发展。

## （一）实践逻辑：三产融合促进效率变革

从广东千镇振兴的实践看，镇域经济高效增长的关键在于以三产融合促进镇域经济效率变革。目前，我国经济已经从过去的高速增长阶段进入高质量发展阶段，这就要求我们通过变革生产函数、攀升价值链高端来构建新的竞争优势。在这一转换过程中，三产融合至关重要。三产融合代表着一种创新的产业组织模式和发展路径，涉及农业部门间的相互渗透以及与农村第二产业、第三产业的交融协作，从而孕育出新产业、新业态和新模式。三产融合的核心在于“融合”，旨在推动乡镇产业高质量发展，提升农民生活水平，最终实现农业农村现代化和乡村振兴。可以将三产融合看作农业产业化的高级阶段和更先进的发展形态。

目前，广东各地镇域三产融合正呈现出融合主体多元化、发展模式多样化及新产业、新业态、新模式快速发展的良好态势，利益联结机制也日益紧密。建构三产融合发展体系需要培育和发展多元化的融合主体，强化各主体的独特作用；同时，创新多种融合模式，促进不同模式的协同共生。此外，还需打造数字化平台载体，促进三产融合的集聚式发展；完善利益联结机制，形成三产融合的利益共同体；出台并完善相关政策，确保三产融合的可持续发展。三产融合的目的在于打破农村一二三产业之间的界限，持续拓展农业的生产、生活和生态功能，通过产业的深度融合实现协同效应，实现“1 + 1>2”的效果，达到经济效益、社会效益和生态效益的最优组合。因此，三产融合也是农业产业化最有效的助推器。农业产业化指的是将农产品的生产、加工、销售等各个环节紧密结合，形成一个统一的组织结构和运营体系，通过合约等形式将生产者、加工者、销售者和消费者紧密联系在一起，延伸农业产业链，提升市场自组织能力，推动农业现代化发展。以梅州市梅县区松口镇为例，在“百千万工程”引领下，该镇以壮大镇域经济为目标，坚持三产融合战略，成功地走出了一条强镇兴村富民的新路子。该镇聚焦产业振兴、乡村振兴和区域联动，促进该镇的柚子产业链延伸并升级。从农村合作社柚子生产规模化到金柚产业园集中进行包装批发销售，再到以柚为媒推动“粤字号”优势特色农产品品牌文化创建，进而与松口镇的旅游业链接，在扩大销售的同时塑造了“金柚”品牌，而且随着农民丰收节等文化节庆越办越火，直播带货的电商模式也逐渐兴起。这是典型的乡镇三产融合发展案例，通过农业种植、商业销售、文化宣传、旅游旺销、电商助力等一系列融合实现了效率大提升、价值链大攀升，兴旺了乡村，繁荣了城镇，富裕了村民。

### （二）历史逻辑：三生融合促进质量变革

从广东千镇振兴的历史看，镇域经济可持续发展的关键还在于以三生融合来推动镇域经济的质量变革。这种融合不仅是空间布局或功能上的融合，从某种角度看还代表着高质量发展的硬约束，为降低国土开发保护的不确定性、提升国土空间的开发效率、促进空间公平和完善空间治理体系提供了全新的视角。

三生融合的理念源于我国空间治理能力现代化改革，并在我国生态文明建设进程中得以深化。这一理念要求我们审视和思考空间开发利用的成效和影响，认识到生产空间、生活空间和生态空间之间的紧密联系和相互作用。空间的系统性意味着这三大空间不是孤立的，它们之间紧密联系和相互作用，构成统一的整体。空间功能的多元化表明许多空间必须同时承载生产、生活和生态等多重功能。随着生态文明建设的深化，三生融合的内涵不断延伸，价值日益明显。以高标准保护为基础，实现由忽视功能开发的单一化国土保护向国土空间全域统筹开发与保护转变。新时代，高质量发展让人们对国土空间布局有了新共识，要求我们在镇域发展进程中树立生命共同体理念，以此规范国土空间开发保护的时空秩序，形成具有安全性和韧性的空间“底线、底盘”。佛山市三水区大塘镇就是一个践行三生融合的典型案例。大塘镇通过运用云计算、能源大数据等技术，建立了纺织印染行业智慧管理平台，为企业和政府的数字化、智能化能源管理决策提供技术支撑，推动传统制造业向智慧低碳转型发展。同时，三水区还设立了绿色金融服务中心和“零碳网点”，通过绿色低碳转型和“双碳”行动，为经济发展注入绿色金融新动能。未来，广东会继续在镇域经济发展中贯彻三生融合理念，不仅推动产业转型，还将利用建设“无废城市”的契机，加速珠三角城镇进行“无废城市”试点，赋能镇域经济高质量发展。

从发展历程看，人们首先会关注如何提高生产效率，但是随着收入增加和生活水平提高，人们对生活品质的要求会逐步提高，然后就会开始关注生态环境对生活、生产的逆向影响，尤其是对健康安全的影响。这恰恰反映了镇域经济从数量扩张向质量提升的历史演进逻辑。

### （三）理论逻辑：城乡融合促进动力变革

从广东千镇振兴的内在机理看，镇域经济长效发展的核心在于以城乡融合催生经济发展的动力变革。城乡融合发展不仅要求以乡村振兴来激发乡村经济的内在活力，还需要以新型城镇化来持续推动农民现代化进程，从而优化资源、技术和产业布局，大幅提升全要素生产率，逐步缩小城乡收入差距，稳步迈向共同富裕。同时，城乡融合还带来生产要素配置体系的改革、产业升级转型以及空间布局的优化调整，在镇村相互促进、共同发展中，形成推动城乡协调可持续发展的新型动力。城乡融合发展是一个历时长久，参与者众多，涉及多部门、多层次协作和多元互动的系统过程，有利于促进农业农村现代化和镇域发展动力的深刻变革，其中蕴含了破解城乡二元经济结构、发展镇域经济的理论逻辑。

**1.城乡融合推动镇域经济结构优化**

产业发展动力是决定经济发展水平的核心要素。城乡融合不仅为新兴产业的培育和经济发展模式的转变提供坚实基础，还能在空间层面推动产业结构整体优化。此外，城乡融合促进了大数据、云计算、人工智能、物联网等先进技术在镇域各行业的应用，以技术为纽带，推动产业结构向更合理的方向发展，并促进产业内部技术革新和产业间联动发展。通过优化镇域产业结构，可以推动创新、加强区域协调、促进内涵式发展，进而形成产业结构优化升级的动力变革；同时，还可以结合新型城镇化优势，建立反馈机制，培育新商业模式和产业形态，推动传统产业在组织方式和运营方式上创新。

**2.城乡融合推进镇域管理体制创新**

城乡融合隐含着一种多层次、多领域综合一体化的理念，涵盖城乡要素整合、产业融合、居民交流、社会互动、生态融合等多个方面，其实质是通过城乡之间的相互开放与整合，形成互补互促互利互融和共建共享共荣的发展共同体，包括城乡利益共同体、医疗卫生共同体、文化共同体、生态共同体和产业共同体等。镇作为经济活动中心和非农产业集聚地，与乡村是不同类的地域综合体，在功能定位、人口布局、经济产业、居住区域形态及文化特征等方面存在显著差异，两者需要在功能定位和产业发展上实现互补；乡村主要承担保障粮食安全和农产品供给、提供生态产品、传承农耕文明等功能，城乡存在的互补性是城乡融合发展的基础和前提；城乡融合有助于加快改革与创新的步伐。从镇域出发，聚焦实现城乡功能整合、要素流动便捷、资源配置均衡、产业融合发展及融合模式多样化，以此推动系统集成式改革，不仅有利于全面推进配套改革，还能建立统一的户籍、土地、就业、社会保障及公共服务和社会治理体系，推动城乡管理体制全面融合，实现城乡要素平等交换，充分保护农村居民合法权益，加速推进城乡居民基本权益平等化进程，形成城乡利益共同体。

### 3.城乡融合促进镇域经济要素价值均等化

城乡融合发展是现代化的重要标志，也是全面推进中国式现代化、实现全体人民共同富裕的必然要求。党的二十大报告强调“坚持城乡融合发展”，并将这一理念贯穿于要素流通、公共服务、精神文明建设、文化遗产保护与传承、就业政策制定、社会保障体系构建、生态环境治理、社区管理等多个方面。2023年12月召开的中央经济工作会议，特别强调将“推动城乡融合、区域协调发展”作为2024年经济工作的重点任务之一，明确要求把推进新型城镇化建设和乡村全面振兴有机结合起来，促进各类要素双向流动，推动以县城为重要载体的新型城镇化建设，形成城乡融合发展新格局。从广东57个欠发达县域看，各县加快中心镇的城乡融合是实现以县城为重要载体的新型城镇化的有效路径，是县城产业与社会功能向各镇域的有效延伸，顺应了市场发达条件下城乡要素价值均等化趋势。2024年中央一号文件对“促进县域城乡融合发展”进行了全面部署，这给广东千镇振兴指明了努力方向，为新质生产力培育及推广打下良好基础，加速破解城乡二元结构。城乡融合发展不仅是广东推进中国式现代化的重要一环，也是推进镇域经济发展动力变革的必然要求。

## 二、积极培育镇域经济高质量发展的内生动力

镇域经济在承接产业转移、优化经济结构、推进城镇化、吸纳农村剩余劳动力等方面扮演着重要角色，因此，镇域经济高质量发展对于实现乡村全面振兴具有重要意义。培育镇域经济高质量发展的内生动力，需要从多个方面入手。首先，要坚持产业为先，没有坚实的产业支撑，发展就如同无源之水、无本之木。要从镇域资源优势和产业特点出发，优化产业结构，大力发展特色产业和新兴产业。通过加大科技创新投入，提升产业技术水平和附加值，引进新质生产力增强镇域经济的核心竞争力。往往引进或培育一家龙头企业就能兴起一个特色产业，拉动镇域优势产业并形成产业集群。培育和发展多种形式的产业集群，能够增强产业集聚功能，提高

产业组织化能力和产业规模竞争力。其次，要突出特色优势。镇域经济强不强，关键看镇域特色产业强不强。特色就是优势，就是竞争力，要因地制宜，从本地资源优势和现实条件出发，不断提高产业发展层次和水平。最后，要优化营商环境。良好的营商环境是企业健康成长的沃土，是汇聚企业的重要吸引力，也是促进经济发展的基础竞争力。围绕培育镇域经济高质量发展的内生动力，需要在放大联城带村的节点功能、激活镇域发展的潜能、培育镇域发展的新动能上下功夫。

## （一）功能拓展：放大联城带村的节点功能

实施“百千万工程”，必须充分重视激活“镇”能量。广东千镇作为连接城市与农村的桥梁和纽带，在促进城乡区域协调发展进程中扮演着至关重要的角色。为确保城乡资源要素能够双向、有序地流动并形成良性循环，畅通渠道是关键。作为县域经济和村域经济的交汇点，强化乡镇联城带村的节点功能对于提升整体镇域经济竞争力具有决定性意义，需要不断增强镇的综合服务功能，建设美丽圩镇，以及促进中心镇、专业镇、特色镇转型升级，从“强服务、提品质、促引领”三个方面来激活“镇”能量。

### 1.全面增强服务，打造服务农民的区域中心

1612个乡镇（街道）是岭南大地“棋盘”上的支点，向上响应全省的城镇化建设，向下成为解决“三农”问题的重要突破口，其重要性不言而喻。“百千万工程”对乡镇的定位是将其打造成服务农民的区域中心，切实发挥好乡镇对接城市辐射农村的节点支撑作用，增强综合服务能力，形成覆盖镇域的兴旺商贸圈、周全服务圈、便捷生活圈，构建完善的服务体系。通过建设政务服务中心和党群服务中心，为农民提供一站式服务，同时，改善教育、医疗和文化等公共服务资源，让农民在家门口就能享受到优质的教育和医疗资源。为了激发农村消费潜力，还需要繁荣商业环境，提升农贸市场的服务水平，开展多种促销活动，推动家电、汽车等产品下

乡，以激发农民消费欲望、提升农民消费层次。此外，打造便捷的生活环境也是提升乡镇功能的重要一环。通过推进养老、托育等的发展，可为农民提供更加优质的生活服务。同时，要加强小公园、小绿地等公共休闲空间建设，为农民创造一个宜居宜业宜游的乡村环境，从而促进镇村融合与城乡区域协调发展。

**2.大力提升乡镇品质，建设美丽圩镇**

广东持续推进美丽圩镇建设，进一步提升人居环境品质，挖掘特色资源，提升圩镇品质，促进镇村同建同治同美，并于2022年将其纳入广东省十件民生实事。广东省住房和城乡建设厅提出2023年度提质扩面目标，统筹在全省发展壮大50个中心镇，推动100个美丽圩镇样板建设，打造50个建筑业企业投身“百千万工程”的项目范例。截至2023年底，全省1123个圩镇全部达到宜居圩镇标准，其中，348个圩镇达到示范圩镇标准。

诸多实践案例表明，以建设美丽圩镇为抓手，以镇带村推进乡村振兴成效显著。例如，鹤山市桃源镇的定位是打造宜居宜商的高铁新城，聚焦联城带村的节点功能，全方位提高圩镇的人居环境品质，对道路旁、水域边、巷道边等区域实施净化、绿化、美化和文化提升工程，加强对圩镇建筑风貌的规范管理，加强对非法搭建问题的整治，统一规划镇村的连片开发，促进圩镇由干净、整洁向美丽宜居转变。同时，对老旧住宅区和街区进行改造升级，保持岭南特色、历史文化底蕴和民族风貌，根据桃源镇的地域特点打造具有吸引力的街区，创建一批具有高辨识度和独特魅力的热门景点和打卡地，同时，建设绿道、碧道等，提升了圩镇的特色化品质化水平。又如，东莞市虎门镇的大宁社区先后荣获“广东省文明村”“广东省文化建设先进集体”“广东省卫生村”“东莞市文化建设先进村”等称号，成为虎门镇建设美丽圩镇的代表之一。各地的实践表明，以建设美丽圩镇为抓手，以镇带村推进农村现代化进程成效十分显著。

**3.增强带动引领，壮大中心镇专业镇与特色镇**

在“百千万工程”实施中，需要中心镇、专业镇和特色镇各负其责、各展所长。各地结合域内镇的区域优势、资源优势、功能定位、发展阶段等实际情况，着力培育和发展一批具有良好区位条件、较强经济实力和较大发展潜力的中心镇，努力将其打造成县域副中心或小城市，增强对周边地区的带动作用和对整个县域发展的支撑力。同时，加速专业镇的结构调整和技术升级，改造并提升传统优势产业，培育战略性新兴产业，打造一批在全国范围内具有显著影响力和竞争力的品牌镇。例如，佛山市顺德区北滘镇依托“北滘制造”，从落后小镇发展成“千亿大镇”，实现了从“不城不乡”到“城乡融合”、从“产城人”到“人城产”的转变。2022年，北滘镇地区生产总值突破千亿元大关，是全省第二个地区生产总值突破千亿元的经济强镇。广州市增城区新塘镇是目前国内产量最大的牛仔服饰生产基地和出口基地，全镇有3000多家牛仔服装及其配套企业，产品远销欧美等数十个国家和地区，牛仔服装产业是新塘镇的重要支柱产业，也是它面向全国、走向世界的一张名片。

此外，广东鼓励珠三角地区与欠发达地区专业镇联动发展，推动特色优势产业跨区域合作，鼓励陆海统筹、山海互济。广东正整合资源和力量，培育更多全国千强镇，尤其是培育一批在特色产业、科技创新、休闲旅游、历史文化、绿色低碳等方面特色鲜明的镇，创建一批休闲农业和乡村旅游示范镇，遵循文旅融合理念，推动一批具有历史价值的古镇、古埠、古港焕发新活力，积极融入粤港澳大湾区建设世界级旅游目的地的大潮中。

## （二）潜能挖掘：深化驻镇帮镇扶村机制

广东之所以出台驻镇帮镇扶村之策，正是为了回答以下命题：“造血式”帮扶如何破题？镇域发展的内生动力从何而来？乡村“土特产”如何“走出去”？党建引领正是创新镇域发展机制的关键。

### 1.创新“造血式”帮扶机制

广东依托驻镇帮镇扶村之策，为乡村振兴与新型城镇化注入了持久动力。从“输血”到“造血”，最重要的是从土地、人才等要素机制改革入手，千方百计让闲置土地动起来、农民的钱袋子鼓起来。通过农村集体将土地收储整合再流转，盘活农村撂荒耕地和低效土地资源，大力发展镇域经济。例如，佛山市南海区驻渔涝镇帮镇扶村工作队引入农业龙头企业永峰农业，打造高标准、现代化的绿色丝苗米和辣椒生态种植示范基地，流转土地2000多亩，打造双千亩水稻辣椒轮作种植基地，带动1000多名农民就业，为3个村每年增加集体经济收入10万元以上。佛山市驻肇庆市32个驻镇工作队协助当地党委、政府把整治撂荒耕地作为流转土地、推动产业发展的重要抓手，完成撂荒耕地整治2万多亩，全部实现复耕复种，增强了乡村“造血”功能，让“沉睡”的土地变成“致富田”，带动农村集体和村民双增收。

**2.激发镇域发展内生动力**

广东省委、省政府创新驻镇帮镇扶村工作，全域、全覆盖推进全省1127个乡镇、近2万个行政村的全面振兴。许多乡镇农村集体经济弱、产业底子薄，通过帮扶力量的放大效应促进产业振兴是乡村振兴的重中之重。信宜市丁堡镇驻镇帮镇扶村工作队善借外力增强内力，邀请近50家知名企业走进丁堡镇，组团帮扶单位与15家企业签订服务乡村振兴合作框架协议，为丁堡镇产业发展带来新机遇，有效推动土地、资金、技术、市场、人才等生产要素优化配置。在清远市佛冈县水头镇，驻镇帮镇扶村工作队进驻后，通过改革考核机制，增加农村集体经济发展的考核权重，组织干部外出学习并结合自身实际找差距、明方向，深入激发了乡村发展的潜力。

**3.拓展乡村“土特产”产业链**

做好“土特产”这篇大文章，才能为乡镇谋发展。在潮汕地区，驻镇帮镇扶村工作队聚焦当地人都会做的特色粿品，通过打造集加工、研学、文旅于一体的产业综合体，成功地将这一传统美食推向市场。除挖掘“土特产”外，充分利用当地优势资源也是每个驻镇帮镇扶村工作队努力的方向。鉴于汕头市澄海区各镇狮头鹅产业已经形成集繁育、养殖、加工、销售等于一体的完善产业链，年产值已超45亿元，显示出打造一个百亿级产业的趋势，驻镇帮镇扶村工作队协助澄海狮头鹅产业城以狮头鹅为主题，建设集狮头鹅全产业链服务、文化展示、体验消费于一体的园区景区复合体，打造中国狮头鹅产业促进中心、技术交流中心，助力澄海区各镇实现狮头鹅产业规模翻一番的目标。

**4.党建引领形成乡村振兴合力**

驻镇帮镇扶村制度将支持重心从点状乡村移至以面为单元的乡镇，向镇级层面派遣驻镇驻镇帮镇扶村工作队，同时集结政治、经济、文化、科技等多元化力量，组成“党政机关 + 企事业单位 + 志愿组织 + 金融组织 + 科技组织”的大团体，以组团式力量下沉乡镇，开展帮扶协作，打造镇村一体化发展大格局。这种以党建为引领的乡村振兴模式，嵌入了优质的制度资源，有效地开展了顶层规划，充分调动了村民的积极性，形成了乡村全面发展的合力，同时，镇级党群服务中心也成为基层公共服务集成者，成为周边居民休闲娱乐、学习的好去处。

## （三）动能培育：新质生产力赋能镇域新发展

广东“百千万工程”实施，关键在于与时俱进、因地制宜发展新质生产力，为镇域经济发展注入新动力。新质生产力源于技术的革命性进步、生产要素的创新组合及产业的深度转型升级，其核心在于劳动者、劳动资料和劳动对象的全面重组，旨在提升全要素生产率。新质生产力以创新为灵魂、高科技为引擎，为广东镇域经济注入了新动力，推动其朝着更高质量和更高效益发展。这种生产力依托知识、信息和数据等新型生产要素，以创新为驱动力，正逐渐成为推动镇域经济振兴的关键力量。加速培育新质生产力，需要从三个维度发力：一是构建新型劳动者队伍，包括能够引领新质生产力发展的战略人才和熟练运用新劳动资料的技术人才。二是有效掌握并运用核心技术。在技术层面，弥补不足、发挥优势，并重视通用技术的研发；在产业层面，提前布局未来产业，改造并提升传统产业。三是深化改革，形成能够驾驭新质生产力的生产关系，克服各种体制障碍，确保优质生产要素能够顺畅高效地流向新质生产力的培育领域。

新质生产力可以赋能产业转型升级，催生更多的“千亿镇”，还可以促进产业融合、人才流动、市场联系和协同发展等，加强乡村经济与镇域经济的互动与联系，为实现乡村振兴和城乡一体化发展提供坚实支撑。在惠东县，中国科学院两大科学装置的建设正是培育新质生产力的集中体现，加速器驱动嬗变研究装置（CiADS）和强流重离子加速器装置（HIAF）建成运行后，其相关技术成果在经济、民生等领域具有广泛的应用前景和巨大的产业化空间。狮山镇和北滘镇的崛起，彰显了引进新质生产力形成产业集群式发展的成效。狮山镇的崛起得益于当年引进的汽车整车及零部件制造业的蓬勃发展，针对汽车制造业供应链长的特点，狮山镇涵盖了本田、丰田、日产三大汽车品牌生产商的配件供应商，能有效带动上下游产业链；北滘镇作为家电制造的重要基地，吸引了大量的资金和企业集聚，依托美的等本土龙头企业，孕育了家电产业集群。这些龙头企业和中小企业集群的互动，共同推动了镇域经济飞速发展。在“百千万工程”的推动下，广东镇域经济正通过加大科技创新投入、引进高端人才和先进技术以及积极推进数字化转型，加快从传统要素驱动向创新驱动转变。北滘镇已在不断促进现有产业基础的数字化和智能化转型，狮山镇的数字化示范车间就占了南海区的45%。

广东的镇，尤其是珠三角地区的镇，通过培育新质生产力，不断提升镇的优势产业，增强了区域合作与协同能力，不仅推动镇域经济蓬勃发展，还有效地促进乡村经济与镇域经济之间的互动与联系，加速了乡村经济与镇域经济的融合。随着科技创新的不断深入，乡村地区开始发展特色农业、生态农业和现代农业服务业等新兴产业，而镇域经济更加注重工业化、城镇化和现代服务业的发展。在新质生产力的推动下，村镇经济开启了产业互补与深度融合，形成了更加紧密的产业链和供应链，也促进了乡村与镇域之间的人才流动与知识共享。乡村地区通过引进和培养各类人才，提升了自身的发展能力，而镇域经济的发展也吸引了大量在珠三角城市的人才返乡就业和创业，密切了与乡村经济的联系，形成了新农人辈出的良好局面，推动了乡村与镇域之间的文化交流和社会融合。

在此基础上，乡村地区的农产品和特色产品通过城镇销售渠道进入更广阔的市场，而镇域经济的工业产品和服务也能够更好地满足乡村地区的需求，实现资源优化配置和市场互补。此外，新质生产力还推动了乡村与镇域在基础设施建设、公共服务等方面的协同发展，在交通、通信、教育、医疗等领域实现了资源共享和优势互补，为双方经济发展提供了有力保障。这种乡村与镇域之间的互动与联系，推动了整个镇域的经济增长和社会进步，还为进一步发展新质生产力提供了孵化环境与产业化支撑。

## 三、千镇振兴彰显中国式现代化的“镇”能量

镇域经济构成县域经济发展的基础，不仅对扩大县域经济规模起到至关重要的作用，还对提高县域经济竞争力有着关键作用。在广东现代化进程中，千镇振兴承载着推动区域协调发展、增强基层治理能力和激发创新活力的重要使命。根据沿海发达地区的成功实践，省域经济的强大往往源于县域经济的繁荣，而县域经济的繁荣很大程度上依托镇域经济有活力。小城镇是镇域经济的核心，发挥着连接城乡的纽带作用，促进农业与工业、农村与城市融合发展，不仅为城乡居民提供了互通的平台，还在推动城乡一体化进程中扮演着举足轻重的角色。发展和强化镇域经济，对于缩小城乡差距、发展富民产业具有深远的影响，在珠三角经济活跃地区，小城镇已成为吸纳农村富余劳动力的主阵地，为农村人口提供了更多的就业机会和发展空间。

### （一）焕发“镇”能量，推动广东城乡区域协调发展

镇域经济蓬勃发展是广东经济的鲜明特征，也是广东推动城乡区域协

调发展的重要路径。作为城乡经济联系的重要节点，镇域经济的发展水平直接影响区域经济的整体质量和效益。在珠三角经济发达地区，镇域经济展现出雄厚的实力、强大的产业链配置能力、高水平的自主创新以及高度的国际化特色，成为区域经济中不可或缺的主体单元，它们通过不断转型升级和创新发展，不仅提升了自身的竞争力，还为周边地区带来了更多的发展动力和就业机会。

广东实施“百千万工程”，以推动高质量发展为主题，加快构建全过程创新链，打通从科技强到企业强、产业强、经济强的全方位发展通道，推动城乡区域协调发展迈向更高水平和更高质量轨道，加快实现“再造一个新广东”的宏伟目标。在这一进程中，镇域经济能否实现高质量发展，显得尤为重要。当前，广东以“千亿镇”“百亿镇”为代表的一批专业镇、特色镇、中心镇已走在融合创新之路上，焕发出强大的“镇”能量。

**1.“镇”能量呈现蓬勃新气象**

在“百千万工程”驱动下，全省许多乡镇正由传统的以农业经济为主导转向以工业经济为主导，在向产业链高端转型升级领域取得重要突破。2023年，肇庆市高要区的金利镇、禄步镇以其强大的镇域工业实力成功跻身“全国千强镇”之列。金利镇更是荣耀上榜“广东百强镇”，从最初只有三五家小规模工厂发展到今天拥有超过6000家市场主体，展现了它从产业大镇向制造强镇转变的坚实步伐。又如惠东县所明确的“百千万工程”“施工图”为：一年地区生产总值突破800亿元，两年重回“百强县”，三年迈入“千亿县”，五年从工业短板转变成工业立县（规模以上工业产值达到1200亿元），十年实现地区生产总值翻一番，再造一个新惠东县……；为此，惠东县强调要实现镇域经济新发展。按照规划，惠东县白花镇的惠州市新材料产业园，这片30.2平方千米的土地到2035年将实现总投资2500亿元，年产值4000亿元，未来将形成新材料千亿元级产业集群，打造成世界级的绿色石化产业基地。白花镇的另一个重点项目——粤港澳大湾区（惠州）数据产业园也在稳步推进，它是广东省规划布局的

“双核九中心”之一，是惠州市数据中心集聚区的重要载体。2023年，该产业园完成规划编制、征地拆迁、用地报批、招商引资和项目动工，完成征地面积1160亩，为润泽科技发展有限公司、万国数据服务有限公司、中国移动等3个超大型数据中心项目的建设提供保障，这3个项目有望在2025年全面建成达产，形成超大型数据中心集群效应。

**2.“镇”能量释放无限新活力**

广东高度重视对先行示范镇的宣传工作，弘扬新发展理念，深化改革，培训人才，吸纳人才，锻造高质量发展软实力。

政府逐步完善土地流转体制机制，通过内外培训提升镇域劳动力的整体素质，发挥引领作用，加速农产品区域品牌建设。对于巩固提升类的镇，政府壮大加工业主体，完善产业链，推动加工业转型升级，并加强政府引导，完善产业发展配套设施，加大镇域产业发展的支撑力度。对于重点扶持类的镇，政府加快农业基础设施建设，支持新型经营主体发展并转变农业生产经营方式，向规模化、组织化方向发展，挖掘传统产业优势，合纵连横，为产业融合奠定基础。

各地乡镇开始关注改善人居环境，积极吸引人才。如顺德区北滘新城建设不仅体现了城镇化的进程，还融入了以人为本的理念，通过超前规划和一以贯之的实施，北滘新城成功实现了人居城市的建设目标。新城内的文化艺术载体，如北滘文化中心、北滘市民活动中心和美术馆等，为市民提供了媲美大城市的生活品质。这也极大地提高了北滘镇的产业对高层次人才的吸引力，目前有2万多名硕士研究生和3000余名博士研究生聚集北滘，极大地提升了小镇产业的创新能力。本土世界500强企业美的集团的“研发大脑”扎根北滘镇，吸纳了400多名国内外专家及资深工程师，为小镇的产业发展注入了强大的创新活力。

**3.“镇”能量登上区域竞争大舞台**

当前，传统的、以城市为核心的区域竞争正逐渐演变为更加系统化、整体化和协同化的全域竞争模式，其特征是以市域为核心，县域提供稳固支撑，而镇域成为联城带村的关键节点，是这一竞争格局的底座。2023年，当全国各地纷纷展开“千亿县”竞赛时，广东独树一帜，全面推进“百千万工程”，明确将镇域经济作为新的竞争焦点，力图打造又一支“千亿军团”。这一战略升级意味着区域竞争的主体不仅涵盖县域层面，还将覆盖镇域层面，预示着镇域经济将登上未来区域竞争大舞台。在全国“千亿县”不断涌现的当下，广东镇域经济发展竟已悄然迈向“千亿镇”时代。佛山市狮山镇是全国首个“千亿镇”，其地区生产总值于2017年首次突破千亿元大关；随后，遵义市茅台镇、苏州市玉山镇和佛山市北滘镇的地区生产总值也先后突破千亿元大关。2022年，张家港市杨舍镇、东莞市长安镇的地区生产总值分别为995.5亿元、895.1亿元，距离“千亿镇”均只差临门一脚。2023年，佛山市、东莞市都提出要加快打造更多“千亿镇（街）”，其中，东莞市提出2025年力争形成2个“千亿镇”，2027年的目标是4个。展望未来，随着更多产业强镇的崛起，培育“千亿镇”将成为广东重塑城乡关系、推动城乡深度融合、实现城乡共同繁荣的必然选择。

## （二）提升“镇”能力，打造中国式现代化的镇域典范

我们正迎来以共同富裕为目标、新型城镇化和乡村振兴战略相互促进的新时代。因此，广东在镇域经济发展过程中，不断创新发展模式和治理方式，正从单一的产业承载地转变为县域经济发展的新动力源，从新型城镇化的资源供应者转变为资源积聚者，从依赖投资拉动主体转变为消费引领主体，从孤立的专业经济发展模式转变为区域协同的集群经济发展模式。同时，基层政府日益重视公共服务和社会管理能力的提升，从而推动基层治理体系和治理能力现代化。可以预见，以产业为根基的广东，将会诞生一批中国式现代化的镇域典范。

### 1.融圈入群助力镇域经济能级再跃升

随着我国区域经济一体化的推进，中心城市和都市圈、城市群成为新的发展核心和主要载体。这意味着区域经济从过去的单兵作战模式转向组

团发展模式，镇域经济也随之迎来前所未有的发展机遇。由于镇域在空间和资源环境承载能力上的局限性，其产业布局难以做到面面俱到，因此，需要明确乡镇在区域产业体系中的定位，走专业化、差异化和特色化之路，加强与其他区域的协作，携手推动区域产业“耦合成链、聚链成群、集群成势”。随着城市群和都市圈的日益成熟，城市的外溢效应逐渐显现，为镇域经济融入更大的经济圈提供了有力支持。融圈入群为镇域经济带来新机遇，资本、技术、人才等要素可得性大为提高，也为其经济迈上发展新台阶创造了必要条件。随着乡镇在推动就地就近城镇化中的优势愈加凸显，镇域将成为承载农业转移人口就地就近市民化的新舞台。

**2.消费升级激发镇域振兴新动力**

乡镇不仅为乡村地域系统提供不可或缺的公共服务，还对乡村产业发展发挥重要的辐射带动作用。随着镇域经济的日益繁荣，人才、技术、资金等关键资源要素在城镇中迅速集聚并形成农产品集散市场，为乡村地区带来资源配置的平台和机遇。乡村振兴的有力抓手在于推进农业现代化，培育乡村新产业、新业态，使镇域逐渐成为各类优质资源要素的集聚地，以乡镇振兴为引擎，带动农村居民平均收入水平逐步增长。随着城乡居民收入差距的不断缩小，镇域正逐渐成为促进消费扩容提质的新生力量。在都市青年开始“反向消费”的当下，小镇青年因为生活压力相对较小，并且受到消费升级和渠道下沉的双重推动，逐渐成为市场消费的新受众群体，尤其一些中心镇，往往是区域集贸市场所在地与文化娱乐中心地，当地民众引领镇域消费时尚，激发乡村消费潜力；而在众多文旅融合、三生融合的特色小镇，康养产业与休闲旅游业蓬勃发展，吸引大量都市客流到小镇短期度假，使得亲子游与旅居成为镇域新的消费热点，不仅为镇域消费场景注入了新活力，还为消费升级提供了新动力。

展望未来，随着镇域消费场景与商业网络体系（如广东的全国百强镇每千人营业面积50平方米以上，商超数量超过5个）的不断完善，镇域消费有望成为消费扩容提质的新引擎。同时，镇域经济增长方式将从依赖投资推动逐渐向消费拉动转变，为镇域经济的持续、健康发展走出新路径。

**3.改革与数字化提升乡镇服务效能**

为强化乡镇政府服务功能，扩权强镇已成为广东镇域改革的主方向，旨在强化镇域在产业经济、社会管理和城镇规划建设等方面的职能，优化乡镇基本公共服务资源配置，创新乡镇公共服务供给方式。随着扩权强镇的展开，镇的角色正在发生深刻转变，预计各地会有一些“中心镇”被赋予副县级管理权限，大幅增强其在政务服务、教育、医疗、社保、养老等领域的服务供给能力，推动镇域由基层治理“末梢”转变为基层服务“枢纽节点”。

当前，数字化转型成为广东镇域高质量发展的新引擎，通过“数字+”赋能，各地基层治理应用场景不断出新出彩，构建了一个集服务、指挥、调度功能于一体的镇域治理“智慧大脑”。“数字+”将全面提升镇域基层治理和产业发展效能，逐渐改善投资软环境。“数字化服务能力+营商环境吸引”模式正在镇域全面展开，成为广东镇域经济实现高质量发展的硬核支撑与必由之路。

## （三）培育“镇”能级，面向世界传播广东镇域故事

镇域是我国城镇体系不可或缺的一部分，对推动新型城镇化、构建新型工农城乡关系具有深远意义。实现全体人民共同富裕的现代化，离不开镇域振兴，通过促进就业创业、提高居民收入水平等方式，让人民群众共享改革发展成果，增强人民群众的获得感、幸福感和安全感。“百千万工程”是一项综合性工程，以优势塑造、结构调整、动力增强、价值实现的系统思维，突破城乡二元结构，全面推进乡村振兴，实现城乡区域协调发展、农业农村现代化。广东的典型镇具有代表性，这为进一步对镇村进行优势再造、构建更高水平的城乡融合发展格局提供了巨大空间。正如中国人往往是从“欧洲小镇”认识欧洲各国一样，广东乡镇新貌也可以成为西方人认识中国的开始，因此，广东高质量发展的镇域经济可以向世界展示

广东如何加快产业升级、促进文旅融合、建设美丽宜居乡村、推进城乡融合等精彩故事，为世界了解广东打开一个新窗口。

广东“百千万工程”的成功离不开镇域经济的发展，千镇振兴有助于城乡接合部的深度融合，只有积极打造一批独具魅力与竞争力的品牌镇，让镇域经济真正“燃”起来、“炫”起来，才能谱写广东镇域发展新篇章，塑造宜业宜居宜游广东新形象，以岭南魅力城镇印象替代曾经的“世界工厂”印象，向世界讲好广东的“镇”故事。新型城镇化释放发展正能量，不可或缺的是大力发展镇域经济。要积极挖掘镇的优势、村的潜能，促进镇村经济融合发展，打造更多的“千亿镇”“百亿村”，将镇村这个最大的“潜力股”转化为高质量发展的巨大优势。让镇村经济“潜力股”变“蓝筹股”的核心是实现农村现代化、农业高质量发展和共同富裕。通过加强镇域经济建设，推动城乡协调发展，不断缩小城乡差距，提升城乡居民的生活品质。在“百千万工程”实施中，重塑镇域经济是广东高质量发展的关键一环，也是讲好中国镇域之广东故事的重头戏。

第一，要向世界展示经济极强之镇。三年内，广东“千亿镇”数量有望翻倍，从目前的2个达到4个以上，无论是狮山镇的汽车城、北滘镇的家电城，还是长安镇的手机城、虎门镇的服装城，极强镇域经济圈内，一大批本土民营企业家在其中演绎着一个个精彩的创新创业故事，彰显岭南大地开放包容的营商环境与勇于拼搏的企业家精神。

第二，要向世界展示环境极美之镇。广东近年来打造乡村建设示范带，跨镇域形成了一批文旅融合的全国乡村旅游重点镇与广东旅游风情小镇。无论是出产单枞的凤凰镇，还是碧海蓝天的闸坡镇，无论是山清水秀的九龙镇，还是以瀑布闻名的派潭镇，极美自然风光的背后，演绎着一个个追求人与自然和谐发展、促进三生融合的故事，彰显新时代广东坚持新发展理念、坚守绿水青山就是金山银山的信念。

第三，要向世界展示人文极厚之镇。岭南文化源远流长，人文底蕴深厚，无论是岭南百家姓源头的珠玑古镇，还是闯南洋的客家松口古镇，无论是龙门的蓝田瑶乡，还是禅宗故里的六祖镇，极厚文脉传承的背后，演绎着一个个深入人心的历史故事，彰显敢为人先低调务实的广东人的文化基因，正是这文化的力量鼓舞着广东人开创“百千万工程”新篇章，也必将开启又一次文化大发展。

广东正抓紧实施“百千万工程”，推动镇域三产融合发展，破解城乡区域发展不平衡不充分的问题，加快锻造自身的“潜力板”。当前，广东大部分镇（街）经济总量仍在200亿元以下，土地碎片化、连片空间不足等瓶颈也制约了其高质量发展。粤东、粤西、粤北地区与珠三角地区的城乡一体化发展水平仍有较大差距，城乡区域发展不平衡不充分的问题比较突出，经济强镇和发展薄弱镇之间的差距尚未缩小。如何挖掘薄弱镇、后进镇的潜力，培育出更多镇域经济的中坚力量，使之转变为高质量发展的“潜力板”，以及如何治理亦城亦乡的特大城市城乡接合部空间，都亟待广东以新的智慧来破解。加快推动镇域经济发展直接影响广东补短板的质量和效率，也是实施“百千万工程”的题中之义。千镇振兴作为广东推进“百千万工程”的关键环节之一，将极大地促进三产融合发展，完善基础设施和公共服务体系，优化营商环境和发展环境，最终实现镇域经济高质量发展和共同富裕。千镇焕发“镇”能量，奋力谱写中国式现代化的广东镇域新篇章！

# “百千万工程”推进大事记

## 2022年

12月8日，中国共产党广东省第十三届委员会第二次全体会议通过《中共广东省委关于实施“百县千镇万村高质量发展工程”促进城乡区域协调发展的决定》，开启了广东实施“百千万工程”的新篇章，突出县域振兴，高水平谋划推进城乡区域协调发展，大力推进强县促镇带村，深入推进城乡融合发展，扎实推进城乡面貌改善提升，强化政策机制支撑，发挥好基础设施先导性作用，推动城乡区域协调发展向着更高水平和更高质量迈进。

## 2023年

1月28日，全省高质量发展大会在广州召开。会议紧扣高质量发展主题对全年重点工作作出动员部署，凝心聚力推动全省上下在高质量发展之路上形成比学赶超的奋进态势，努力在现代化建设新征程中开好局起好步。

1月3日，省委经济工作会议召开，锚定高质量发展首要任务，推动广东在现代化建设新征程中开好局起好步。黄坤明、王伟中、孟凡利出席会议。

2月13日，广东省委农村工作会议暨全面推进“百县千镇万村高质量发展工程”促进城乡区域协调发展动员大会在广州召开，统筹部署建设农业强省和实施“百县千镇万村高质量发展工程”。

2月20日，广东青年助力高质量发展动员会在广州召开。会上发布了《广东青年下乡返乡兴乡助力“百县千镇万村高质量发展工程”三年行动方案》，旨在促进人才回归、资源回乡、项目回流。

2月24日，全省推动产业有序转移促进区域协调发展工作会议在广州召开，动员部署新阶段广东省推动产业有序转移工作。

3月4日，广东省委、省政府出台《关于新时代广东高质量发展的若干意见》，对全面落实乡村振兴战略和新型城镇化战略、深入实施“百县千镇万村高质量发展工程”、推动城乡区域协调发展向更高水平和更高质量迈进作出了指引。

4月10—13日，中共中央总书记、国家主席、中央军委主席习近平视察广东。习近平强调，广东在中国式现代化建设的大局中地位重要、作用突出。要锚定强国建设、民族复兴目标，围绕高质量发展这个首要任务和构建新发展格局这个战略任务，在全面深化改革、扩大高水平对外开放、提升科技自立自强能力、建设现代化产业体系、促进城乡区域协调发展等方面继续走在全国前列，在推进中国式现代化建设中走在前列。广东要下功夫解决区域发展不平衡问题，加快推进交通等基础设施的区域互联互通，带动和推进粤东粤西粤北地区更好承接珠三角地区的产业有序转移。要加强陆海统筹、山海互济，强化港产城整体布局，加强海洋生态保护，全面建设海洋强省。要积极推进以县城为重要载体的新型城镇化建设，加快构建现代乡村产业体系，发展新型农村集体经济，深入实施乡村建设行动，促进共同富裕。

5月6日，“广东高校毕业生志愿服务乡村振兴行动”启动报名，将招募5000名志愿者到粤东粤西粤北地区开展2～3年的乡村振兴志愿服务。

5月11日，2023珠三角与粤东西北经贸合作招商会在广州举行。

6月2日，广东省委、省政府发布《关于做好2023年全面推进乡村振兴重点工作的实施意见》，明确36项重点工作。

6月20日，中共广东省委十三届三次全会在广州召开，省委书记黄坤明代表省委常委会作报告。会议深入学习贯彻党的二十大精神和习近平总书记视察广东重要讲话、重要指示精神，明确“锚定一个目标，激活三大动力，奋力实现十大新突破”的“1310”具体部署。其中，奋力实现“十大新突破”，要深入实施“百千万工程”，在城乡区域协调发展上取得新突破，学习借鉴浙江“千万工程”经验，因地制宜、因县施策抓好产业培育，大力发展乡村产业，打造一批产业强县，通过做强县城龙头、做实乡镇节点、建设和美乡村抓好城乡建设，全面推进县镇村高质量发展。会议指出，“百千万工程”是广东的优势塑造工程、结构调整工程、动力增强工程、价值实现工程，是推动高质量发展的头号工程。

6月24日，广东省人民政府办公厅印发《广东省“百县千镇万村高质量发展工程”教育行动方案（2023—2027年）》，明确要求推动县域基础教育优质均衡发展和城乡一体化，补齐乡村教育短板，全面提高县域教育发展水平，服务实施“百县千镇万村高质量发展工程”。

7月14日，广东省“百县千镇万村高质量发展工程”专家咨询座谈会暨专家智库启动仪式在广州举行，成立专家智库、建立决策咨询机制，汇聚各界力量实现科学高效决策。

8月3日，广东省百校联百县助力“百县千镇万村高质量发展工程”行动动员部署会在广州召开，“双百行动”正式启动，组织化、系统化、项目化推进省内百家高校院所与百个涉农县（市、区）结对共建。

9月8日，广东省人民政府办公厅印发《广东省扩大内需战略实施方案》，提出27项具体措施，扎实推进扩大内需战略。

9月22日，广东省委农办、省农业农村厅印发《关于加快海洋渔业转型升级　促进现代化海洋牧场高质量发展的若干措施》，推动海洋渔业转型升级。

9月23日，广东省庆祝2023年“中国农民丰收节”主会场活动在韶关市乳源瑶族自治县开幕，集中展现百县千镇万村共庆丰收盛景。

9月27日，广东省农业农村厅印发《关于做好“广东千名农村职业经理人培育计划”组织工作的通知》，正式启动农村职业经理人培育工作。

10月8日，王伟中主持召开省政府党组理论学习中心组学习会议，认真学习贯彻习近平总书记视察广东重要讲话、重要指示精神，深入实施“百千万工程”，大力推动城乡区域协调发展。

10月19日，广东省民政厅印发《“百社联百村——助力百千万工程”专项行动实施方案（2023—2027年）》，广泛动员社会力量参与乡村振兴，为全省高质量发展提供有力支撑。

11月6日，全省推进“百县千镇万村高质量发展工程”促进城乡区域协调发展现场会在茂名市召开，现场公布“百千万工程”首批典型县镇村名单。会议梳理盘点实施“百千万工程”的进展成效，总结交流经验和做法，对下一步工作进行研究部署。

11月8日，2023粤港澳大湾区全球招商大会在广州举行，邀请海内外企业到大湾区投资兴业。

11月27日，十三届省委第三轮巡视工作动员部署会在广州召开，聚焦“百千万工程”强化巡视监督。

12月7日，广东省人民政府办公厅印发《关于金融支持“百县千镇万村高质量发展工程”促进城乡区域协调发展的实施方案》，提出要充分发挥金融资源要素保障作用，全力推动金融支持“百千万工程”落实到县镇村。

12月26日，实施“百千万工程”促进广东城乡区域协调发展研讨会在华南理工大学举行，专家学者、县镇村代表共同探讨推进“百千万工程”的策略，认为广东有望成为响应中央号召学习运用浙江“千万工程”经验的“优等生”。

## 2024年

1月23日，广东省十四届人大二次会议开幕，政府工作报告强调，要学习运用“千万工程”蕴含的发展理念、工作方法和推进机制，因地制宜、久久为功建设焕然一新的县镇村，奋力开创城乡区域协调发展新局面。

1月31日，广东省“百县千镇万村高质量发展工程”指挥部乡村振兴专班发出通知，决定选派优秀代表组建首支“百千万工程”农技特派员队伍，精准对接服务典型村。

2月18日，广东省委、省政府召开全省高质量发展大会，聚焦产业科技话创新、谋未来，不断夯实实体经济为本、制造业当家的根基，持续推动高质量发展。省委书记黄坤明强调要坚定不移走好高质量发展之路，抓住科技创新这个“牛鼻子”，把创新落到企业上、产业上、发展上，奋力建设一个靠创新进、靠创新强、靠创新胜的现代化的新广东，以优异成绩向新中国成立75周年致敬。

2月23日，黄坤明到惠州市龙门县开展专题调研，提出要扎扎实实推进“百千万工程”，奋力打造县镇村现代化建设样板。

3月7日，十四届全国人大二次会议广东代表团开放日，“百千万工程”备受关注，代表委员们建议通过吸引人才、强化产业、科技助力等举措推动“百千万工程”走深走实。

4月1日，2024年广东“百千万工程”圆梦计划正式启动，将投入1700万元，资助10625名服务粤东粤西粤北县域发展的青年参加高等学历继续教育。

4月9日，省委常委会到湛江调研并召开会议专题研究湛江工作。会议提出，要牢记嘱托，感恩奋进，努力实现跨越式高质量发展，加快打造现代化沿海经济带重要发展极，高标准建设省域副中心城市。黄坤明主持会议并讲话。

4月28—30日，2024年“粤菜师傅”服务百县千镇万村高质量发展暨第六届粤港澳大湾区“粤菜师傅”技能大赛活动在清远市举办，旨在搭建“粤菜师傅”服务百县千镇万村新平台，使“粤菜师傅”与“和美乡村”双向奔赴。

4月29日，广东省委书记、省“百千万工程”指挥部总指挥黄坤明来到省“百千万工程”指挥部办公室，看望慰问一线干部职工，并就认真学习贯彻习近平总书记视察广东重要讲话、重要指示精神，进一步推动“百千万工程”深入实施进行专题调研。他强调，要乘势而上、担当作为，以头号工程的力度抓好“百千万工程”实施，充分发挥各级指挥部及其办公室职能作用，进一步凝聚民心、汇聚合力，进一步激发广大群众参与“百千万工程”建设的积极性、主动性、创造性，狠抓工作落实，积小胜为大胜，不断开创县镇村高质量发展新局面。

5月7日，省委理论学习中心组举行学习会，深入学习贯彻习近平总书记关于城乡区域协调发展的重要论述精神，推动“百千万工程”加力提速，加快形成城乡融合发展新格局。黄坤明主持并讲话，韩文秀作辅导报告。

5月9日，广东省委农村工作会议暨深入实施“百县千镇万村高质量发展工程”推进会在广州召开，进一步部署推进省“三农”工作和“百千万工程”。省委书记黄坤明出席会议并讲话，强调要多措并举保障粮食安全；大力发展富民兴村产业；推进以县城为重要载体的新型城镇化；持续完善基础设施体系和公共服务供给；以产业平台为重要载体集聚集约打造县域支柱产业；聚焦强化联县带村作用建好乡镇关键节点；扎实推进宜居宜业和美乡村建设；坚持不懈抓铸魂，因地制宜抓绿美；打好改革组合拳，激发释放县镇村发展的活力动力。会议通报了2023年度广东省实施“百千万工程”考核评价结果，公布省首批以县城为重要载体的新型城镇化试点名单；有关单位分别就乡村绿化、对口帮扶协作、建设县镇村高质量发展示范区、“双百行动”、助力县镇村规划建设等专项工作作交流发言。

5月10日，广东省“百县千镇万村高质量发展工程”指挥部印发《2024年广东省全面推进“百县千镇万村高质量发展工程”促进城乡区域协调发展工作要点》，文件从产业发展、人居环境建设、公共服务和社会治理、体制机制改革、社会力量参与等六大方面提出41项具体要求，以统筹推进县域高质量发展、城镇提能升级、和美乡村建设和城乡融合发展，全面兴起“百千万工程”建设热潮，加快培育发展新质生产力。

5月14日，全省深入推动区域协调发展座谈会在韶关召开。会议提出，要突出重点，集中资源，聚力攻坚，始终沿着习近平总书记指引的方向走好走实广东区域协调发展之路。黄坤明、王伟中讲话，黄楚平、林克庆、孟凡利出席座谈会。

5月21日，中央广播电视总台高质量发展“南粤之窗”在广州揭牌，黄坤明、慎海雄出席活动并为中央广播电视总台高质量发展“南粤之窗”揭牌，王伟中出席活动并致辞。

# 后　　记

“墨香初成心犹忐，字字珠玑意难释。”在本书即将付梓之际，我们既欣喜，又深感忐忑。欣喜于我们有幸见证了新时代广东勇立潮头，推进“百千万工程”，实现高质量发展，破解城乡区域发展不平衡的波澜壮阔的伟大实践，使我们能够感受时代之壮美，记录时代之精彩；忐忑于我们受调研与资料条件所限，还不能够更全面更充分地反映广东各地政府与业界实施“百千万工程”的饱满热情和巨大成效，又受研究深度与研究水平所限，还不能够更深刻地揭示“百千万工程”在广东发展史上的深远意义。

笔者深感“百千万工程”对于广东推进中国式现代化建设的重要性，同时也看到了“百千万工程”在实施过程中所面临的挑战与机遇，因此积极承担了广东省哲学社会科学规划领导小组办公室2023年度高质量发展主题委托项目——深入实施“百县千镇万村高质量发展工程”，构建县镇村一体化发展的城乡区域发展格局，锻造高质量发展的潜力板（项目批准号：GD23WTD03-21）。我们团队认真调研，以笔为犁，以期为广东省“百千万工程”高质量发展贡献绵薄之力，为中国式现代化的实证研究添砖加瓦。

本书的撰写团队是一个团结而富有活力的团队，每一位学者都充分发挥了各自的专业特长和优势，形成了良好的协作机制。刘伟研究员负责书稿的整体框架设计和内容统筹，同时对各个章节进行细致的指导和修改。

其余各位作者根据自己的研究领域和兴趣点，分别负责不同章节的撰写工作。各章分工如下：总序、前言、第一章、结束语由刘伟撰写，第二章、第三章、第八章由李宏撰写，第四章、第五章由周伯洲撰写，第六章、第七章由李慧敏撰写。全书由刘伟、李宏进行统稿。此外，仲恺农业工程学院贺岚副教授参与了第八章的撰写，佛山市“百千万工程”讲师团讲师路骏峰参与了第七章的撰写，暨南大学姚浏洋同学参与了第六章的撰写，广东省社会科学院郑欣馨同学参与了第七章的撰写。

本书在撰写过程中，得到了社会各界的广泛支持、大力协助和鼓励。我们诚挚感谢广东省“百千万工程”指挥部办公室领导的支持和指导，感谢为我们调研提供便利条件与相关资料的各地政府，尤其要感谢广东省社会科学院领导与同事们给予的鼓励、指导与支持，感谢编委会各位专家的悉心指导。我们还要特别感谢广东经济出版社对于本书出版的大力支持以及各位责任编校人员的辛勤付出，正是他们与撰写团队的通力协作才保障了本书按时出版，书稿中也满含他们的辛劳和汗水。我们还由衷感谢身处“百千万工程”一线的优秀媒体工作者和专家学者，他们报道了一个个生动鲜活的乡村案例，为我们的研究提供了丰富的文献借鉴。

虽然付出了巨大的辛劳，但研究团队仍心存不安，仓促中肯定会存在错漏、缺注等诸多不足，期待各位专家学者和读者批评指正。

今后，我们将继续跟踪调研广东省“百千万工程”实施情况，也期待有机会与更多的专家学者一起研究新时代广东高质量发展的新篇章。广东全省正以只争朝夕的精神加力提速实施好“百千万工程”这一牵动全局、惠及长远、根深叶茂的“头号工程”，我们相信，“再造一个新广东”的宏伟蓝图一定会早日实现！